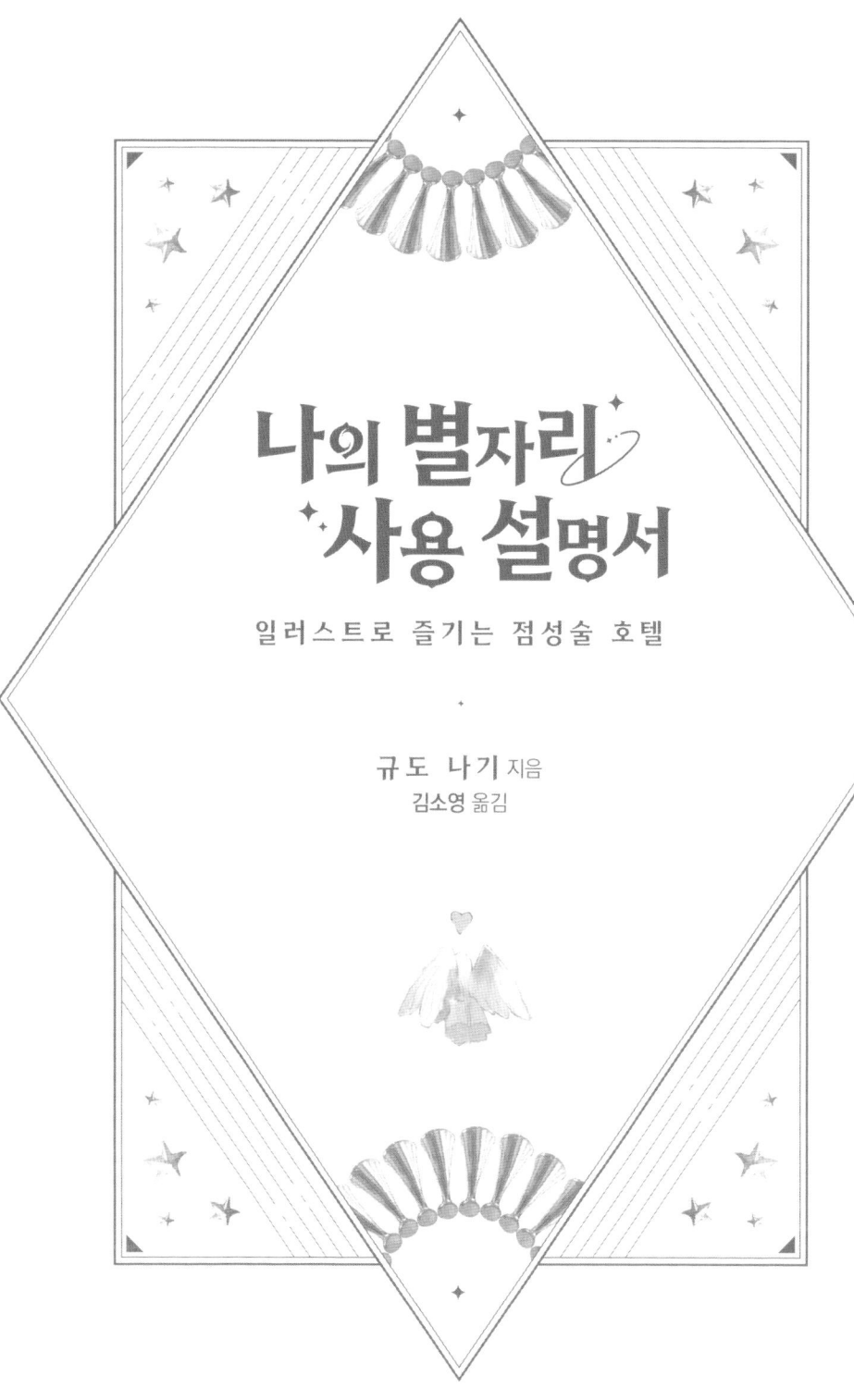

## 들어가며

안녕하세요. 일러스트레이터 규도 나기입니다.
제 그림을 좋아해 주신 분들, 그리고 이 책을 선택해 주신 모든 분께 감사드립니다.
저는 일러스트레이터로 활동하며, 6년 정도 점성술 공부를 즐겁게 해 왔습니다.
제가 공부하면서 느꼈던 즐거움을 여러분과 나누고 싶어 이 책을 집필하게 되었습니다.

점성술을 즐긴다는 것은 무엇일까요?
개인적이지만 별자리나 배치에 대한 저의 해석이 불쾌하지 않아야 하고,
점술을 지나치게 신봉하지 않는 것도 중요하다고 생각해요.
점술에 관심 있는 분 중에는 의지할 곳이 없어,
지푸라기라도 잡는 심정으로 찾게 된 분들이 계신다는 것도 잘 압니다.

먼저 그런 분들께 이 책을 통해 '점술 퍼즐 조각'을 드리겠습니다.
여러분이 직접 이 퍼즐을 맞춰 가면서, 자신감이 붙는 즐거움을 꼭 느껴 보시길 바랍니다.
어떤 방식으로 처음 점술을 접했든, 점술이 지식의 일종이 되어
하루하루 삶이 조금씩 더 선명해지는 계기가 되었으면 합니다.

서양 점성술의 목적은 '별이 운명이나 재능을 맞히는 것'이 아닙니다.
'별이 맞히다'라는 관점으로 보면, 점성술을 제대로 활용하기가 어려울 수도 있지요.
구체적으로 들어가면, 사실 먼저 존재하는 것은 당신이나 주변의 '행동'입니다.
그리고 그 '행동의 결과'를 당신이 어떤 식으로 받아들이면 되는지 그 재료를 살펴보는 것입니다.
'세상이 이 시기엔 어떻게 흘러갈까'를 고민하기보다 '이 시기의 나는 어떤 방식으로 행동하고,
어떤 마음가짐을 해야 더 즐겁게 노력할 수 있을까?'를 생각하는 것이 중요합니다.
이렇게 개인적인 관점을 의식하다 보면, 점성술을 더 깊이 있게 이해할 수 있을 거예요.

이제부터 자세히 설명하겠지만, 서양 점성술에서는 태어난 별자리 말고도
한 사람이 여러 개의 별자리를 동시에 지니고 있습니다.
(예: 생일은 황소자리, 마음은 물고기자리, 연애는 쌍둥이자리)
따라서 '내가 다른 별자리를 갖고 있었다니', '내 생일 별자리만 봤을 때는
이해되지 않았던 부분이 다른 별자리의 특성을 함께 보면 이해가 된다'라는 생각이 들 수 있습니다.
만약 '나는 나를 충분히 잘 알고 있는데?', '별자리는 미신일 뿐이야'라는 생각을 가진 분들에게는
점성술의 해석을 하나의 객관적인 정보로 읽어 보는 것을 추천드립니다.

작가라면 캐릭터 설정이나 이야기의 흐름을 만들 때 힌트로 활용할 수 있지요.
'세상에는 이렇게 다양한 가치관이 존재하는구나',
'이 사람과 궁합이 잘 안 맞는 것도 어쩔 수 없는 거였구나'와 같은 깨달음이 있기도 할 거예요.
여러분이 느껴지는 그대로 그림과 함께 점성술을 즐겨 주시면 좋겠습니다!

# 목차

## ◆◆◆ 싱글 차트 ◆◆◆
### 당신의 기질

### 천궁도 기초 상식
8-17

### 1장
**12별자리** - 개인의 감정・인식・성질 -
18

### 2장
**10행성 × 12별자리**
- 실제 나이와 정신 연령에 따라 드러나는 개인의 욕구와 감정의 조합 -
44

### 3장
**행성의 애스펙트**
66

### 4장
**12하우스 × 10행성&12별자리**
- 욕구나 감정이 생기기 쉬운 장소와 개인적 욕구의 조합 -
84

### 5장
**상승점과 중천점** - ASC, MC -
114

## ⋯ 더블 차트 ⋯

「당신의 기질」×「상대(그날)의 기질」의 궁합·운세

### 6장

**더블 차트** - 궁합과 운세 -
126

**당신의 태양과 궁합 보기** - 상대나 그날에 따라 달라지는 당신의 행동
132

**당신의 달과 궁합 보기** - 상대나 그날에 따라 달라지는 당신의 마음
142

**당신의 수성과 궁합 보기** - 상대나 그날에 따라 달라지는 당신의 호기심
152

**당신의 금성과 궁합 보기** - 상대나 그날에 따라 달라지는 당신의 행복
162

**당신의 화성과 궁합 보기** - 상대나 그날에 따라 달라지는 당신의 정열
172

**당신의 목성과 궁합 보기** - 상대나 그날에 따라 달라지는 당신의 관용
182

**당신의 토성과 궁합 보기** - 상대나 그날에 따라 달라지는 당신의 상식
192

**특별 부록 타로 카드**
202

**나가며**
208

## ✦✦✦ 천궁도 기초 상식 ✦✦✦

그림처럼 별의 배치를 나타낸 도표를 천궁도(출생도, 홀로스코프)라고 한다. 서양 점성술에서는 천궁도에 배치된 별자리, 행성, 12하우스, 각도 등을 해석해 점을 친다. 먼저 인터넷에서 '천궁도'를 검색한 후, 자신의 생년월일, 출생 시간, 출생지를 넣어 보자.

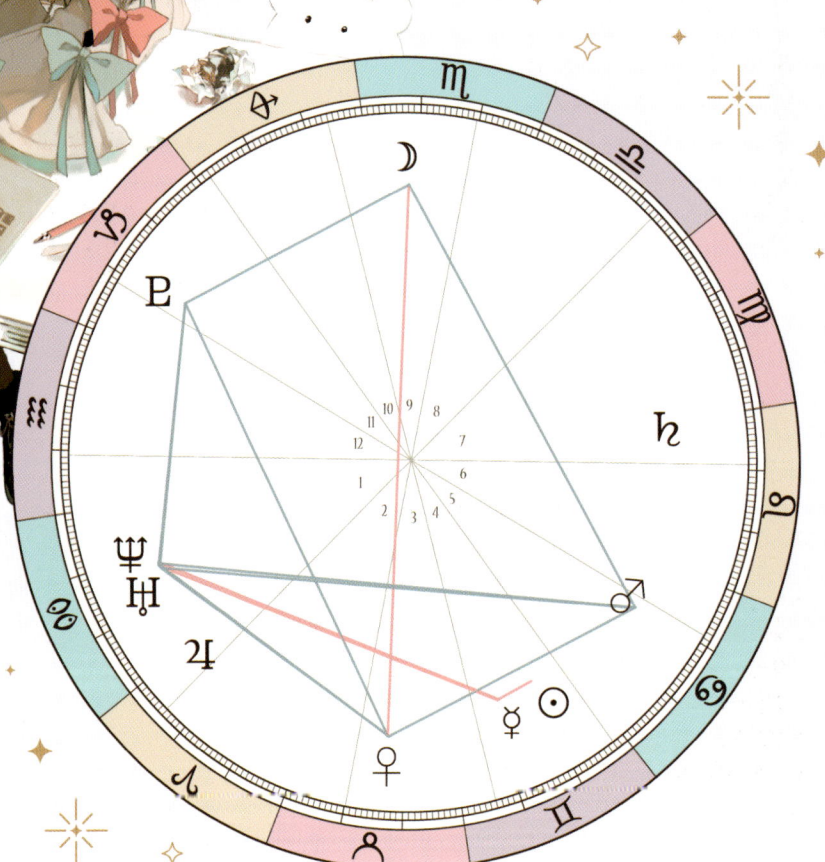

> **태어난 시간을 몰라도 점을 볼 수 있어요!**
> 다만, 이제부터 설명할 '12하우스'는 분 단위로 움직이기 때문에 정확한 출생 시간을 모르면 읽기가 어렵다. 그럴 경우에는 12하우스 관련 해석을 건너뛰는 것이 좋다. 하지만 출생 시간의 오차가 몇 시간 이내라면, 몇 시간 간격으로 천궁도를 생성하여 'A하우스일 경우, B하우스일 경우'와 같은 패턴으로 해석을 시도할 수 있다.

> 이게 바로 내 천궁도야. 제일 먼저 점을 볼 때 '어디를 보면 좋은지' 간단히 설명할게!

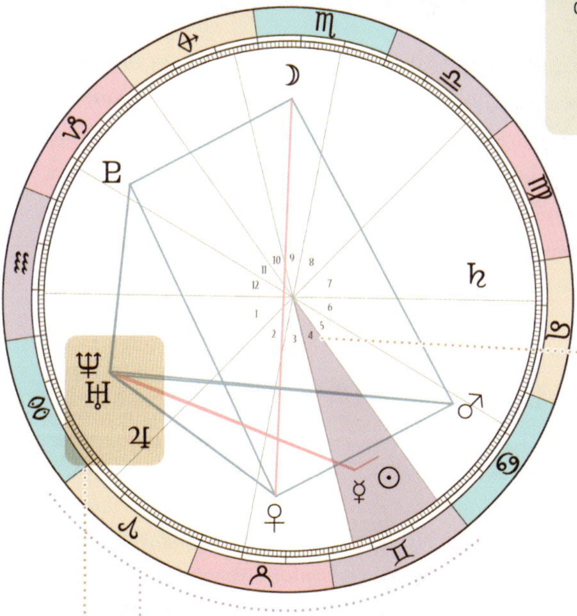

### 12하우스 '장소' p.86
(출생 시간을 아는 경우)

마치 케이크를 열두 조각으로 나눈 것처럼 잘린 이 부분이 바로 별의 방이다. 여기에서는 '감정이나 욕구의 발생지'를 해석할 수 있다. 각 하우스에는 1부터 12까지 숫자가 적혀 있으나 크기가 다르다.

### 12별자리(12사인) '감정' p.18

12별자리는 외선을 기준으로 균등하게 나누어 배치되어 있다. 이는 장소나 욕구를 통해 '어떤 식으로 느끼는가'를 해석할 수 있다. 서양 점성술에서는 '별자리 사인'이라고 부른다.

♈ 양자리　♌ 사자자리　♐ 사수자리
♉ 황소자리　♍ 처녀자리　♑ 염소자리
♊ 쌍둥이자리　♎ 천칭자리　♒ 물병자리
♋ 게자리　♏ 전갈자리　♓ 물고기자리

### 10행성 '욕구' p.44

전체 천궁도 안에 불규칙적으로 흩어져 있는 이 기호들이 바로 태양계의 행성들이다. 이 행성들을 연결하는 선의 각도를 통해, 사건이 일어나는 장소에서 어떤 욕구가 강해지는지 해석할 수 있다.

☉ 태양　♂ 화성　♅ 천왕성
☽ 달　♃ 목성　♆ 해왕성
☿ 수성　♄ 토성　♇ 명왕성
♀ 금성

### 별자리의 각도 '감정의 위치' p.122

각 별자리에는 반시계 방향으로 1°부터 30°까지 각도가 표시되어 있다. 이를 통해 12별자리나 행성에서 느끼는 '감정의 흐름과 위치'를 해석할 수 있다.

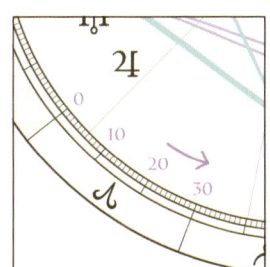

# ···천궁도에 나타나는 10행성의 기초 지식···

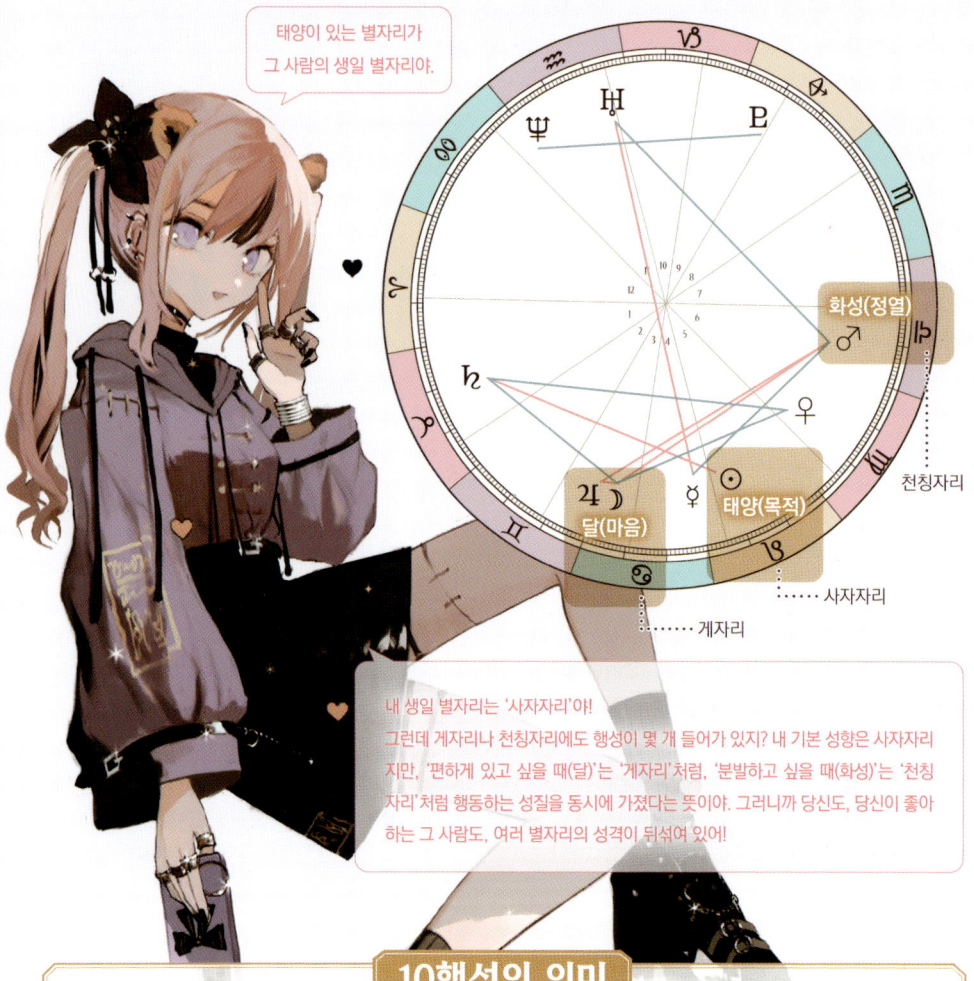

태양이 있는 별자리가 그 사람의 생일 별자리야.

화성(정열)
천칭자리
달(마음)
태양(목적)
게자리
사자자리

내 생일 별자리는 '사자자리'야! 그런데 게자리나 천칭자리에도 행성이 몇 개 들어가 있지? 내 기본 성향은 사자자리지만, '편하게 있고 싶을 때(달)'는 '게자리'처럼, '분발하고 싶을 때(화성)'는 '천칭자리'처럼 행동하는 성질을 동시에 가졌다는 뜻이야. 그러니까 당신도, 당신이 좋아하는 그 사람도, 여러 별자리의 성격이 뒤섞여 있어!

## 10행성의 의미    참고 p.44

- ☉ **태양** … 목표, 자기표현, 인정받고 싶다
- ☾ **달** … 감정, 습관, 차분해지고 싶다
- ☿ **수성** … 대화, 호기심, 궁금하다
- ♀ **금성** … 편안함, 연애, 사랑받고 싶다
- ♂ **화성** … 정열, 분노, 사랑하고 싶다
- ♃ **목성** … 성장, 관용, 널리 퍼뜨리고 싶다
- ♄ **토성** … 억압, 콤플렉스, 인생의 과제와 마주하고 싶다
- ♅ **천왕성** … 개혁, 돌파, 껍데기를 깨고 싶다
- ♆ **해왕성** … 꿈, 현실 도피, 죄책감이 강하다
- ♇ **명왕성** … 파괴와 재생, 변화를 추구한다

양자리 · 황소자리 · 쌍둥이자리 · 게자리 · 사자자리 · 처녀자리 · 천칭자리 · 전갈자리 · 사수자리 · 염소자리 · 물병자리 · 물고기자리

## ✦✦✦ 몰려 있는 행성들 ✦✦✦ (출생 시간을 아는 경우)

행성들이 천궁도의 특정 위치에 집중되는 경우가 있다. 이럴 경우에는 해당 위치에 욕구가 몰리기 쉬운 특징이 있어 확인해 보는 것이 좋다.

※출생 시간을 모르더라도, 자신의 욕구가 무언가에 몰려 있다는 것을 판단하는 재료가 된다.

나는 왼쪽이 많아.

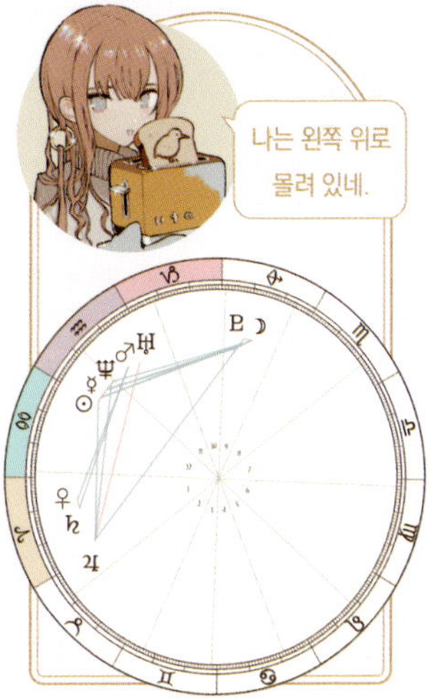

나는 왼쪽 위로 몰려 있네.

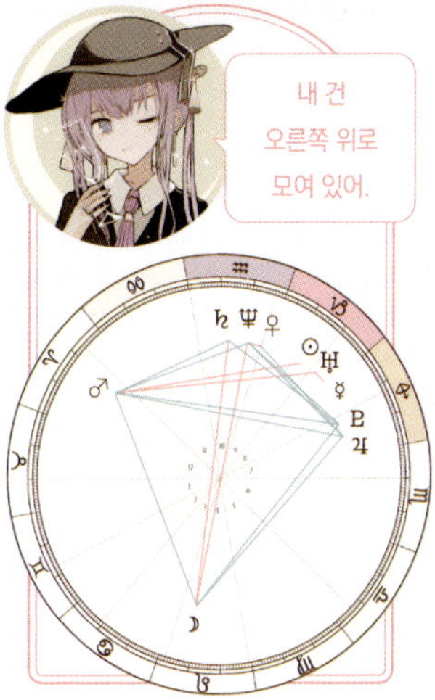

내 건 오른쪽 위로 모여 있어.

**위쪽**
'사회, 정신적 성장'에 대한 욕구

**왼쪽 위**
'사회적인 성과나 친구의 심층 심리'에 대한 욕구

**오른쪽 위**
'만남, 인연, 배움'에 대한 욕구

**왼쪽**
'당신의 자질과 사회적 성과'에 대한 욕구

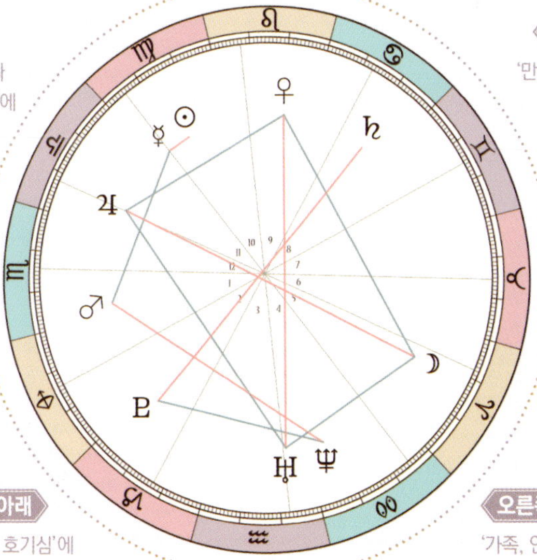

**오른쪽**
'넓은 인간관계'에 대한 욕구

**왼쪽 아래**
'용모, 재능, 호기심'에 대한 욕구

**오른쪽 아래**
'가족, 연인, 일'에 대한 욕구

**아래**
'개인이나 동료 집단'에 대한 욕구

# ✧·· 행성의 애스펙트 ··✧  p.66

행성이 위치한 '별자리의 각도'를 기준으로 삼고, 그 위치에서 0° 60° 90° 120° 180°의 각도에 다른 행성이 위치할 때, 이를 '애스펙트가 있다'고 한다('각'이나 '상'으로도 표현함). 애스펙트는 자기 안에서 충돌하는 욕구, 사람들 사이의 욕구 궁합, 그날의 분위기와 개인의 욕구 사이의 궁합이나 운세 등 모든 점성술 해석에서 빠질 수 없는 요소이다. 또한 출생 시간을 모르는 사람을 해석할 때도 자주 참고한다.

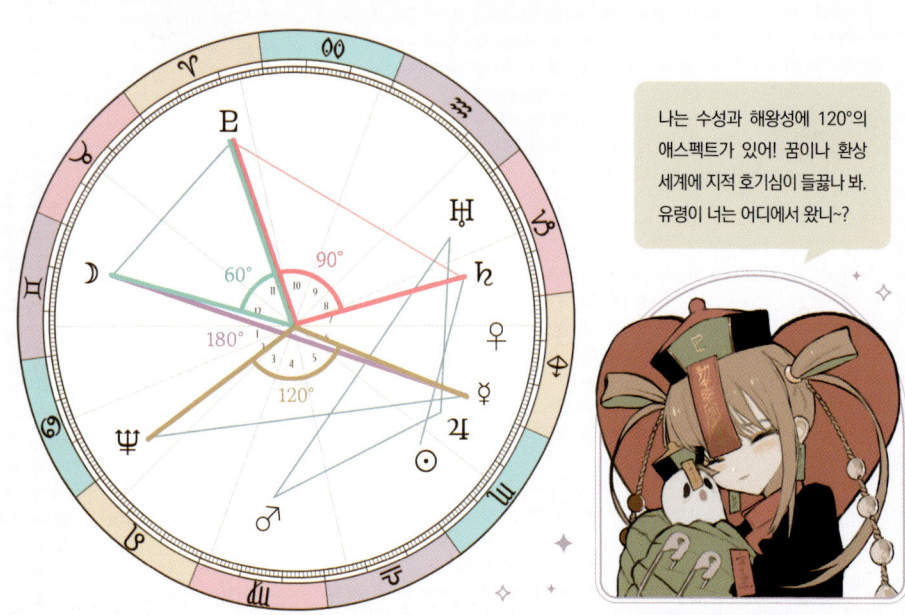

나는 수성과 해왕성에 120°의 애스펙트가 있어! 꿈이나 환상 세계에 지적 호기심이 들끓나 봐. 유령이 너는 어디에서 왔니~?

## 5가지 애스펙트의 의미

+ 0°   '주관, 편견, 지나친 자의식'
+ 180° '객관, 모르겠다, 지나친 타인 의식'
+ 120° '평소처럼, 평온'
+ 90°  '시련, 공격, 단련, 한계 돌파, 강화 기간'
+ 60°  '협력, 조화, 노력, 성장'

✦ 하드 애스펙트 — 0° 180° 90°
✦ 소프트 애스펙트 — 120° 60°

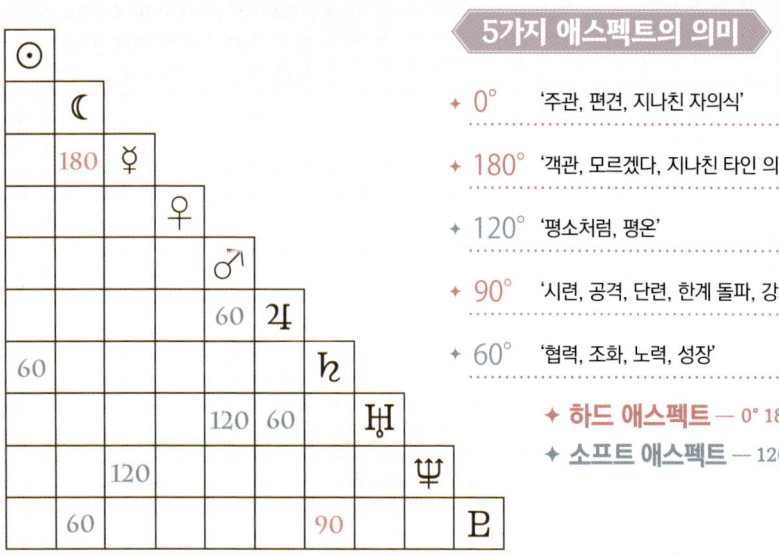

> 어떤 사람들한테는 이런 애스펙트도 형성되어 있구나.

### 행성의 노 애스펙트   p.67
**'욕구에 얽매이지 않는다'**

다른 행성과 연결되는 선 없이 고립된 행성을 '노 애스펙트'라고 한다. 이 행성은 다른 행성과의 교류가 적어서, 행성의 성질이 잘 드러나지 않는다. 하지만 그만큼 규율에 얽매이지 않으며 매우 자유로운 성향을 지닌다. 독자적인 움직임을 가지며, 그러한 특성이 때로는 매력으로 비치기도 한다.

### 행성의 특수한 애스펙트
**'욕구의 일관성'**   p.82

3개 이상의 행성 각도가 겹치면서 천궁도 전체를 뒤덮듯이 삼각형이나 사각형을 형성하는 경우가 있다. 이러한 도형들은 각각 이름과 성질을 갖고 있으니, 이 패턴이 나타나면 확인할 필요가 있다.

### 인터셉트   p.112
**'갭'**

하우스가 별자리 세 개에 걸쳐 있어 케이크 모양이 커진 상태를 '인터셉트'라고 한다. 이 경우, 마주 보는 두 하우스의 영역 사이에서 간극을 느끼기 쉽다.

| ☉ | ☽ | ☿ | ♀ | ♂ | ♃ | ♄ | ♅ | ♆ | ♇ |
|---|---|---|---|---|---|---|---|---|---|
| 태양 | 달 | 수성 | 금성 | 화성 | 목성 | 토성 | 천왕성 | 해왕성 | 명왕성 |

| ♈ | ♉ | ♊ | ♋ | ♌ | ♍ | ♎ | ♏ | ♐ | ♑ | ♒ | ♓ |
|---|---|---|---|---|---|---|---|---|---|---|---|
| 양자리 | 황소자리 | 쌍둥이자리 | 게자리 | 사자자리 | 처녀자리 | 천칭자리 | 전갈자리 | 사수자리 | 염소자리 | 물병자리 | 물고기자리 |

# ···행성의 위치로 알아보는 정보···

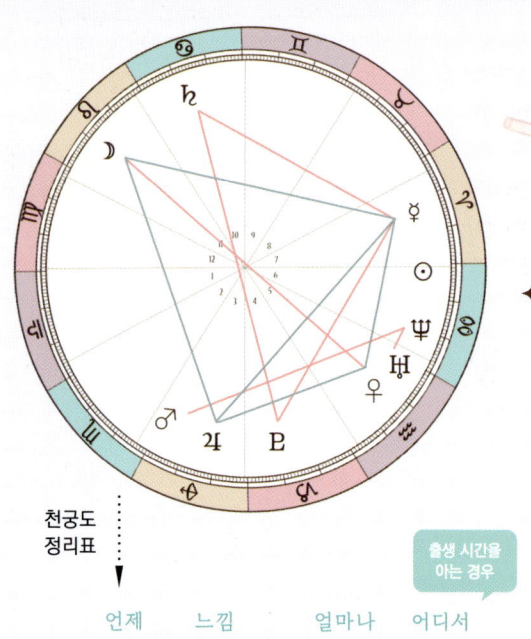

인터넷으로 천궁도를 찾아보면 도형뿐만 아니라 행성의 위치, 하우스의 커스프, 별자리 구분까지 한눈에 볼 수 있는 표가 나와. 기호를 외우지 않아도 쉽게 볼 수 있어서 천궁도를 처음 읽는 사람에게 추천해!

천궁도 정리표

출생 시간을 아는 경우

|  |  |  | 언제 | 느낌 | 얼마나 | 어디서 |
|---|---|---|---|---|---|---|
| 26~35세 | ☉ | = | 태양 | 물고기자리 | 27°37' | 6하우스 |
| 0~7세 | ☽ | = | 달 | 사자자리 | 17°39' | 11하우스 |
| 8~15세 | ☿ | = | 수성 | 양자리 | 14°55' | 7하우스 |
| 16~25세 | ♀ | = | 금성 | 물병자리 | 19°12' | 5하우스 |
| 36~45세 | ♂ | = | 화성 | 사수자리 | 05°48' | 3하우스 |
| 46~55세 | ♃ | = | 목성 | 사수자리 | 20°01' | 3하우스 |
| 56~70세 | ♄ | = | 토성 | 게자리 | 15°53' | 10하우스 |
| 71~84세 | ♅ | = | 천왕성 | 물병자리 | 29°46' | 5하우스 |
| 85세~ | ♆ | = | 해왕성 | 물고기자리 | 05°21' | 6하우스 |
| 사후 | ♇ | = | 명왕성 | 염소자리 R | 12°10' | 4하우스 |
|  |  |  | ASC | 처녀자리 | 29°27' |  |
|  |  |  | MC | 쌍둥이자리 | 29°23' |  |

### 행성의 위치 p.46

이 표에는 나이에 따라 싹트기 쉬운 욕구와 감정이 정리되어 있다. 자신의 나이와 대조해 보자.

※ '기질'에 관한 내용이므로, 해당 시기를 이미 지났거나 아직 도달하지 않았더라도 특정한 계기를 통해 욕구가 생겨날 수 있다.

### 행성의 역행 p.46

해당 행성이 관여하는 분야에서 마음이 무거워져 있거나, 무언가에 가로막혀 흐름이 더디게 진행된다.

### 상승점과 중천점 (출생 시간을 아는 경우) p.114

1하우스(첫인상, 개인적인 삶)에 머물러 있는 별자리를 'ASC(어센던트)=상승점'이라 하고,
10하우스(최종 입장, 사회적인 삶)에 머물러 있는 별자리를 'MC(미디엄 코엘리)=중천점'이라고 부른다.
이 두 가지의 조합을 통해 '인생의 출발과 지향하는 목표'를 대략적으로 해석할 수 있다.

### 하우스의 커스프 p.84
(출생 시간을 아는 경우)

이 표에는 인생에서 자주 마주하게 되는 장면들(12하우스)과 그 상황을 각자 어떻게 받아들이는지(별자리)가 정리되어 있다.

p.14에 있는 행성의 위치표에서 오른쪽 끝 열에 표시되지 않은 하우스는 '행성의 욕구가 없는 장면'을 의미한다. 따라서 해당 장면을 만나도 그에 대한 반응이 약하게 나타날 수 있다.

하지만 마음속 깊은 곳에서는 작게나마 영향을 느끼는 부분이다. 따라서 점을 보고 싶은 주제에 따라 참고하는 것이 좋다.

| | | |
|---|---|---|
| 1하우스 | 29°27' | 처녀자리 |
| 2하우스 | 26°19' | 천칭자리 |
| 3하우스 | 26°45' | 전갈자리 |
| 4하우스 | 29°23' | 사수자리 |
| 5하우스 | 02°02' | 물병자리 |
| 6하우스 | 02°30' | 물고기자리 |
| 7하우스 | 29°27' | 물고기자리 |
| 8하우스 | 26°19' | 양자리 |
| 9하우스 | 26°45' | 황소자리 |
| 10하우스 | 29°23' | 쌍둥이자리 |
| 11하우스 | 02°02' | 사자자리 |
| 12하우스 | 02°30' | 처녀자리 |

### 별자리 구분 p.16

천궁도 전체에 분포한 별자리(감정) 요소를 정리한 표이다.

행성이 특정 영역에 몰려 있다면, 그 성향이 당신의 성격에서 큰 비중을 차지할 가능성이 높다. 반대로 고르게 분포된 경우에는 특정한 성향이 두드러지지 않고 전체적으로 균형 잡힌 분위기를 가진다. 자세한 내용은 다음 장을 살펴보자.

| | | |
|---|---|---|
| 불 | : | 달, 수성, 화성, 목성 |
| 흙 | : | 명왕성 |
| 바람 | : | 금성, 천왕성 |
| 물 | : | 태양, 토성, 해왕성 |
| 활동궁 | : | 수성, 토성, 명왕성 |
| 부동궁 | : | 달, 금성, 천왕성 |
| 유연궁 | : | 태양, 화성, 목성, 해왕성 |
| 양의 별자리 | : | 달, 수성, 금성, 화성, 목성, 천왕성 |
| 음의 별자리 | : | 태양, 토성, 해왕성, 명왕성 |

### 내 천궁도를 보고 무엇을 읽어냈을까!

어린 시절에는 항상 내가 주인공이 되고 싶어서(달×사자자리) 뒷일은 생각하지 않고 사람들 앞에서 마구 떠들어댄 모양이야(수성×양자리). 가족들에게 늘 감정을 절제하라는 억압 속에서(토성×게자리) 인정받지 못하고 점점 주눅이 들어, 자신 있게 의견을 낼 수 없었지. 16살 무렵부터 자신이 하고 싶은 일을 가진 사람을 동경하게 되고 사랑도 하게 돼(금성×물병자리). 그리고 26살 무렵 자신처럼 마음 약한 사람의 작은 변화를 알아채고 손을 내밀지. 그것이 곧 내 인생의 의미라는 걸 깨닫고 살아가게 돼(태양×물고기자리)!

# ✦✦✦ 별자리 구분 ✦✦✦

## ◆ 4원소(엘리먼트) - 목적, 방향성 - ◆

**✦ 불 정신력**
양자리 · 사자자리 · 사수자리

실패를 두려워하지 않고 과감하게 도전한다.
강인한 정신을 가졌으며 상처를 받아도 비교적 빠르게 회복한다.

**✦ 흙 안정성**
황소자리 · 처녀자리 · 염소자리

자신만의 감각을 바탕으로 차근차근 형태를 완성해 나가는 데 능하다.
세심함이 요구되는 일을 즐긴다.

**✦ 바람 지성**
쌍둥이자리 · 천칭자리 · 물병자리

정보 수집에 능하며, 객관적 관점과 지식에 기반한 부담 없는
의사소통을 지향한다.

**✦ 물 정서**
게자리 · 전갈자리 · 물고기자리

정서적 교류를 중시한다. 개인의 시간을 존중하는 동시에 타인과
어울리고 공감하는 데 능하다.

## ◆ 3구분 - 행동 방법 - ◆

**✦ 활동궁 행동력**
양자리 · 게자리 · 천칭자리 · 염소자리

타인이 아직 고민하는 동안에 먼저 행동을 시작하거나 말을 건넬
수 있다. 감정이 빠르게 달아오르지만 금세 식는 경향이 있어,
금방 잊고 넘어가는 경우도 많다.

**✦ 부동궁 고정성**
황소자리 · 사자자리 · 전갈자리 · 물병자리

불굴의 정신력을 지니고 있으며, 자신의 미학을 바탕으로 사물을
완성해 내는 데 능하다. 갑작스러운 변화에는 다소 취약하지만,
집단에 휘둘리지 않는 환경에서는 본연의 역량을 발휘한다.

**✦ 유연궁 변통성(협조성)**
쌍둥이자리 · 처녀자리 · 사수자리 · 물고기자리

전체적인 분위기와 흐름을 살피면서 행동하는 데 능하다.
자기주장을 앞세우기보다 행동력과 융통성 사이의 균형을 통해
주위와 조화를 이룬다.

## ◆ 2요소 - 외부와 내부에서 오는 에너지 - ◆

**✦ 양의 별자리 외향적 영향력**    양자리 · 쌍둥이자리 · 사자자리 · 천칭자리 · 사수자리 · 물병자리

타인과의 관계 속에서 영향을 주며 자신의 가치를 인식하고, 이를 활동 에너지로 전환한다.

**✦ 음의 별자리 내향적 창조력**    황소자리 · 게자리 · 처녀자리 · 전갈자리 · 염소자리 · 물고기자리

타인과 자신의 마음속 목소리에 귀 기울이며, 이해를 깊이 있게 형상화하여 창조적인 에너지로 전환한다.

당신 안에는
태어난 날의 별자리뿐 아니라
'다양한 별자리'가
함께 존재한다는 말을
이제 이해하셨나요?

아직 잘 와닿지 않는다면,
다시 한번 p.10 정보를
가볍게 읽어 보세요.

감이 조금 잡힌 분들을 위해
복합적인 해석에 들어가기 전에
우선 기본이 되는 별자리들의 성질부터
하나씩 살펴보겠습니다.

✦✦✦ **체크인** ✦✦✦

1장

# 12별자리

- 개인의 감정·인식·성질 -

## 나는 시작한다

# 양 자 리

수호성 • 화성 ♂
4원소 • 불
3구분 • 활동궁
2요소 • 양의 별자리

---

모든 시작을 나타내는 별자리입니다.

태어나는 순간, 처음으로 몸을 일으키는 순간,
첫걸음을 떼는 순간 등을 상징합니다.
누구보다 뛰어난 용기와 순발력, 그리고 아이디어를 지닌 덕분에
양자리와 조화를 이루는 행성이나 하우스 분야에서는
자연스럽게 '개척자'의 역할을 합니다.

늘 아무도 밟지 않은 길에 끌리며, 혹여나 다른 도전자가 나타나면
남들보다 먼저 도달하고자 하는 강한 승부욕이 발휘되지요.

하지만 끓어오르는 에너지가 오래 가지 못해 한 가지에 오래 집중하지 못하고,
충동적인 성향으로 인해 제풀에 지칩니다.

당신 곁에 언제나 당신을 응원하는 사람이 있다는 건,
당신의 의욕을 지키는 데 있어 중요한 요소입니다.
남들보다 더 많은 에너지를 발산하는 성향을 잘 활용해서
빠른 시기에 승부를 보도록 하세요!

# 황소자리

수호성 · 금성우
4원소 · 흙
3구분 · 부동궁
2요소 · 음의 별자리

· · · · · · · · · ·

오감이 예민하여 감정의 폭이 넓고 섬세한 감동을 누릴 수 있는 별자리입니다.

맛있는 음식을 먹고, 편안한 옷을 입고, 음악을 즐기는 등
생활에 윤기를 더하는 것에 가치를 둡니다.
그리고 삶을 알차게 채우기 위해 반드시 필요한 '재산'에도 관심을 보이게 됩니다.

또한 자신만의 멋진 목소리나 색채 감각,
소리, 미각, 촉감 등에 깊이 빠져들기도 합니다.
겉으로는 여유로워 보이지만, 사실 내면에서는 혼이 떨릴 만큼 큰 감동을
느끼는 순간도 드물지 않게 경험하게 됩니다.

한 번 감동한 일은 좀처럼 잊기 어렵고
자신의 생활 수준보다 격이 낮다고 느껴지는 것에
흥미를 보이지 않는 경향도 있습니다,

황소자리와 조화를 이루는 행성이나 하우스 분야에서는
타인의 시선에 의식하기 보다 자신이 아름답다고 추구하는 감각을 더 갈고 닦아 보세요.
오직 당신만의 감성을 통해, 양질의 세계를 경험할 수 있을 겁니다.

· · · · · · · · · ·

나는 생각한다

# 쌍둥이자리

지배성 · 수성 ☿
4원소 · 바람
3구분 · 유연궁
2요소 · 양의 별자리

· · · · · · · · ·

호기심이 왕성해서 새로운 화제나 정보를 좋아하는 별자리입니다.

'지금 눈앞에 있는 사람이 어떤 말을 할까?'
'이런 말을 던지면 어떤 반응이 돌아올까?'
이와 같은 감각으로 말을 걸기에
기본적으로 우호적인 인상을 주기 쉬운 성격이기도 합니다.

반면, 자신의 감정이나 내면을 오롯이 들여다보는 데 익숙하지 않아
골똘히 무언가 생각하는 것을 어려워하는 경향이 있습니다.
농담이 통하지 않는 사람이나 상황에 놓이거나,
자신의 본심을 드러내야 할 때 자꾸만 어디론가 숨고 싶어 집니다.

그래서 말을 건 상대에게 바로 답이 돌아오지 않거나
잠자코 생각해야 하는 시간이 생기면 금세 불안해지고,
그 답답함을 해소하기 위해 다른 사람과 수다를 떨게 되지요.

혼자서 모든 걸 떠안으려 하지 말고, 가벼운 농담이나 사소한 불만을
가볍게 털어놓을 수 있는 사람과 산뜻한 시간을 자주 보내세요!

· · · · · · · · ·

나는 느낀다

# 게 자 리

수호성 • 달 ☾

4원소 • 물

3구분 • 활동궁

2요소 • 음의 별자리

· · · · · · · · · ·

희로애락의 감정이 풍부하게 드러나는 별자리입니다.

겉은 단단하지만 속은 부드럽기에
가까운 사람이나 공감할 수 있는 사람들에게 마음을 엽니다.
반면, 관계가 멀거나 처음 만나는 사람 앞에서는
긴장하고 낯을 가리곤 합니다.

'자기 사람'이라고 느끼는 사람에게는 다정하게 잘 따르기 때문에
붙임성이 좋은 사람으로 보이는 경우도 많습니다.

하지만 사람들을 내 편인 사람과 아닌 사람,
호감인 사람과 비호감인 사람으로 이분법적으로 판단하는 경향이 있어,
자칫 타인으로부터 편견이나 혐오감을 쉽게 일으킬 수 있습니다.

게자리와 조화를 이루는 행성이나 하우스 분야에서는 친근감을 바탕으로
마음을 깊이 나눌 수 있는 친구를 많이 사귀어 보세요.
그러면 당신에게도 한결 살기 편한 세상이 열릴 거예요.

· · · · · · · · · ·

*나는 표현한다*

# 사 자 자 리

수호성 ◆ 태양 ☉

4원소 ◆ 불

3구분 ◆ 부동궁

2요소 ◆ 양의 별자리

✦ ✦ ✦ ✦ ✦ ✦ ✦ ✦ ✦

자존심이 강하고 자신을 표현하려는 기질이 뚜렷한 별자리입니다.

타인에게 좋은 평가를 받으면
자신만의 확고한 존재 의식과 꿈을 키워갈 수 있습니다.
사람들의 이목이 집중되는 자리에서는 리더십을 더 발휘하여
주변을 이끄는 힘을 드러냅니다.
또한 독창성을 중시하기 때문에
자신의 모습을 있는 그대로 표현하는 것에
큰 가치를 두는 성향이 있습니다.

그래서 본래의 모습을 부정당하거나 음지로 밀려나서
능력을 제대로 평가받지 못하는 환경에 계속 있으면,
자신의 정체성을 잃고 쉽게 방황하게 됩니다.

그럼에도 사자자리는 자신의 표현 방식을 사랑하기 때문에
타인에게 충분히 인정받지 못한다고 느끼더라도
표현을 멈추지 않는 강인한 정신력을 지녔습니다.
언제 어디서든 자신을 믿고 사랑하세요.

✦ ✦ ✦ ✦ ✦ ✦ ✦ ✦ ✦

# 나는 분석한다

# 처녀자리

수호성 • 수성 ☿
4원소 • 흙
3구분 • 유연궁
2요소 • 음의 별자리

✦ ✦ ✦ ✦ ✦ ✦ ✦

섬세하면서도 꼼꼼하며 완벽주의적 특징을 지닌 별자리입니다.

처녀자리와 조화를 이루는 행성이나 하우스 분야에서는
사소한 부분까지 자꾸 신경이 쓰여 마음이 쉬지 못하는 경우도 많습니다.
감정적인 상황을 싫어하기에 늘 문제를 정확히 분석하고 냉정하게 대처하려 애씁니다.

이를테면 상처가 나면 먼저 소독을 하고,
병이 나면 약을 챙겨 먹는 것처럼
눈앞에 놓인 문제의 해결책을 찾은 뒤 실행으로 옮깁니다.

자칫 상대에게 도움이 되었더라도 다소 차가운 인상으로 남기 쉽습니다.
당신은 상대의 개선점을 감정 없이 말했지만
상대방은 이를 비판으로 받아들일 가능성도 있습니다.

하지만 이 세상에는 당신의 그런 깨달음이나 지적이 없었다면
쉽게 무너져 내릴 위태로운 관계나 불안정한 사물들도 많이 존재합니다.
항상 사람들 가까이에서 조용히 힘이 되어 주는 자신에게
가끔은 따뜻한 칭찬과 위로를 건네주세요.

✦ ✦ ✦ ✦ ✦ ✦ ✦

나는 조화롭다

# 천칭자리

수호성 ✦ 금성♀

4원소 ✦ 바람

3구분 ✦ 활동궁

2요소 ✦ 양의 별자리

✦ ✦ ✦ ✦ ✦ ✦ ✦

사람이나 물건을 비교하여 균형을 맞추는 데 뛰어난 별자리입니다.

자신의 의견을 적절히 표현하면서도 타인의 의견도 경청하려 노력하지요.
최대한 중립을 지키고 싶어 하기 때문에 선택을 강요받으면 고민에 빠지지만,
고민 끝에는 언제나 더 아름다운 것을 고르는 세련된 감각을 지녔습니다.

천칭자리와 조화를 이루는 행성이나 하우스 분야에서는
인간관계의 완벽함을 추구하는 경향이 나타날 수도 있습니다.
어디를 가든 남에게 좋은 인상을 주거나 일을 원만하게 처리하기 위해
늘 세심하게 노력하고 있을지 몰라요.

다만, 사물을 상대적으로 판단하는 경향이 있기 때문에
선과 악의 기준도 '이보다 나쁘지만 않으면 된다'라는 식으로 생각합니다.
상대방이 받아들였다 하더라도 스스로 잘못된 유혹에 흔들리지 않도록 주의하세요!

다양한 경험을 통해 사람과 사물을 더 객관적으로 바라보는 눈을 키워 나가면,
더 좋은 인간관계를 구축할 수 있게 되고,
한층 더 성숙한 당신으로 성장할 수 있을 거예요.

✦ ✦ ✦ ✦ ✦ ✦ ✦

# 1장

나는 열망한다

# 전갈자리

수호성 • 명왕성 ♇
4원소 • 물
3구분 • 부동궁
2요소 • 음의 별자리

* * * * * * *

진정한 감정을 사랑하는 별자리입니다.

전갈자리와 조화를 이루는 행성이나 하우스 분야에서는
한 번쯤 깊은 상처를 겪고 마치 죽음의 문턱에 와 있는 듯한 체험을 하는 경우가 있습니다.
그러한 순간을 통해 비로소 자신의 감정의 본질과 마주하고,
정신적으로 다시 태어나는 듯한 전환점을 맞이하는 이들도 있지요.

겉모습만으로 판단하지 않고 진실을 꿰뚫어 보려는 성향이 강해
거짓이나 겉치레를 싫어합니다. 정신의 핵심에 도달하려
끊임없이 파고드는 호기심과 집중력을 지녔습니다.

하지만 한 우물만 파는 듯 깊이 몰입하다가도,
어느 순간 한계에 부딪히면 전원이 꺼진 것처럼 무관심해지기도 합니다.
그런 모습은 타인의 눈에 다소 극단적이고 예측 불가능한 사람으로 비칠 수 있습니다.
반면 당신은 자신의 섬세한 점을 알아주는 상대방에게 깊은 애정을 느끼지요.

오뚝이처럼 다시 일어나는 강인함을 지녔지만 그만큼 마음의 상처도 입는다는 걸 잊지 마세요.
또한, 내면에 있는 위험한 독을 인식하고 그것을 잘 다스릴 수 있다면,
강인함 속에 다정함을 지닌 믿음직한 사람으로 성장할 수 있습니다.

* * * * * * *

# 사수자리

수호성 ✦ 목성 ♃

4원소 ✦ 불

3구분 ✦ 유연궁

2요소 ✦ 양의 별자리

지금보다 더 넓은 세계를 알고자 하는 열망이 강한 별자리입니다.

사수자리와 조화를 이루는 행성이나 하우스 분야에서는
이론적인 강의를 듣기보다는 몸으로 직접 체험하고 배우는 경우가 더 많을 거예요.
철학, 해외 문화, 우주 과학, 다양한 스포츠 등
직접 부딪히고 경험하는 것에 강점을 보입니다.

하지만 세상은 너무도 넓기에 지식의 샘은 영원히 마를 일이 없지요.
그만큼 사물의 끝맺음이 흐릿해지기 쉬운 면도 있습니다.
실패에서도 배울 수 있다고 생각하는 성향 때문에, 가끔은 모험적인 시도를 하기도 합니다.
자신이 무모한 도전을 하고 있는 것은 아닌지 살펴보길 바랍니다.

대범하고 긍정적인 성향으로 볼 수도 있지만,
돌이킬 수 없는 일이 벌어지기 전에
무언가 행동을 시작할 때는 당신의 가치관과 다른 상대방과도
적극적으로 의견을 주고받으며
자신의 지식과 견문을 넓혀가도록 하세요.

나는 이룬다

# 염소자리

수호성 ◆ 토성 ♄
4원소 ◆ 흙
3구분 ◆ 활동궁
2요소 ◆ 음의 별자리

✦ ✦ ✦ ✦ ✦ ✦ ✦ ✦ ✦

현실적이면서도 높은 목표를 품고,
그 꿈을 이루기 위해 꾸준히 노력하는 별자리입니다.

확실한 행복이나 성과를 얻기 위해서는
많은 시간이 필요하다는 걸 알기에 차근차근 목표를 밟아 나갑니다.

염소자리와 조화를 이루는 행성이나 하우스 분야에서는
비교적 이른 시기에 사회의 '악'을 알아차리고, 그에 대해 이질감을 느끼게 됩니다.
경우에 따라 이러한 성향을 바꾸기 위해 애쓰기도 하지요.
올바른 세상을 만들어 사람들을 좀 더 행복하게 해 주고 싶은 바람이 크지만
이러한 사회를 만드는 데는 상당한 시간과 노력이 필요합니다.
이 과정에서 당신은 상대방의 본보기가 되고자 자신의 행동을 절제하기도 하지요.

하지만 당신 역시 다른 사람들처럼 완벽하시 않으며 실패할 수도 있습니다.
목표가 분명한 만큼 더 답답하게 느껴질지도 모르지만,
성과를 서두르다가 자신을 탓하게 되지 않도록 충분히 휴식하세요.
늘 노력하는 당신이라면 주변 사람들도 분명 받아들일 거예요.

✦ ✦ ✦ ✦ ✦ ✦ ✦ ✦ ✦

나는 안다

# 물병자리

수호성 · 천왕성 ♅
4원소 · 바람
3구분 · 부동궁
2요소 · 양의 별자리

상대방을 선입견 없이 이해하고 사랑하려는 태도를 가진 별자리입니다.

사회 속에서 살아가는 이들을 저마다 다른 인간으로 존중하고자 노력합니다.
물병자리와 조화를 이루는 행성이나 하우스 분야에서는
'남들도 다 그렇게 하니까', '이게 옳은 것이니까', '좋은 평가를 받고 있어서'라는
통념에 얽매이지 않으려는 성향이 있습니다.
대신, 개인의 재능이 빛나 더 아름답고 매력적인 것을 사랑합니다.

이러한 성향으로 나이나 성별에 얽매이거나 차별과 고정 관념,
무개성을 강요하는 집단과 사회, 그리고 권력자에게 억눌리는 것을 싫어해
이를 저항하려는 기질을 지녔습니다.

공평한 관계를 맺을 수 있는 사람에게는 남녀노소 불문하고 협조적이며,
그러한 동지들이 쾌적하게 살아갈 수 있는 미래를 꿈꾸고 있습니다.

물병자리는 미래를 위해서라면 오히려 구세대의 훌륭한 기술이나 반복된 역사 속에서
배움을 얻으려는 자세를 가지고 있을지도 몰라요.
가끔은 분노를 조절하면서 차별 없는 세상을 사랑하고 함께 만들어 가세요!

나는 믿는다

# 물고기자리

수호성 ✦ 해왕성 ♆
4원소 ✦ 물
3구분 ✦ 유연궁
2요소 ✦ 음의 별자리

✦ ✦ ✦ ✦ ✦ ✦ ✦

감수성이 풍부하고, 살아 있는 마음을 소중히 여기는 별자리입니다.

물고기자리와 조화를 이루는 행성이나 하우스 분야에서는
인간 사회의 지위나 명예에서 벗어나
자연과 동물적인 마음을 사랑하며 생물로 되돌아가려는 성향이 나타나기도 합니다.

자신이 상대적으로 강한 위치에 있다는 사실에 죄책감을 느끼거나,
생물을 섭취하는 것에 거부감을 느끼곤 합니다.
또한 예민한 육감으로 생명력이 없는 사물에도 '마음'을 느끼고 다정히 대합니다

그래서 상대적으로 약한 사람이 당신에게 상처를 준다고 하더라도,
그 사람의 마음에 있는 상처를 꿰뚫어 보고 그대로 지나치지 못한 채 자신을 희생하곤 하지요.
하지만 때론 약자를 괴롭히는 강자에게는 인정사정없이 맞서는 강인함을 지녔습니다.

하지만 상대를 지키는 것만큼이나 자신을 지키는 것도 중요한 일임을 기억해 주세요.
누군가에게 상처받았을 때는 사랑하는 동물을 대하듯
상처받은 자신의 마음도 보듬어 주세요.

✦ ✦ ✦ ✦ ✦ ✦ ✦

+++ 서비스 +++

2장

# 10행성
# ✕
# 12별자리

- 실제 나이와
정신 연령에 따라 드러나는
개인의 욕구와
감정의 조합 -

**점성술 호텔**
달 0세~7세
감정이나 어린 시절 환경, 어머니와의 ○○, 여성성, 체질, 마음의 안정.
본연의 모습, 자신을 보호하기 위해 ○○ 의식에서 나타나는 감정의 반응.

# 달   0세~7세 무렵 욕구가 강해지는 시기    p.48

'안심하고 싶은 욕구'가 나타날 때 보는 행성이다. 사적인 공간에서 나타나는 본연의 모습, 혹은 일상적인 습관이나 휴일을 보내는 방식, SNS에서의 행동, 가족에게만 보이는 태도 등을 상징한다. 어릴 때부터 몸에 밴 습관이기 때문에 타인에게 지적받더라도 쉽게 바뀌지 않는 성질이다. 달의 별자리는 이너 차일드(내면 속 아이)와 가까운 개념으로, 평생 안고 가야 할 존재이니 이를 수용하고, 자신 있는 그대로 긍정하는 태도가 필요하다.

※행성 간의 애스펙트(각도) 관계가 많은 사람은 안정감을 우선으로 여기며, 삶에서 다소 소극적인 경향을 보일 수 있다.

### 월상에 대하여

달은 약 29.5일을 주기로 차오르고 이지러지는 월상 현상을 반복한다. 달의 모습에 따라 그 의미도 달라진다. 점성술에 익숙해졌다면 '당신이 태어난 날'이나 '운세를 점치고 싶은 날'에 달이 어떤 모습인지 함께 살펴보는 것이 좋다.

- 신 월 … 새 마음가짐으로 무언가를 시작할 시기. 미지의 세계에 대한 불안감 너머 순수한 마음이 함께 깃든다.
- 상 현 달 … 에너지가 넘쳐흘러 행동이 앞서기 쉬운 시기. 힘 조절에 실패할 수 있으니 실수나 부상을 조심해야 한다.
- 보 름 달 … 쾌락과 스트레스가 모두 충만한 상태다. 불안정해지기 쉬우니 잠깐만 휴식을 취하자.
- 하 현 달 … 치우고 비우며 말끔한 상태에서 새로운 출발을 시작할 수 있게 준비하자.

# 수성   8세~15세 무렵 욕구가 강해지는 시기    p.50

'알고 싶은 욕구'가 나타날 때 보는 행성이다. 어떤 환경이나 사람에게 호기심이 생기는지, 그리고 흥미를 가진 사람과 소통하는 방식이나 지적 호기심이 자극될 때 공부 방법 등을 상징한다. 정답을 알아내는 것만으로 욕구가 쉽게 충족되기 때문에 전문 분야를 깊이 공부하거나 긴밀한 관계를 쌓고 싶을 때는 오히려 한계가 있을 수 있다. 자신에게 맞는 소통 방식이나 공부 방법을 스스로 찾는 것이 중요하다.

※수성의 애스펙트가 많은 사람은 호기심을 우선시하기에 지식이 다소 뒤섞이는 경향이 있지만, 그만큼 알찬 하루를 알차게 보낸다.

### 수성 역행에 대하여

각 행성은 이동 속도가 달라서 실제로는 같은 방향으로 움직이고 있는데도 가끔 다른 행성과 반대 방향으로 이동하는 것처럼 보이는 현상이 일어난다. 이를 '행성의 역행'이라고 한다. 특히 수성은 다른 행성에 비해 역행이 자주 일어나며, 1년에 서너 번 관측된다. 점성학에서는 이 수성 역행 기간을 연락이 지연되거나 소통이 원활하지 않은 시기로 해석한다. 또한, 이 시기에 태어난 사람은 생각하는 시간이 걸리거나 말투가 느릿한 경향을 보인다. 수성 역행 기간에는 조급해하지 말고, 자신이 할 수 있는 일부터 차근차근 정리해 나가는 태도가 중요하다.

# 금성   16세~25세 무렵 욕구가 강해지는 시기    p.52

'행복해지고 싶은 욕구'가 나타날 때 보는 행성이다. 인생에서 기쁨이나, 무엇을 아름답다고 여기는지, 그리고 자신에게 '아름다움'이란 무엇인지를 탐구한다. 또한 돈이나 애정을 쏟을 수 있는 취미, 창작 활동, 연애 대상 등을 상징한다. 과거에는 여성을 점치는 행성이었으나 현대는 '사랑, 행복을 원하는' 모든 사람에게 적용된다.

※금성의 애스펙트가 많은 사람은 더 즐거운 일이나 자기 관리를 우선시한다.

## 태양    26세~35세 무렵 욕구가 강해지는 시기                    p.54

'삶의 보람을 느끼고 싶은 욕구'가 나타날 때 보는 행성이다. 자신의 존재 의의를 찾고자 목표를 설정하거나, 세상에 영향을 미치는 자기표현, 공적인 자리에서 보이는 태도나 행동 원리를 상징한다. 일반적으로 '12별자리 점'은 주로 이 태양 별자리를 기반으로 한 해석 방법이다. 하지만 욕구가 싹트기 쉬운 시기와 연령이 있듯, 학생일 때나 일정한 목표를 달성한 나이대가 되면 태양의 경향이 잘 드러나지 않을 수 있다. 그럼에도 태양은 다른 행성보다도 존재감이 강해 다른 행성들을 하나로 모아 주는 '인생의 축'으로 작용한다. 따라서 태양 별자리의 삶의 방식을 이해하고 받아들이는 것이 중요하다.

※태양의 애스펙트가 많은 사람은 자신의 인생을 고민하며, 목적의식을 갖고 행동하는 특징을 보인다.

## 화성    36세~45세 무렵 욕구가 강해지는 시기                    p.56

'싸우고 싶은 욕구'가 나타날 때 보는 행성이다. 무엇을 위해 노력하고 무엇을 사랑하기에 분노하는지, 그 정열을 상징한다. 이 에너지는 승리를 쟁취하는 요인이 될 수도 있고, 반대로 스트레스를 유발하는 원인이 될 수도 있다. 과거의 점성술에서는 싸움을 남성의 전유물로 인식했기 때문에 남성을 점칠 때 주로 참고하는 행성으로 여겼지만, 현대에는 모든 사람에게 중요한 행성으로 해석한다.

※화성의 애스펙트가 많은 사람은 승리를 우선시하기에 승부욕도 두드러지게 나타난다.

## 목성    46세~55세 무렵 욕구가 강해지는 시기                    p.58

'행복을 퍼뜨리고 싶은 욕구'가 나타날 때 보는 행성이다. 자신이 사회적으로 복을 받고 있다는 인식, 그로 인해 생겨나는 긍정적인 태도, 미래를 위해 투자하려는 마음, 그리고 앞으로 도움이 되리라 믿고 추진하려는 의지를 상징한다. 차세대 아이들을 키우는 감각으로 밝은 미래를 그리며 낙관적으로 씨앗을 뿌리는 시기가 될 것이다.

※목성의 애스펙트가 많은 사람은 선의를 우선시하기 때문에 타인을 쉽게 믿는다.

## 토성    56세~70세 무렵 욕구가 강해지는 시기                    p.60

'인생의 과제와 마주하고 싶은 욕구'가 나타날 때 보는 행성이다. 어릴 적부터 형성된 콤플렉스나 받아들이기 어려운 성격적 상처와도 마주하며, 자기 자신을 통제하는 힘을 상징한다. 젊은 시기엔 이러한 영향으로 우울해지기 쉬우나, 문제와 진지하게 마주하고 자신의 부정적인 면까지 수용하려는 노력을 기울인다면, 회복과 성장의 길로 나갈 수 있다. 그런 진지한 자세는 결국 그 분야의 지도자가 될 가능성으로 이어진다.

※토성의 애스펙트가 강한 사람은 자신의 책임을 무겁게 받아들인다.

---

### 주기마다 돌아오는 '토성' 29세·58세·87세 무렵에 일어나는 시련

토성은 약 29년을 주기로 원래 별자리로 되돌아온다. 즉, 점성술에서는 태어난 후 약 29년마다 원래의 자신과 마주하는 격한 시련이 찾아오는 것으로 해석한다. 토성이 한 별자리에 머무르는 약 1년 동안은 유년기부터 형성된 콤플렉스나 출생·외모·성별·사회적 역할처럼 바꾸기 어려운 조건들과 맞서며, 지속적 노력이나 적응이 요구되는 고난의 시기이다. 이 시기의 괴롭고 고통스러운 순간들이 당장에는 성장으로 느껴지기 어려울 수도 있지만, 자신의 한계를 직시하고 받아들이며 도전한다면 진정한 성인으로 거듭날 수 있다.

안전 욕구, 유소년기, 감정, 마음, 엄마, 자라난 환경,
무의식적인 습관, 사적인 영역에서 느끼는 편안함과 불편함

### 달 × 양자리
유소년기부터 경쟁 사회에 노출되어 싸움이나 경쟁에 익숙해졌을 가능성이 있다. 승리를 거두었을 때 비로소 안심하는 편이다. 또한 열정적인 사람이나 선구자적인 인물을 접했을 때 감정적으로 충전되는 느낌을 받는다. 불안감을 느낄 때는 스포츠 활동이나 새로운 일에 도전해 보자.

### 달 × 황소자리
울림이 있는 목소리를 가진 사람이 많다. 유소년기부터 질 높은 예술이나 음식을 접할 기회가 많으며, 그 감동을 변함없이 사랑하려는 경향이 나타난다. 반면, 불쾌한 자극을 받으면 감정이 흐트러지고 쉽게 동요하는 모습을 보일 수 있다. 가장 좋아하는 감각을 자주 접할 수 있는 환경을 조성하자.

### 달 × 쌍둥이자리
유소년기부터 지적 호기심이 풍부하여 다양한 유머 감각을 익혔을 가능성이 있다. 누군가와 대화를 나누면 마음이 차분해지고 기분이 밝아지는 경향도 있다. 취미가 많은 반면, 관심이 오래 가지 못하고 금세 식는 경우가 있다. 생각이 많아지면 불안해질 수 있으니 호기심이 이끄는 대로 가볍게 놀아 보자.

### 달 × 게자리 •• 수호성(행성과 궁합이 좋다) ••
어머니의 영향을 강하게 받는 자리이다. 유소년기에 과잉보호로 인해, 부모의 존재가 강하면 독립이 늦어질 수 있다. 어머니가 부재한 경우 그 존재를 강하게 의식하여 내면에서는 불안과 싸웠을 가능성이 있다. 부모와 자식의 관계성을 자주 느끼는 것이 좋다.

### 달 × 사자자리
유소년기에 주목받는 환경에서 자랐을 가능성이 있다. 주변의 칭찬을 자주 받았던 경험 때문에 성인이 된 후에도 시선을 받는 상황에서 심리적인 안정감을 느낀다. 반면, 자신보다 뛰어난 사람을 보면 강한 박탈감을 경험하기도 한다. 자신을 진심으로 아껴 주는 사람들과 교류하도록 하자.

### 달 × 처녀자리
가장 섬세한 감정을 지닌 배치이다. 청결감이 있고 배려심이 깊은 어머니 같은 곁에 있는 존재의 영향을 받아, 정성을 다해 일하는 모습을 보면 심리적 안정을 느낀다. 반면, 합리적이지 않은 이야기를 불쾌해하며, 다소 비판적인 태도를 보인다. 자신의 냉정한 시선으로 상황을 정리해 보는 것도 생각해 보자.

### 달 × 천칭자리
유소년기에 자연스럽게 사교성을 익힐 수 있는 환경에서 자랐을 가능성이 있다. 어디서든 적응할 수 있는 섬세한 균형 감각을 가진 한편, 미움받는 것을 지나치게 두려워하는 경향이 있어 심리적으로 쉽게 지치는 것도 특징이다. 컨디션을 천천히 가다듬고 멋도 부리면서 기분을 끌어올리자.

### 달 × 전갈자리
유소년기에 어머니로부터 애정을 듬뿍 받은 경험이 있을 수 있다. 그 영향 때문에 가벼운 애정만으로는 만족하지 못하는 편이다. 스스로 마음을 열지 않더라도 벽을 허물 듯 사랑해 주는 사람이나, 자신의 중심을 비추는 작품을 만났을 때 감정이 크게 움직인다. '진정성 있는 것'을 자주 접하도록 하자.

### 달 × 사수자리
유소년기부터 여행이나 독서를 통해 다양한 가치관을 접할 수 있는 환경에 있었을 가능성이 있다. 넓은 세계와 다각적인 사상을 접했을 때 심리적으로 안정감을 느끼지만, 지나치게 치우친 사회나 사고방식에는 답답함을 느낀다. 늘 색다른 문화, 사물, 지식을 키워 나가자.

### 달 × 염소자리
유소년기부터 어머니로부터 사회적 상식을 배우며 자랐을 가능성이 있다. 그 영향 때문에 부모님의 기대에 부응하고자 의식적으로 조바심을 느끼고 있을 수 있다. 노력하는 사람에게는 깊은 애정을 느끼지만, 향상심이 없는 사람을 만나면 마음에 상처받을 수도 있다. 되도록 미래를 내다보는 사람과 교류해 보자.

### 달 × 물병자리
유소년기부터 성별이나 나이, 인종 등을 구분하지 말라는 가르침을 배워왔을 가능성이 있다. 개성이 존중되는 환경에 있거나 다양한 인간관계를 접할 때 심리적으로 안정감을 느끼는 편이다. 누구나 속박받지 않고 자유롭게 서로 이해하며 하루하루 생활할 수 있는 세상을 진심으로 바라는 사람으로 성장한다.

### 달 × 물고기자리
유소년기에 몸과 마음이 약한 사람이 가까이에 있었을 가능성이 있다. 그 영향 때문에 생명의 상실에 대한 공감 능력이 매우 높아서 누군가가 상처받는 모습을 보면 도와주고 싶어지는 경향이 나타난다. 또한, 누군가를 도왔다는 감각이 자신에게 안정감을 준다. 자원봉사 활동에 참여하거나 동물과 교류해 보자.

수영장
달 호텔

# 수성

신경, 공부, 지성, 배움, 사고 회로, 재능, 말, 문장, 업무, 의사소통

### 수성 × 양자리
생각할 때 망설임이 거의 없으며, 떠오른 내용을 솔직하게 말하거나 직감적으로 행동하는 편이다. 타인의 감정에 지나치게 신경 쓰는 것을 선호하지는 않지만, 지지부진한 상황에서는 확실한 결단을 내리는 편이다. 실패하더라도 곧바로 분위기를 전환해서 새로운 아이디어를 제시할 수 있는 사람이다.

### 수성 × 황소자리
느긋한 어조로 말하며, 말에 색깔이나 소리를 더하는 일에 능하다. 매뉴얼에 따라 움직이기보다는, 뛰어난 체감 능력을 살려 독자적인 방식으로 작업하거나 대화할 때 습득이 더 빨라진다. 주변에 갈등이나 대립이 생겨도 크게 신경 쓰지 않고 차분히 자신의 기술을 연마할 수 있는 사람이다.

### 수성 × 쌍둥이자리 ◆◆수호성(행성과 궁합이 좋다)◆◆
지적 호기심이 왕성하여 흥미로운 사람과의 대화나 책을 통해 새로운 정보를 얻는 데 능하다. 머리 회전이 빨라서 다른 사람의 말을 즉시 이해할 수 있지만, 자신의 말이 자꾸 말이 바뀌는 것처럼 보일 수 있다. 말의 속도를 조절하도록 의식해 보자.

### 수성 × 게자리
의사소통에서 개인적인 호불호를 기준으로 삼는 편이다. 감정적으로 공감이 되는 사람들과는 말을 잘 이어가지만, 공적인 자리나 친하지 않은 사람 앞에서는 긴장하거나 상처받는 것을 두려워해 말수가 적어질 수 있다. 편안함을 느끼는 사람들과 함께 대화를 나누는 연습을 하면 좋다.

### 수성 × 사자자리
독창적이고 올곧은 생각을 가졌으며, 자긍심 있는 말투로 상대에게 강한 인상을 남긴다. 하지만 자신의 생각을 부정당하면 사고가 둔해지고 말로 표현하는 데 어려움을 겪기도 한다. 자신이 전하고자 하는 말 하나하나를 소중히 다루어 의사 표현의 폭을 넓히는 노력이 필요하다.

### 수성 × 처녀자리 ◆◆수호성(행성과 궁합이 좋다)◆◆
사고를 세분화하여 분석하는 능력이 뛰어나다. 하나의 말에서 긍정적인 면과 부정적인 면을 모두 고려하여 문제를 해결하기 위해 정성스레 대응하려는 태도를 보인다. 가끔은 신랄한 의견을 내세우거나 불만을 표출할 때도 있지만, 감정적으로 치우치지 않고 냉정하게 상황을 파악하는 경우가 많다.

### 수성 × 천칭자리
타인과 거리낌 없이 평등하게 관계를 맺고자 신경 쓰는 편이다. 회의할 때 객관적인 시점으로 중요한 역할을 맡게 되는 경우가 많다. 자신의 의견이 없는 것은 아니지만, 모든 사람이 두루두루 이야기할 수 있도록 유도하면 더 흥미로워진다는 사실을 아는 사람이다.

### 수성 × 전갈자리
마르지 않는 샘처럼 바닥이 보이지 않는 호기심을 갖고 있으며, 예를 들어 타인의 비밀처럼 호불호가 갈릴 수 있는 영역에도 관심을 보이는 편이다. 철저히 파고들어 배우기 때문에 그중에는 전문가 수준에 도달하는 사람도 있을 것이다. 자신이 열정을 쏟는 대상에 대해서는 끝없이 이야기한다.

### 수성 × 사수자리
정해진 답이 없는 철학적 사상이나 우주, 미지의 세계, 외국 등에 관심을 가지는 경향이 있다. 여행을 떠나 처음 만난 사람과 대화를 즐기며, '지식의 여행'을 계속하며, 집안에 머무르면서도 독서나 인터넷을 통해 세계 곳곳을 탐험하듯 배움의 자세를 잃지 않으려는 태도를 보인다.

### 수성 × 염소자리
최종적으로는 큰 비전을 완수하기 위해 하나씩 차근차근 공부하면서 나아가는 것을 중시한다. 결과를 서두르면 허점이 생기기 쉽다는 사실을 잘 알기에 늘 신중한 자세를 유지한다. 기본적인 교양을 갖추고 있고, 순서를 명확하게 따져가며 이야기한다.

### 수성 × 물병자리
혁신적인 사고를 지녔으며, 다소 사람들이 기피할 만한 최첨단 콘텐츠에 관심을 보인다. 그런데 그것이 사회 전반으로 퍼질 무렵에는 이미 흥미를 잃은 경험도 적지 않다. 대중이 이해하기 어려운 분야를 공부하면서도 미래를 바라보며 타인과의 인연을 유지하려는 입장이다.

### 수성 × 물고기자리
말을 문자 그대로 받아들이지 않고 화자나 콘텐츠 전체에서 풍기는 분위기를 통해 혼이 담긴 말로서 이해하려는 편이다. 논리적으로는 이치에 어긋나더라도 자신이 느낀 감정을 그대로 받아들여 표현하려고 한다. 항상 단정적인 표현을 피하며, 남에게 상처를 주지 않으려는 다정함이 감도는 사람이다.

오락실
수성 호텔

미적 가치관, 취미, 연애, 최애, 행복, 오락, 동경, 치장, 금전 감각, 호불호

### 금성 × 양자리

첫눈에 반하거나 사랑에 쉽게 빠지는 경우가 많으며, 좋아한다는 감정을 거리낌 없이 표현하는 편이다. 사랑받기보다 주고 싶어 하는 마음이 강하기 때문에 고백했다가 단호하게 거절당한 경험이 있을 수도 있다. 영웅을 동경하고 몸을 아름답게 가꾸는 데에도 관심을 기울인다.

### 금성 × 황소자리  ♦♦ 수호성(행성과 궁합이 좋다) ♦♦

애정이 느긋하고 안정적이어서 비교적 오래 지속된다. '아름다움'에 대한 자신만의 기준이 있어서, 아름답다고 느끼는 비슷한 분위기의 사람들에게 끌리는 편이다. 지나치게 화려하진 않지만 아름답고 품격 있는 색감이나 미각, 음악에서 즐거움을 찾아내며 기꺼이 돈을 쓴다.

### 금성 × 쌍둥이자리

대화가 경쾌하고 즐거운 연애나 콘텐츠를 선호하며, 이야기의 흐름에 변화가 없으면 금세 싫증을 낸다. 자신을 속박하려는 애정 표현에는 불편함을 느낀다. 취미가 자꾸 바뀌기 때문에 체험을 통해 얻은 지식이 자연스레 얕고 넓게 퍼지는 특징을 지닌다.

### 금성 × 게자리

사랑하는 사람과 따뜻한 가정을 꾸리는 것에 대한 꿈이 있어 가정적인 성향을 보이는 경우가 많다. 좋아하는 사람과 친할수록 기쁨을 느끼며, 좋아하는 취미에도 돈을 쓰며 만족을 얻는다. 밖에 나가면 낯을 가리지만, 좋아하는 사람 앞에서는 자신의 감정을 솔직하게 드러내는 면도 있다.

### 금성 × 사자자리

연애나 취미를 즐기면서 인생을 만끽한다고 느끼는 편이다. 행복을 마음에 깊이 새기기 위해 극적인 이벤트를 시도해 보기도 하고, 다소 대담한 행동을 보이기도 한다. 자신 또는 사랑하는 사람의 인생을 아름답게 연출하는 것에서 기쁨을 느낀다.

### 금성 × 처녀자리

애정을 냉정하게 분석하는 면이 있지만, 완벽한 애정을 위해 서포트하려는 노력도 기울인다. 애매하고 야무지지 못한 관계는 피하며, 알기 쉽고 지지하기 편한 지위가 높은 사람에 끌린다. 또한 다소 독특한 취미도 소소하게 즐긴다.

### 금성 × 천칭자리  ♦♦ 수호성(행성과 궁합이 좋다) ♦♦

용모가 아름답거나 행동거지가 번듯한 사람에게 동경심을 느끼며, 자신도 아름다워지려고 노력하는 것을 즐기는 편이다. 다만, 비교 대상이 없다면 목표를 설정하기가 어려워지니 교류가 이루어지는 장소에 적극적으로 나가 설렘을 느낄 수 있는 만남을 찾아보자.

### 금성 × 전갈자리

일편단심으로 한 사람만을 사랑할 수 있는 관계를 추구한다. 사랑하는 대상을 자신과 동일시하는 경향이 있으며, 이별하게 될 경우 자신의 일부를 잃은 것처럼 느낄 수도 있다. 상대에게서 애정이 느껴지지 않을 때는 마음이 쓰라리겠지만, 그럴 때는 혼자서 해결하지 말고 둘이 함께 극복하면 깊은 유대가 생길 것이다.

### 금성 × 사수자리

행복을 쟁취하는 사냥꾼이다. 좋아하는 사람이나 원하는 행복을 얻기 위해서는 모험을 하거나 몸으로 부딪쳐 도전하는 과정도 필요하다고 느낀다. 서로 자립한 상태에서 두루두루 내다볼 수 있는 연애 관계를 선호하며, 높은 목표를 향해 발맞춰 나갈 수 있는 집단 속에서 기쁨을 느끼기도 한다.

### 금성 × 염소자리

행복을 손에 넣으려면 반드시 신뢰 관계가 필요하다고 느낀다. 그래서 사회적으로 실적이 있는 사람에게 끌리기도 하고, 신뢰할 수 있는 기업에서 제공하는 콘텐츠에 자연스레 손이 가는 경우가 많다. 만약 자신이 무언가를 제공하는 처지가 됐을 때도 먼저 상대에게 믿음을 얻고 나서 즐거움을 주도록 노력한다.

### 금성 × 물병자리

상하 관계가 없는 평등한 관계에 매력을 느끼기 때문에 친구에서 연인으로 자연스럽게 발전하는 경우가 많다. 학교나 조직 안에서도 특정 인물만 특별 대우를 받는 환경에 답답함을 느끼며, 그러한 상황에서 거리를 두려고 한다. 자유롭고 아방가르드한 세계를 즐기도록 하자.

### 금성 × 물고기자리

약자를 돕거나 동물을 보살피는 행위, 자기희생적인 이야기에서 아름다움과 기쁨을 발견하는 편이다. 따뜻한 태도가 다른 사람들에게 성적인 호감으로 오해받기도 하고, 다정함을 이용하려는 사람을 만나기도 한다.

스위트룸
금성 호텔

 승인 욕구, 인생, 자주성, 삶의 보람, 목적, 행동, 적극성, 자신감, 자존심, 주관적, 아버지

### 태양 × 양자리

새로운 세계를 개척하는 데에서 보람을 느끼는 편이다. 금세 열중하다가도 쉽게 흥미를 잃는 성향이 있어 장기전에는 약하기 때문에 의욕이 남아 있는 동안에 빠르게 도전해야 업무 효율을 높일 수 있다. 충동적이라 실패를 자주 경험할 수 있으나, 그렇더라도 순수하면서도 에너지가 넘치는 인생을 살 수 있다.

### 태양 × 황소자리

좋아하는 음악, 예술, 패션, 음식에 둘러싸여 살아가기를 바라는 편이다. 감각적 취향이 뚜렷하기 때문에 가상의 개념에는 크게 가치를 느끼지 못할 수도 있다. 전통적인 작품이나 '물건'을 만들어 내는 활동에 관여하며 양질의 삶을 누리도록 하자.

### 태양 × 쌍둥이자리

재미난 사건이나 다양한 사람들에 둘러싸여 시간을 보내는 데 보람을 느낀다. 하나의 의견에 치우치지 않고 서로 다른 사람들에게 여러 가지 정보를 얻고자 하는 성향이 강해, 결과적으로 재주가 좋고 요령이 뛰어난 사람이다. 또한 타인의 말이 많으면 상처받기 쉽지만, 다양한 사람들로 인해 힘을 얻는다.

### 태양 × 게자리

최종적으로는 마음의 안식처가 되어 주는 사람들과 함께 살아가기를 희망한다. 조직이나 인간관계에서 느끼는 불안을 조금이라도 더 줄이고 싶어 하기 때문에 서로 참지 않고 속마음을 털어놓으며 감정적 교류가 허용되는 환경에 있도록 신경 쓰자. 가까운 선배에게 많은 배움을 얻는 인생이다.

### 태양 × 사자자리 ✦✦ 수호성(행성과 궁합이 좋다) ✦✦

자신이 꿈꾸는 이상적인 삶의 모습이 있으며, 진심으로 그렇게 되길 바라고 행동한다. 그 역할이 현실적으로 어렵다면 무리가 따르더라도 연기하듯 노력하는 경우도 있고, 타인의 이해를 받지 못하더라도 나답게 살면 된다고 생각할 때도 있다. 의식적으로 인생의 드라마를 만드는 것이 중요하다.

### 태양 × 처녀자리

청결감이 있으며 타인에게 도움이 되는 삶을 살고자 신경 쓰는 편이다. 식물이나 대지처럼 눈에 잘 띄지는 않지만 조직에 확실히 필요한 어둠의 강자 같은 존재를 자주 인식한다. 문제 해결을 위해 작은 의문도 놓치지 않고 전달하며, 눈앞에 있는 사람에게 감사받는 인생을 보낼 수 있다.

### 태양 × 천칭자리

아름답고 평등하게 타인과 관계를 맺는 데에서 보람을 느끼는 편이다. 주변 분위기를 살피며 자신의 의견을 자제해야 할지, 혹은 발언해야 할지 판단하는 능력도 뛰어나다. 대인 관계의 경험이 쌓일수록 객관적인 시선이나 처세술이 자연스럽게 연마될 테니 적극적으로 타인과 교류하도록 하자.

### 태양 × 전갈자리

어떠한 일에 깊이 파고드는 데에서 보람을 느끼는 편이다. 사람의 마음이든 어떤 대상이든, 그 핵심에 도달하기까지 탐구를 멈추지 않는다. 타인의 본심을 알고 상처받기도 하겠지만, 어떤 상처든 곰곰이 생각하기 때문에 결국 정신력이 단련되고 애정을 품으며 다시 올라갈 수 있는 사람이다.

### 태양 × 사수자리

우주나 철학처럼 미지의 가치관을 배우고 정신적인 성장을 통해 풍요로운 인생을 보낼 수 있다. 결코 무지인 상태로 머무르기를 원치 않으며, 사물을 다각적으로 보기 위해 스스로 낯선 분야로 뛰어드는 편이다. 모험을 사랑하며 예기치 못한 사건이나 문제조차 즐길 수 있는 사람이다.

### 태양 × 염소자리

사회의 일원으로서 인정받을 수 있는 삶을 희망하는 편이다. 시간이 걸리더라도 자신이 이루고 싶은 목표를 달성하고자 노력을 아끼지 않는다. 다소 완벽주의적인 면이 있어 지나치게 몰입할 때도 있지만, 한 걸음씩 멈추지 않고 나아감으로써 큰 성취감을 얻을 수 있다.

### 태양 × 물병자리

대중적인 가치관에 얽매이지 않는 삶을 살고 싶어 한다. 소수의 입장에 서서, 사회의 이단아로서 만나는 사람들과의 인연을 소중히 여긴다. 나이나 성별, 권력에서 자유로운 평등한 공동체 안에서 자신만의 개성을 뽐낼 수 있을 것이다.

### 태양 × 물고기자리

자애로운 삶을 사는 편이다. 공감 능력이 뛰어나 약자를 돕는 한편, 자기희생의 정도가 지나치거나 힘겨운 상황을 회피하고 싶어 하는 모순도 함께 지닌다. 목적을 상실하면 타락하기 쉬워지므로, 혹여 도덕적인 길에서 벗어나더라도 자신만의 정의감을 잊지 않는 것이 중요하다.

농구장
태양 호텔

# 화성

자기실현 욕구, 분노, 스트레스, 경쟁심, 열정, 도전, 공격성, 다툼, 노력, 충동

### 화성 × 양자리  ♦♦ 수호성(행성과 궁합이 좋다) ♦♦

순수한 약육강식의 세계 속에서 살며, 누구보다 지기 싫어하는 강한 승부욕을 가졌다. 상대가 자극하는 태도를 보이면 즉각 달려드는가 싶더니, 순식간에 분노가 가라앉는 거친 성질도 있다. 충동적으로 성과가 생기기도 하지만, 항상 문제적 상황을 조심하자.

### 화성 × 황소자리

원하는 것을 손에 넣기 위해 꾸준히 돈을 버는 등 구체적으로 노력할 수 있는 사람이다. 하지만 목표를 달성하기까지는 무력감 때문에 조바심이 생겨나 공격성이 드러나기 쉬운 면도 있다. 희소성이 높은 대상에 정열을 느끼고, 한 번 손에 넣은 것은 소중히 간직하며 애정을 쏟는다.

### 화성 × 쌍둥이자리

정열을 쏟는 대상이 자주 바뀌며 여러 가지를 동시에 사랑하는 편이다. 오락적 유행이나 인기 있는 인물에게 금방 흥미를 느끼지만, 누군가의 사상이 조금씩 보이기 시작하는 순간 빠르게 흥미를 잃는 경험도 있을 수 있다. 항상 미지의 대상을 향한 애정을 유지할 때 스트레스를 해소할 수 있다.

### 화성 × 게자리

소중한 사람이 마음에 상처를 입거나 친구와 깊은 속마음을 나누는 상황이 아니라면, 분노를 느끼는 일이 거의 없는 편이다. 정신세계가 약하고 분노에 익숙하지도 않아서 스트레스가 폭발하면 눈물을 터뜨리는 경우도 있다. 하지만 좋아하는 사람을 위해서라면 싸울 수 있는 자신에게 자부심을 가지자.

### 화성 × 사자자리

자신의 표현을 인정받아 주목받거나, 사랑하는 사람에게 칭찬을 듣기 위해 노력하는 편이다. 하지만 자신의 낭만이나 노력이 소홀히 여겨지거나 무시당하는 상황이 생기면 조바심이 날 수 있다. 그래도 자신감을 잃지 않고 열정적인 의견을 당당히 관철할 수 있는 사람이기도 하다.

### 화성 × 처녀자리

효율적이며 의미 있는 일에 열정을 쏟는 타입이다. 감정적인 의견에 귀를 기울이지 않는 태도로 공격성을 드러내는 경우도 있지만, 분노 자체를 비생산적인 감정으로 인식하기 때문에 남보다 연구나 성과와 관련된 분노를 어떻게 다뤄야 할지 생각하는 쪽으로 에너지를 집중할 수 있다.

### 화성 × 천칭자리

그 장소에 어울리는 분위기를 조성하는 것에 열정을 쏟는 편이다. 때와 장소를 분별하여 누구보다도 품격 있는 스타일을 유지하는 반면, 옷차림에 신경을 쓰지 않아 분위기를 해치는 듯한 사람에 대해서는 겉으로 드러내지 않더라도 속으로는 분노를 느끼기도 한다. 환경 조성을 위해 에너지를 쓰는 사람이다.

### 화성 × 전갈자리  ♦♦ 준 수호성(행성과 궁합이 좋다) ♦♦

타인의 시선이 닿지 않는 곳에서 묵묵히 노력하는 편이다. 자기만의 정신적 미학이나 확신을 바탕으로 사람이나 조직을 뒤에서 조율하는 데에도 능숙하다. 노력을 인정받지 못하면 속이 상할 수도 있지만, 신뢰하는 사람들만 알아준다면 몇 번이고 싸울 수 있는 힘이 있다.

### 화성 × 사수자리

도박처럼 예측 불가능한 전개에 열정을 느끼는 편이다. 그림의 떡이 손에 닿을 것 같은 기회가 오면 모 아니면 도라는 심정으로 과감히 고백해 보기도 하고, 다른 문화권의 사람과 가까워질 수 있는 기회를 놓치지 않으며 직접 부딪혀 본다. 설령 실패할지라도 그 과정이 즐거우면 미련이 없다.

### 화성 × 염소자리

야망이 크고 향상심이 높아서 장래에는 자신의 노력과 실력을 인정받아 지도자로서 필요한 존재로 자리매김하여 힘을 한껏 발휘한다. 그러나 젊은 시절에는 경험이 부족하여 자신의 미숙한 모습에 분노를 느끼고 자책감에 사로잡히는 일도 있다. 착실한 태도로 꾸준히 실력을 쌓아가도록 하자.

### 화성 × 물병자리

집단이나 권력에 복종하지 않도록 늘 노력하기 때문에 자신의 개성을 억압당할 때 분노를 느낀다. 세상의 평가에서 벗어난, 독특한 재능은 지닌 사람에게 열광하는 편이다. 대중적인 관심과는 거리가 먼 최첨단 분야에 정열을 쏟으며, 차세대 무대를 스스로 만들어낼 수 있는 사람이다.

### 화성 × 물고기자리

자신의 유약한 모습에 격한 분노를 느끼며 억지로라도 강해지려는 특징이 있다. 사실은 다리가 굳어버릴 정도로 긴박한 상황에서도 누군가 상처를 입으면 주저 없이 나설 수도 있는 사람이다. 약해져 있는 사람이 의지하기 쉬운데, 거절을 못하므로 책임감을 갖고 사랑을 실천하도록 하자.

전시장 → 화성 호텔

# 목성

은혜, 행운, 관용, 충실감, 선의, 긍정적, 재능,
성장과 씨 뿌리기, 확대

### 목성 × 양자리
새로운 개척의 기회를 타고난 성향이다. 첫발이 늦어 후회하는 일이 없도록, 직감적으로 '하고 싶다'는 마음이 들었을 때는 열정이 식기 전에 도전하는 것이 좋다. 중년기 이후에도 하나의 분야에 얽매이지 않고, 순수하게 신선하고 흥미롭게 느껴지는 일에 임하면 긍정적인 흐름을 이어갈 수 있다.

### 목성 × 황소자리
오감이 풍부하여 평소에 금전적이거나 예술적 가치가 높은 것에 자연스럽게 눈길이 가는 성향이다. 경제력이 안정되기 전까지는 저축에 전념하는 경우가 많지만, 투자가 가능해지면 미리 눈여겨 둔 고가의 예술 작품이나 요리에 돈을 지출하여 일상을 더 아름답고 풍요롭게 가꾸어 나간다.

### 목성 × 쌍둥이자리
타인의 유머러스한 면모나 오락적인 요소를 포착하는 능력이 뛰어나다. 중년기 이후에 후배들과 어울리게 되면, 매일 다채롭고 흥미로운 의견이 마르지 않아 행복감에 휩싸일 것이다. 재능 있는 사람에 대한 관심을 놓지 않으며, 자신의 말재주 또한 갈고 닦을 수 있는 사람이다.

### 목성 × 게자리
마음을 열 수 있는 친밀감이나 사근사근한 성격, 풍부한 감정 표현을 타고난 사람이다. 중년기에 접어들면, 이러한 성향이 공적인 자리보다 가정 안에서 잘 나타난다. 감정 기복이 다소 크기 때문에 주변 사람들이 따라가기 어려울 때도 있지만, 알아주는 동료를 적극적으로 늘리면 즐거운 나날을 보낼 수 있다.

### 목성 × 사자자리
자신을 사랑하는 힘을 타고난 자리이다. 사람들 앞에 나서는 것을 긍정적으로 받아들이며, 거침없이 자신을 표현할 수 있다. 중년기 이후에는 자신뿐만 아니라 타인의 창조성까지도 인정하고 칭찬할 수 있게 되면서 인간적으로 더 성숙하고 사회적으로도 성장할 수 있다. 주변의 존경받는 사람이 될 수 있다.

### 목성 × 처녀자리
남들이 알아차리지 못하는 작은 허점을 잘 찾아내는 재능이 있다. 중년기 이후에도 남을 헌신적으로 돕고, 건강 관리에도 뛰어나며 후배들의 실수에 정성스러운 조언을 아끼지 않는다. 눈앞에 놓인 여러 문제를 빠르게 파악하며, 단순히 긍정만 해서는 해결되지 않는 일에도 적절한 대응을 할 수 있는 사람이다.

### 목성 × 천칭자리
사람과 사람, 사물과 사물을 비교하는 재능이나 대칭적인 미적 감각을 타고났다. 중년기부터는 분위기를 파악하거나 외부의 목소리도 경청하면서 자신의 아름다움을 더 갈고 닦아 사회적으로도 성장을 이룬다. 아름다운 두 가지 요소를 조합해서 더 세련된 모습으로 바꾸는 힘이 있다.

### 목성 × 전갈자리
포기를 모르는 성향을 타고났다. 보통 사람이라면 좌절할 만한 고난 앞에서도 강한 근성으로 마주하며, 그 너머에 있는 깊은 감동을 얻으려고 한다. 인생이 늘 좋은 일로만 채워지지 않는다는 사실을 이해하기에 중년기 이후에도 긍정적으로 단련을 즐기는 능력이 있는 사람이다.

### 목성 × 사수자리 •• 수호성(행성과 궁합이 좋다) ••
시야를 넓히는 일에 긍정적인 관심을 지녔다. 중년기 이후에도 미지의 존재를 두려워하지 않으며, 다른 문화나 종교, 우주와 같은 분야와도 대등하게 접하며 정신적인 성장을 이끌어낸다. 사회 공헌 활동의 일부로 받아들이고, 그 속에서 자신의 성장을 실감한다.

### 목성 × 염소자리
건전한 사회를 이루는 데 필요한 행동력, 인내력, 통솔력 등을 타고났다. 개인적인 영역에 머무르지 않고, 중년기 이후에는 정치나 교육 같은 활동에도 관심이 갈 수 있다. 건실한 활동 속에 고생도 끊이지 않지만, 도덕심을 지키며 임한다면 신뢰받는 사람이 될 수 있다.

### 목성 × 물병자리
낡은 상식에 얽매이지 않으며, 미래에 대한 투자에 긍정적인 태도를 지녔다. 중년기 이후에는 조직 안에서 자리 잡지 못했던 '재능 있는 개인'들을 모아 가능성을 실현할 수 있는 새로운 사업을 시작할 가능성도 있다. 더 자유로운 친구들과 함께 사회를 구축하고 성장해 나간다.

### 목성 × 물고기자리 •• 준 수호성(행성과 궁합이 좋다) ••
육감이 발달해서 사람이나 동물의 마음을 느끼는 힘이 타고났다. 악인이라 할지라도 행복해질 권리가 있다고 느끼고, 중년기 이후에는 인간 사회의 규율에 따를 필요 없는 환경 속에서 살아가기를 바라는 마음이 있다. 대중에게는 이해받지 못하더라도 그 또한 소중한 성장이며, 성공이라 할 수 있다.

공항
목성 호텔

# 토성

콤플렉스, 주저, 죄책감, 부정, 수치, 책임,
이것들과 마주하여 극복하는 것

### 토성 × 양자리
젊은 시절에는 새로운 도전을 하고 싶어도 어른들이 받아들이지 않는다고 느껴 순수하게 행동하지 못했던 경험이 많다. 실패를 두려워하는 자신에게 콤플렉스를 느끼지만, 나이가 들수록 부정적인 인간에게서 멀어져 자신의 힘을 마음껏 발휘하며 듬직한 리더로 성장한다.

### 토성 × 황소자리
젊은 시절에는 돈이나 물건을 잃는 것에 대한 두려움과 그것을 소중히 사용하기에 필요한 자신감이 부족해 고가의 물건이나 전통적인 물품을 갖지 않으려는 편이다. 하지만 나이가 들면서 점차 풍요로운 삶의 가치를 깨닫고, 머지않아 누구보다도 물건을 아끼고 다룰 줄 아는 사람이 된다.

### 토성 × 쌍둥이자리
똑똑한 사람에게 열등감을 느끼기 쉬운 편이다. 젊은 시절에는 지식이 부족한 자신의 모습을 들키기 싫어 호기심이 많은데도 대화를 어려워한다. 하지만 어른이 되면서 주변에 천재들만 있지 않다는 사실을 깨닫고, 장년기 무렵에는 물건을 좋아하는 자신을 인정하게 된다.

### 토성 × 게자리
젊은 시절에는 자신의 솔직한 감정을 부정당한 경험 때문에 사랑이나 가족에 대해 비굴해지는 경향이 있다. 사랑받지 못한다고 느끼지만, 성장을 하면서 '사실은 사랑받고 싶다'는 자신의 속마음을 알아차린다. 이렇게 해서 50대 이후에는 새로운 거처를 찾아갈 수 있을 것이다.

### 토성 × 사자자리
젊은 시절부터 자신만의 개성을 지니고 있지만, 어른들로부터 인정받지 못해 좌절을 겪고 자신을 거짓으로 포장했을 수 있다. 자기 본연의 모습으로 칭찬받는 타인을 보며 열등감을 느끼는 사이, 점점 깊이 자아 성찰을 하는 사람이 된다. 그러다 장년기에 이르러서는 비로소 진정한 자기표현이 가능해진다.

### 토성 × 처녀자리
젊은 시절부터 빈틈없고 완벽한 환경이나 서사를 선호하지만, 계산 착오를 겪은 뒤로는 불완전한 자기 자신에 대해 혐오감을 느끼는 편이다. 실수를 인정하고 더 깊이 분석해 근본적인 해결을 하고자 노력한다면, 초로기에는 다시 보금자리를 찾을 수 있다.

### 토성 × 천칭자리
젊은 시절에 외모로 놀림받은 경험 때문에 인간관계에 열등감을 품기 쉽다. 처음에는 자신이 어두워진 탓을 타인에게 전가하려고 하지만, 시간이 흐르면서 행동이나 말투에 따라 상대의 반응이 충분히 달라질 수 있다는 사실을 깨닫는다. 그 결과, 나이가 들수록 주변 사람들과 더 원만한 관계를 쌓게 된다.

### 토성 × 전갈자리
젊은 시절 자신의 내면에 자리한 본능적인 부분을 불편하게 느껴 질투심이나 성적인 고민을 타인에게 숨겨 온 편이다. 하지만 시간이 흘러 깊은 신뢰를 바탕으로 관계를 쌓으면서 그러한 감정들 또한 소중한 요소임을 깨닫게 된다. 장년기 무렵엔 사람 마음의 본질을 누구보다 잘 알게 된다.

### 토성 × 사수자리
젊은 시절 종교나 철학, 인간의 다양성에 관심이 많지만 어른들에게 부정당했던 경험으로 좌절감을 느낀다. 그러나 인생을 살아가는 과정에서 누구나 겪을 수 있다는 것을 알게 된 후 정신론이 버팀목이 된다는 것을 알게 된다. 장년기 무렵엔 다양성을 존중하는 지도자가 될 수 있다.

### 토성 × 염소자리 ◆◆ 수호성(행성과 궁합이 좋다) ◆◆
젊은 시절, 자신이 쏟은 노력을 어른들로부터 부정당해 앞으로 나가길 꺼린다. 성공이 막막한 인생에 좌절을 느끼고 열등감을 품은 채 살면서도, 차근차근 노력하는 이들의 모습에 감화되어 나이가 들수록 한때 좌절했던 목표를 향해 다시 노력해 보자는 마음을 갖게 된다.

### 토성 × 물병자리 ◆◆ 준 수호성(행성과 궁합이 좋다) ◆◆
젊은 시절부터 소수로 살아가며 세상과 자신 사이에 이해의 간극을 느끼기 쉽다. 그러나 모든 인간은 저마다 개성이 있으며 각자의 고독감을 안고 살아간다는 사실을 머지않아 깨닫는다. 중년기를 지나면서 인종이나 성별의 울타리를 넘어선 새로운 사회를 만들기 위해 온 힘을 다한다.

### 토성 × 물고기자리
자신의 섬세한 감정을 받아들이지 못하는 편이다. 동정심을 유발하려는 타인의 행동에 진절머리를 내거나, 남을 돕는 일을 위선적으로 느끼는 경우도 있다. 그러나 나이가 들면서 '생명을 구하는 일'이란 결코 악한 것이 아니라는 사실을 이해하고, 진정으로 버팀목이 필요한 존재를 도울 줄 아는 사람이 된다.

전망대
토성 호텔

## 시대를 담당하는 3행성

### 천왕성, 해왕성, 명왕성

이 행성들은 이동 속도가 느려서 오랜 기간 같은 별자리에 머무른다. 그 결과, 수년에서 수십 년에 걸쳐 특정한 '시대'의 분위기나 그 시기에 태어난 사람들의 '세대'적인 특징을 나타낸다.

## 천왕성   71세~84세 무렵 욕구가 강해지는 시기

'자유로워지고 싶은 욕구'가 나타날 때 보는 행성이다. 오랜 시간 낡은 가치관 속에 얽매여 살아온 자신을 변화시켜 제2의 인생을 살아가는 분위기이다. 별자리에 따라서는 주변에 새로운 변화를 추구하거나 자신의 내면을 새롭게 탈바꿈한다.

※천왕성의 애스펙트가 많은 사람은 상식에 물들지 않는 것을 우선하는 특징이 있다.

## 해왕성   85세 이후 욕구가 강해지는 시기

'현실에서 도피하고 싶은 욕구'가 나타날 때 보는 행성이다. 끝을 예감하거나 실패로 인해 도망치고 싶을 때, 혹은 인간 사회에 피로감을 느낄 때 어떤 식으로 그 상황을 벗어나려 하는지 상징한다. 특히 술이나 약물에 의존하거나 자해 행위, 과도한 봉사 활동, 그리고 그런 스트레스에서 오는 생활 습관의 흐트러짐이나 인지 저하 등을 조심하자.

※해왕성의 애스펙트가 많은 사람은 도피를 우선시하기 때문에 한곳에 오래 머물지 못한다.

## 명왕성   사후에 대한 욕구

'다시 시작하고 싶은 욕구'가 나타날 때 보는 행성이다. 상실을 맛봤던 경험이나 깊은 마음의 상처를 계기로 강한 파괴 충동이 일어나고, 자신의 내면을 다시 세우는 편이다. 그 후 무너진 세계나 자신의 감정을 천천히 되돌아보며 재건하고, 새로운 영혼으로 다시 살아갈 바라는 일련의 흐름을 상징한다. 명왕성은 '죽음과 재생'을 상징하는 별로 유명하지만, 체류 기간이 다른 행성보다 더 길어서 수십 년에 달하기 때문에 개인의 의견으로는 욕구를 제어하기 어렵다. 따라서 욕구에 지배당하지 않도록 주의가 필요하다.

※명왕성의 애스펙트가 많은 사람은 새로 태어나는 것을 우선시한다. 충동적으로 자신과 타인을 상처 입히기 쉬우니 주의하자.

# 천왕성

개혁·반발·쇄신

약 7년 동안 같은 별자리에 머묾

### ✕ 양 자 리
타인이 미처 떠올리지 못한 아이디어로, 빠르고 적극적으로 미래를 바꾸고자 행동하는 사람이 많은 시대다.

### ✕ 황 소 자 리
고전적인 범주 안에 머물러 있긴 하지만, 날카로운 예술적 감각이나 독자적인 미각을 즐기고 싶은 시대다.

### ✕ 쌍둥이자리
유머로 세상에 새로운 바람을 불어넣고자 하는 시대다. 미래에 도움이 될 만한 잡학적 지식을 배우도록 하자.

### ✕ 게 자 리
반대를 무릅쓰고 새로운 가족 체제를 실험하려는 시대다. 독자적인 규율을 소중히 여기도록 하자.

### ✕ 사 자 자 리
자신만의 개성을 지키면서, 동시에 단 하나뿐인 특별한 인생을 살고자 각자 노력하는 시대다.

### ✕ 처 녀 자 리
몸과 마음의 건강 증진을 소중히 여기는 시대다. 근무 체제 등을 다시 살펴보고 개선하도록 하자.

### ✕ 천 칭 자 리
개성적인 사람과의 만남에 흥미를 느끼는 시대다. 동성혼이나 파트너 제도에 긍정적인 태도를 보이는 편이다.

### ✕ 전 갈 자 리
진지하게 낡은 사회를 무너뜨리는 힘과 다시 고쳐 세우는 인내력을 지닌 시대다. 본질로부터 시선을 돌리지 않는 태도가 필요하다.

### ✕ 사 수 자 리
씨앗을 뿌리듯 새로운 철학이나 학문을 세상에 퍼뜨리고 키워 나가는 것을 기쁘게 여기는 시대다.

### ✕ 염 소 자 리
먼저 안정적인 토대를 다진 후, 낡은 사회나 조직을 내부에서부터 당당히 변화시켜 나가는 시대다.

### ✕ 물 병 자 리 ♦♦ 수호성(행성과 궁합이 좋다) ♦♦
타인에게 간섭하지 않으며, 진정한 의미에서 개인의 자유로운 미래를 그리는 시대다. 다만 생각이 지나치게 앞서가는 경우도 있다.

### ✕ 물고기자리
상처받은 이들이 더 살기 편한 세상을 만들기 위해 폭력적으로 느껴지는 기존 사회의 변화를 시도하는 시대다.

# 해왕성

꿈·방황·환상·비애·도취

약 13년 동안 같은 별자리에 머묾

### ✕ 양 자 리
2025~2039년: 승부를 겨루는 스포츠나 혁신적인 예술에 열광적으로 동경하고 도취하는 시대다.

### ✕ 황 소 자 리
2038~2050년: 자산 소유를 꿈꾸는 시대다. 환상에 사로잡혀 파산하는 사람도 적지 않다.

### ✕ 쌍둥이자리
2051~2065년: 지식 습득에 대한 환상이 강한 시대다. 잘못된 정보나 사기가 만연하기 쉬우니 주의하자!

### ✕ 게 자 리
1901~1915년: 혈연이나 동포애에 이상을 품었던 시대다. 마음을 지나치게 열었던 탓에, 내부 분열이 일어나기 쉬운 편이다.

### ✕ 사 자 자 리
1915~1929년: 자기도취적인 성향이 강하지만, 삶을 주체적으로 살고자 했던 시대다. 사랑에 이상을 품기 쉬운 경향도 나타난다.

### ✕ 처 녀 자 리
1929~1943년: 약물 등 물질적인 방법으로 병을 고칠 수 있다고 철석같이 믿는 시대다. 치료 실험에도 협조적이다.

### ✕ 천 칭 자 리
1943~1956년: 외모지상주의적인 이상을 가지며, 타인의 평가나 결혼에 대한 동경이 두드러진 시대다.

### ✕ 전 갈 자 리
1956~1970년: 영적인 세계나 암흑가와 같은 사회의 이면에 구원의 손길을 뻗기 쉬운 시대다. 그러나 진실은 자신의 눈으로 직접 확인하자!

### ✕ 사 수 자 리
1970~1984년: 좁은 세계에서 자유를 찾기 위해 우주나 다른 문화에 대한 꿈이 부풀어 오르는 시대다.

### ✕ 염 소 자 리
1984~1998년: 노력으로 얻어낸 성공에 이상을 품는 시대다. 다만 자신의 성과를 과하게 드러내지 않도록 주의하자.

### ✕ 물 병 자 리
1998~2011년: 익명성이 보장된 네트워크나 세상과 단절된 개인의 공간에 빠져들기 쉬운 시대다.

### ✕ 물고기자리 ♦♦ 수호성(행성과 궁합이 좋다) ♦♦
2011~2025년: 아픔에 다가가고자 하는 감정에 깊이 몰입하는 시대다. 예술을 신격화하거나 약자를 도우려는 움직임도 보인다.

# 명왕성

파괴와 재생·변용·지배·사투

1930년 이후에 발견된 행성

### ✕ 게 자 리
1914~1939년: 가족이나 혈연 공동체에 강하게 매이는 시대다. 무의식중에 이방인을 배척하고 있지는 않은지 주의하자.

### ✕ 사 자 자 리
1939~1957년: 자신을 더 매력적인 존재로 만들고자, 기존의 틀을 깨는 표현을 사랑하는 편이다.

### ✕ 처 녀 자 리
1957~1971년: 파괴와 회복을 반복한다. 악에 발을 담그더라도 독으로 독을 지배하는 일이 가능한 시대다.

### ✕ 천 칭 자 리
1971~1984년: 객관적인 평가를 갈망하여 결혼에 집착하거나, 반대로 관계를 파괴하는 경향이 있는 시대다.

### ✕ 전 갈 자 리 ·· 수호성(행성과 궁합이 좋다) ··
1984~1995년: 진실에 도달하기 위해 끊임없이 탐구하는 시대다. 자신과 타인을 동일시하는 편이다.

### ✕ 사 수 자 리
1995~2008년: 변화하기 위해 위험을 감수하며, 많은 것을 잃기도 하는 시대다. 어둠에 지지 않도록 빛의 에너지를 기르자.

### ✕ 염 소 자 리
2008~2023년: 강한 정의감이 파괴적으로 표출되기 쉬운 시대다. 급격한 출세를 이루거나 권력을 손에 쥐는 사람도 많다.

### ✕ 물 병 자 리
2023~2043년: 혁신적인 기술이 잇따라 등장하며 세상을 지배하는 시대다. 늘 변화하는 정보의 흐름을 파악하는 것이 중요하다.

### ✕ 물고기자리
2044~2068년: 죽기 살기로 예술과 다정함, 섬세한 감성을 되살리려는 사람이 많은 시대다.

✦·✦·✦ 룸서비스 ✦·✦·✦

3장

# 행성의 애스펙트

↑ 컨트롤이 어렵다

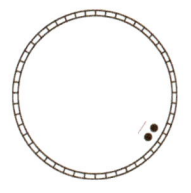

### 0도 컨정션(합) - 주관, 고정 관념, 과몰입, 융통성이 없음
자신과 같은 기질이 외부 세계나 타인에게도 투영되어 의식할 수밖에 없는 상태다. 스스로를 과도하게 의식하듯 강하게 끌리거나 거부한다.

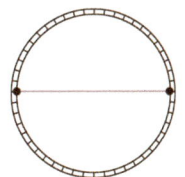

### 180도 어포지션(충) - 객관, 불안정, 휘둘리다, 혼란
주변을 지나치게 신경 쓰고 있는 상태다. 외부 자극을 직접적으로 받아들여 행동이 제한되기도 하고, 오히려 자신의 마음을 강하게 표출하려고 하기도 한다.

### 120도 트라인(삼분위각) - 평소대로, 평온, 평화
다툼을 피해서 아무에게도 간섭하지 않는다. 큰 변화는 없지만, 특별히 나쁜 일도 일어나지 않는 평온한 상태를 유지하려 한다.

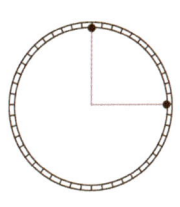

### 90도 스퀘어(사분위각) - 시련, 노력, 단련, 갈등, 한계 돌파, 강화
가치관이 다른 강한 사람이 가까이에 있어, 보금자리를 잃을지도 모른다는 스트레스를 느끼는 상태. 그 두려움 때문에 마음을 제어하지 못하면 상대를 과도하게 공격한다. 장비를 잘 갖춰서 스스로를 단련하자!

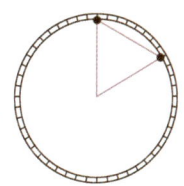

### 60도 섹스타일(육분위각) - 협력, 조화, 성장
긍정적인 의미에서 타인을 의식한다. 상대가 무엇을 원하는지 헤아리면서 필요한 만큼 자신을 내어 주고 관계 속에서 배움을 얻으며 성장할 수 있다.

↓ 의식해서 개선하기 쉽다

---

## 각 행성의 노 애스펙트란?
애스펙트 표에서 하나의 행성이 세로축과 가로축 양쪽에 아무런 각도가 표시되지 않은 상태를 '노 애스펙트'라고 한다.

※애스펙트를 자세히 표기하는 사이트에서는 45°나 30° 등 마이너 애스펙트가 함께 표시되는 경우도 있다.

## 노 애스펙트를 가진 사람의 특징
'행성의 주제에 대한 욕구가 적다', '행성의 욕구를 가지고 있어도 영향이 거의 없다', '행성의 욕구에 얽매이지 않고 자유롭다' 등으로 해석된다.

# 태양의 애스펙트
### - 무엇을 위해 행동하는가 -

## 태양 × 달　　인정 × 안정

- 0° 자기표현을 위해서는 개인적인 것을 희생하더라도 행동에 나서는 편이다. 가치관이 다른 사람을 인정하지 않으려 하며, 마음과 몸이 따로 노는 듯한 느낌을 받기도 한다.
- 180° 자신의 가치관에 대한 확신이 부족하여 불안정한 상태에 빠질 수 있다. 그로 인해 과도하게 일에 몰두하거나, 반대로 지나치게 여가에 빠질 수 있으니 주의가 필요하다.
- 120° 겉과 속이 다르지 않은 성격이다. 특별히 의문을 품거나 어떤 사명감을 가졌다기보다는, 습관처럼 차분하게 행동한다.
- 90° 감정적으로 행동하기 쉬운 각도다. 그런 행동 때문에 후회하는 경험도 많지만, 그런 아픔을 통해 성장할 수 있다.
- 60° 감정과 목적의 균형이 잘 잡혀 있다. 지나치게 제멋대로 하지 않으면서도, 자신의 마음 역시 소중히 여기며 행동할 수 있다.

## 태양 × 수성　　인정 × 호기심

- 0° 한 말은 지키려는 성향이 강하다. 옳고 그름을 떠나 자신이 얻은 지식을 믿고자 하는 강한 의지를 가졌으며, 자신의 이야기를 즐겨 하는 편이다.
- 180° 말과 행동이 완전히 따로 노는 사람처럼 보일 수 있다. 그러나 본인은 단지 자신의 생각을 말로 표현하는 데 서툴다.
- 120° 평소에 매우 자연스럽게 자신의 의견을 전달하면서 주변과 대화한다. 대화 자체에 보람을 느낀다.
- 90° 대화를 하다 무심결에 자신이나 타인의 인생을 부정하는 듯한 언동이 버릇이 되어 있을지도 모른다. 말로 내뱉기에 전에 한 번 호흡을 가다듬어 보자.
- 60° 자신과 타인의 의견을 조율하는 데 능하다. 이야기를 듣고 말하는 감각이 뛰어나기 때문에 일을 할 때는 적극적으로 대화를 하자!

## 태양 × 금성　　인정 × 행복

- 0° 즐거운 일이나 연애 감정을 계기로 쉽게 행동을 일으킨다. 다만 제동이 잘 걸리지 않으니 주의하자.
- 180° 사랑받고 싶은 마음이 앞서 요점을 벗어난 의견을 말해 문제를 일으키거나, 애정에 따라 휘둘리기 쉬운 타입이다.
- 120° 즐겁다고 느끼면 곧장 행동으로 나타난다. 마치 행복이 걸어다니는 듯한 느낌이다. 창작 활동도 추천한다.
- 90° 취미나 연애에 의미를 부여하려는 성향 때문에 처음에는 순수하게 즐기지 못할 수도 있다. 하지만 천천히 믿고 가면 괜찮아진다.
- 60° 창작 활동이나 연애가 인생에 긍정적인 영향을 준다. 적당히 즐기면서 배우면 실력도 쑥쑥 올라갈 것이다.

## 태양 × 화성　　인정 × 투쟁심

- 0° 좋아하는 사람에게 자신의 존재를 알리고 싶어서 맹렬하게 다가가는 편이다. 일중독이 되기 쉬우니 주의하자.
- 180° 자신과 정반대의 성향을 지닌 사람이나 작품을 사랑하게 되는 편이다. 답답함이나 분노를 느끼면서도 왠지 모르게 눈을 떼지 못한다.
- 120° 무의식적으로 열정을 쏟는 타입이다. 결과에 연연하지 않고 목적을 위해 꾸준히 노력하는 것이 자연스럽게 느껴진다.
- 90° 사랑하기에 분노로 바뀌기 쉬운 편이나. 상대방을 위한 일이라고 믿고 행동하더라도, 일방적으로 밀어붙이지 않도록 주의하자.
- 60° 타인이나 사물에 대한 애정을 조율하면서 자신의 목표 달성을 위해서도 노력할 수 있는 타입이다. 좋아하는 사람과 자신을 위해 노력하자.

## 태양 × 목성　　인정×성장

- **0°** 성장을 위해서라면 인생을 바칠 각오가 되어 있다. 긍정적 사고방식이 강한 만큼 부정적 사고를 쉽게 받아들이지 못하며 자신의 신념을 굽히지 않는 특징도 있다.
- **180°** 중년기 이후, 사회 속에서 이리저리 휘둘리면서도 점점 성장해가는 자신의 모습을 보고 보람을 느낄 수 있다.
- **120°** 무의식중에 사회를 위해 행동하는 편이다. 관대하고 믿음직스러우며, 크게 보답을 바라지 않는다.
- **90°** 넓은 목표를 품고 있는 만큼, 미처 이루지 못한 지점에 대해 조바심을 느끼는 경우도 있다. 그러나 긍정적인 자세로 임하면, 그 안에서 성장을 실감할 수 있다.
- **60°** 기본적으로 밝은 태도로 사회 속에 어우러지는 타입이다. 균형 감각이 좋고 티가 없다. 중년기에 들어서면 자연스레 후배들에게 존경받을 수 있다.

## 태양 × 토성　　인정×마주하고 싶다

- **0°** 유소년기부터 이어져 온 억압과 끊임없이 마주하는 상태다. 과거에 어른에게 들은 말이 마음 깊이 남아 스스로 족쇄를 채우는 경향이 있을지도 모른다. 자신이 안고 있는 과제를 표현하거나, 남의 도움을 빌리면서 천천히 받아들이자.
- **180°** 유소년기에 받은 억압 등을 자주 떠올리는 배치다. 반사적으로 고통스러운 체험과 마주해야 하는 상황이 반복될 수 있지만, 그 상황들은 통제가 불가능하며 자신의 책임 때문이 아님을 인식하는 것부터 시작해 보자.
- **120°** 부모에게 받은 훈육이나 제약의 기억을 바탕으로 자연스레 스스로를 통제하며 어른으로 성장해 간다. 무의식적으로 분별력 있게 행동하는 편이라 눈에 띄는 일은 드물지만, 차근차근 성공을 향해 나아갈 수 있다.
- **90°** 자신만의 개성을 표현하고 싶은 마음은 있지만, 과거에 제약을 받은 경험이 발목을 잡아 인생을 온전히 인정하지 못하는 편이다. 하나하나 과제와 마주하며 열쇠를 풀 듯 해결해 보자. 그런 경험들은 어른이 되면서 결국 자신감으로 이어진다.
- **60°** 좋은 의미에서 스스로를 절제하고 사회에 융화되는 것에 능하다. 눈에 너무 띄지 않는 편안함과 자신만의 개성을 드러내는 긴장감 사이에서 균형을 잘 잡고 행동하면, 주변의 신뢰를 쌓아나갈 수 있을 것이다.

**하드 · 0° 180° 90°**　　**소프트 · 120° 60°**

## 태양 × 천왕성　　인정×자유

- **[하드]** 낡은 가치관에 강한 반감을 느끼고, 타인을 바꾸기 위해 행동하려는 편이다. 하지만 자신의 합리성을 너무 강요하지 않도록 주의하자!
- **[소프트]** 자신의 표현을 통해 세상이 변화하길 바라며, 이를 능숙하게 외부로 드러낼 수 있는 특징이 있다.

## 태양 × 해왕성　　인정×목표

- **[하드]** 돈이 없더라도 사랑이나 예술만으로 인생을 즐기려는 편이다. 이상에 심취하거나 술, 약물에 빠질 수 있으니 주의하자!
- **[소프트]** 이상적인 사회를 꿈꾸며 실제 행동으로 옮기는 힘이 있다. 속세의 흐름에 너무 휩쓸리지 않고 자연스럽게 살아가려고 노력한다.

## 태양 × 명왕성　　인정×다시 태어남

- **[하드]** 인생을 긍정적으로 받아들이지 못하고 변화를 갈망하며 파괴적인 행동을 일으키기 쉽지만, 큰 실패 속에서도 배움이 풍부한 배치다.
- **[소프트]** 산전수전을 모두 겪은 후에 정신적으로 다시 태어나는 경우가 많다.

태양이 어떤 행성과도 애스펙트가 없을 경우…

### 태양의 노 애스펙트

자신만의 뚜렷한 목표를 세우기보다는, 타인이 이루고자 하는 목표에 은근히 편승하는 경우가 많을 수 있다. 막상 의지를 다지고 행동하더라도 자신의 힘으로는 타인에게 미치는 영향이 미미하다고 느껴지면, '나는 아무것도 아니다'라는 감각에 빠지기 쉽다. 반면 자기주장이 강하거나 개성적인 사람에게는 동경심을 품고 무의식중에 따라 하다 보면, 오히려 너무 눈에 띄는 사람이 되어버릴 수도 있다. 사회에 스며들지 못하고 혼자서는 인생의 의미를 느끼기 힘든 경우가 많으므로, 인생을 함께 나눌 파트너나 동료, 혹은 취미를 적극적으로 찾아보자!

# 달의 애스펙트
### - 무엇에 안심하는가 -

## 달 × 태양  안심 × 인정

p.68 체크!

## 달 × 수성  안심 × 호기심

- 0° 과도하게 지식을 쌓아야 안심이 되거나, 자신과 타인의 감정을 언어에 적용해 이해하려는 편이다. 침묵을 불안해하는 경우도 있다.
- 180° 타인의 말이 마음에 깊이 남아 영향을 받기 쉽다. 무심결에 사실과 다른 말을 해서 스스로 모순에 빠지기 쉬우니 주의하자.
- 120° 책, SNS, 대화, 채팅 등 다양한 경로로 많은 문자와 정보를 접하면 마음이 편안해질 수 있다.
- 90° 웬만하면 대화를 나누고 싶은 욕구가 강해서 자신이나 타인을 도발해서라도 대화를 이끌어 내고, 그렇게 해서 안도감을 얻는 편이다.
- 60° 자신만의 유머를 곁들여 대화를 하면 마음이 안정된다. 흥미를 느낀 분야는 스스로 찾아보기 때문에 지식이 점점 풍부해진다.

## 달 × 금성  안심 × 행복

- 0° 애정을 과도하게 좇으며 안정을 찾으려는 편이다. 마음을 연 사람에게는 어리광을 부리고 싶어 하여 사랑스러운 인상을 준다.
- 180° 여성적인 애정이나 감정에 휘둘리는 경우가 있다. 다소 흔들리더라도 자신만의 중심을 세워 두는 것이 중요하다.
- 120° 수동적인 태도를 보이더라도 누군가에게 보살핌받거나, 성적으로 사랑받을 때 비로소 안심한다. 젊음을 오래 유지하고 싶어 하는 마음도 강하다.
- 90° 사랑에 대한 불안감을 품고 있어, 사랑받고 싶지만 도리어 날카로운 인상을 줄 수 있다. 자신의 약한 모습을 받아들이는 것이 중요하다.
- 60° 미적 감각과 친밀감의 균형이 잘 잡혀 있다. 자신만의 방식으로 노력해 여성에게 호감을 주는 편이다.

## 달 × 화성  안심 × 투쟁심

- 0° 동료와 함께 무언가를 이루려는 열망이 강하며, 자신의 약한 모습에 지지 않기 위해 싸우려는 편이다. 본심이 우러나는 싸움을 하기 쉽다.
- 180° 집에서도 투쟁심을 쉽게 내려놓지 못해, 마음 편히 쉴 수 있는 공간이 적다. 늘 도전 속에서 사는 각오가 필요하다.
- 120° 동료를 위해 무의식적으로 목숨까지 불태울 수 있는 사람이다. 너무 힘을 빼지 않도록 적절히 휴식도 취하자.
- 90° 매일 분노와 불안을 진정시키기 위해 애쓴다. 하지만 그 싸움에서 이기면 안식처를 얻을 수 있으니 열심히 해 보자!
- 60° 냉정하게 준비하고 나서 승부를 보는 사람이다. 실패를 크게 두려워하지 않기 때문에 무리하지 않는 선에서 꾸준히 도전을 이어간다.

## 달 × 목성   안심×성장

- 0° 불안감을 억지로 긍정적으로 해석하며 앞으로 나아가려는 편이다. 객관적으로 자신을 점검하는 습관을 들이자!
- 180° 불안을 정반대의 사고방식으로 덮으려는 편이다. 가끔은 자신의 본모습을 꼭꼭 감추고 있지는 않은지 되돌아보자.
- 120° 자연스러운 태도만 취해도 비교적 사회에서 쉽게 받아들여지는 편이다. 사회생활을 할 때는 자연스러움을 유지하는 것이 중요하다.
- 90° 아직은 아이이고 싶다는 마음과 사회에 기여하고 싶은 열망 사이에서 갈등하거나 스트레스를 느끼기 쉽다. 두 감정 사이의 균형을 잘 잡도록 신경 쓰자.
- 60° 천진난만한 면모를 지닌 동시에 사회를 위해 움직이는 능력도 있어, 윗사람이나 어른들에게 귀여움을 받는 편이다.

## 달 × 토성   안심×마주하고 싶다

- 0° 유소년기의 콤플렉스를 해소해야만 비로소 자신의 안식처나 생활을 되찾을 수 있다고 강하게 믿는 편이다.
- 180° 어른들의 통제에 휘둘려 아이의 순수함을 닳아버리기 쉬운 특징이 있다. 오히려 바깥세상에 나가 안정을 느낄 수도 있다.
- 120° 무의식적으로 자신의 욕구를 억누르는 습관이 있지만, 그 자체심을 통해 오히려 편안함을 발견하기도 한다.
- 90° 연장자의 속박을 느껴 반항적인 태도를 보이기 쉽지만, 시간이 지나 어른이 되면서 점차 책임의 의미도 깨닫게 된다.
- 60° 아이 같은 천진난만함과 어른다운 대처 능력을 겸비하고 있어, 사회에서는 신뢰받는 존재가 되기 쉽다.

---

**하드 · 0°180°90°**    **소프트 · 120°60°**

## 달 × 천왕성   안심×자유

- [하드] 갑갑한 사회에서 도망치듯 안전한 안식처를 원하여 속박 없는 공동체를 찾으려는 편이다.
- [소프트] 생활 속에서 작은 피난처나 자신만의 시간을 마련함으로써 사회에 잘 스며들 수 있다.

## 달 × 해왕성   안심×목표

- [하드] 불안에서 벗어나기 위해 타인이나 비과학적인 것에 의존하거나, 대자연 속에서 살아가고자 하는 편이다.
- [소프트] 마음껏 상상하거나 기운을 펼 수 있는 시간이 있으면 안정을 느낀다. 현실에서 가볍게 벗어날 수 있는 공간을 일상 속에 마련해 두자.

## 달 × 명왕성   안심×다시 태어남

- [하드] 실패했을 때 처음부터 다시 시작하지 않으면 안심하지 못하는 편이다. 재도전할 때 감정이 격해져 마음을 다치게 할 수 있으니 주의하자!
- [소프트] 살짝 고집스러운 면이 있지만, 사고 전환이 빠르다. 흑백 논리를 오히려 장점으로 삼아 다음 단계로 나아가자.

*달이 어느 행성과도 애스펙트가 없는 경우…*

## 달의 노 애스펙트

유소년기에 어머니나 주변 여성과의 유대 경험이 부족했기 때문에 공감하고 싶은 욕구 자체를 크게 느끼지 않는 편이다. 어른이 된 후에도 타인의 감정이나 분위기를 파악하는 데 어려움은 겪으면서, 공감을 얻으려 해도 여전히 타인의 감정이나 분위기 파악이 어려워 더 공감받지 못하는 경우가 있다.

하지만 다른 행성의 배치에 따라서는 오히려 과하게 분위기 살피는 법을 터득해, 필요 이상으로 눈치를 보는 사람이 될 수도 있다. 어디에 있어도 좀처럼 마음이 편하지 않을 수 있지만, 본래 감정에 솔직하므로 자신의 마음 상태를 받아들일 수 있다면 자유로운 삶을 살아갈 수 있다.

# 수성의 애스펙트

- 무엇에 호기심을 자극받는가 -

## 수성 × 태양   호기심 × 인정

p.68 체크!

## 수성 × 달   호기심 × 안심

p.70 체크!

## 수성 × 금성   호기심 × 행복

- 0° 호기심을 충족하기 위해 좋아하는 사람과 적극적으로 교류하지만, 일방적으로 자신의 이야기만 늘어놓기 쉬우니 상대의 반응을 잘 살펴보자!
- 180° 흥미 있는 사람이나 콘텐츠에 대해 듣는 것은 좋아하지만, 자신의 생각을 제대로 전달하지 못해 관계를 깊게 다지기 어려운 편이다.
- 120° 좋아하는 사람과 자연스럽게 대화를 즐기고, 좋아하는 장소에서 교류하며 만족을 느낀다.
- 90° 좋아하는 사람과 사이좋게 이야기를 나누더라도, 상대가 무엇을 궁금해하는지 파악하지 못해 답답함을 느낄 수 있다. 끈질기게 답을 요구하는 태도는 피하자.
- 60° 최애나 좋아하는 사람과 적당한 거리를 유지하며 자연스럽게 교류하고, 그로 인해 행복을 느낄 수 있다.

## 수성 × 화성   호기심 × 투쟁심

- 0° 경쟁에서 이기기 위해 머리를 풀가동해 전략을 짜는 편이다. 다만, 패배했을 때 크게 낙담하지 않도록 주의하자.
- 180° 라이벌의 전략이 궁금해 몸이 근질거릴 수 있다. 정보를 탐색할 때는 가짜 정보에 휘둘리지 않도록 냉정하게 판단하자.
- 120° 무의식적으로도 남에게 지지 않기 위해 꾸준히 공부한다. 착실히 노력하며 지적인 사람을 사랑하는 편이다.
- 90° 책략을 세워 억지로 밀어붙이며 승부에 나서는 편이다. 미움을 사더라도 개의치 않을 정도로 열의가 있다.
- 60° 주위의 의견을 경청하며 지혜를 모아 싸움에 임하는 편이다. 협조성이 높고 적극적인 사람을 사랑한다.

## 수성 × 목성  호기심 × 성장

- 0° 방대한 지적 호기심을 충족하기 위해 사회적 지위를 점차 높이며 세상에 공헌하고자 하는 특징이 있다.
- 180° 성공한 사람들의 사고방식에 관심을 갖고 배우려 하지만, 직접적으로 이해하긴 어려워 심리적으로 불안정해지기 쉬울 수 있다.
- 120° 좋은 선배나 직장 상사의 일하는 모습을 순수한 흥미로 받아들이며, 자연스럽게 기술과 지식을 흡수한다.
- 90° 주위의 반대에 굴하지 않고 선량하다고 믿는 것을 배우려는 강인함이 있다. 장애물이 있어도 깊이 이해하며 올라가면 괜찮다.
- 60° 큰 향상심을 무리하게 밀어붙이지 않고, 효과적으로 배워서 계단을 오를 수 있다. 주변의 신뢰도 두터울 것이다.

## 수성 × 토성  호기심 × 마주하고 싶다

- 0° 문장이나 대화에서 자학적인 농담을 나누는 경우가 있다. 스스로를 돌아보는 계기가 되기도 하지만, 주변 반응에도 주의를 기울이자.
- 180° 재미있는 말을 하고 싶은 욕구와, 과거에 자신의 말을 부정당했던 경험 때문에 자제하는 마음 사이에서 휘둘리는 편이다.
- 120° 대화 중에 자연스럽게 자제심이 발휘되며, 이를 어른스러워진 결과로 받아들이고 만족감을 느끼기 쉽다.
- 90° 과제 해결에 시간이 걸려 스트레스를 느끼는 편이다. 그래도 평생을 들여서 배우려는 태도가 중요하다.
- 60° 자신의 약점이나 어려운 부분을 잘 인식하고 있어 무리하지 않고 잘하는 공부나 대화를 발전시키려는 편이다.

### 하드 · 0° 180° 90°  소프트 · 120° 60°

## 수성 × 천왕성  호기심 × 자유

- [하드] 억압적인 환경에서 벗어나기 위해 익명성이 보장되는 공간이나 인터넷 세계에 몰입하는 편이다.
- [소프트] 숨을 돌리기 위해 글을 쓰거나, 외부 세계든 인터넷이든 정보 수집에 능하다.

## 수성 × 해왕성  호기심 × 목표

- [하드] 가사나 시, 타인의 말에 푹 빠지는 편이다. 말의 의미를 찾아보며 더 깊이 몰입하려 한다.
- [소프트] 너무 과하지 않은 환상적이고 아름다운 말을 사랑하며, 그런 말투가 자신의 대화나 글에도 나타나는 편이다.

## 수성 × 명왕성  호기심 × 다시 태어남

- [하드] 사후 세계나 인간 심리에 강한 흥미를 지닌다. 범죄에 관한 지식이 지나치게 깊어지지 않도록 주의가 필요하다!
- [소프트] 정신 의학이나 심리학, 종교 등을 통해 다양한 인간의 심리가 어떻게 움직이는지 배우고, 그로 인해 정신을 단련하여 살아가려고 한다.

### 수성이 어느 행성과도 애스펙트가 없는 경우…
## 수성의 노 애스펙트

특정 사람이나 사물에 대해 강한 지적 호기심이나 집착을 크게 드러내지 않아, 얼핏 보면 아무런 흥미가 없는 사람처럼 보인다. 하지만 실제로는 이것저것 따지는 게 적을 뿐, 순수하게 폭넓은 범위에 관심을 가졌다. 본인은 자신의 지식이 별로 쓸모없다고 느낄 수 있지만, 흥미로운 잡학 지식이 남들보다 풍부해서 대화를 나눠 보면 담백하게 재미있는 사람인 경우도 많다.

# 금성의 애스펙트
- 무엇에 행복을 바라는가 -

### 금성×태양
행복×인정

p.68 체크!

### 금성×달
행복×안심

p.70 체크!

### 금성×수성
행복×호기심

p.72 체크!

### 금성×화성  행복×투쟁심

0° 연애나 창작 활동에 몰두하거나, 최애에게 모든 열정을 쏟는 경우가 있다. 좋아하는 사람에게 1순위가 되지 않으면 괴로워하기도 한다.

180° 사랑이나 오락을 편하게 즐기고 싶은데 자꾸 경쟁에 휘말리는 감각이 있어서, 최대한 즐기는 것에 중점을 두려는 편이다.

120° 연애나 창작이 당연하게 스며든 상태다. 좋아하는 사람이 없는 삶을 상상하기 어려운 특징이 있다.

90° 살짝 폭력적인 사람이나 콘텐츠에 생명력을 느끼는 경우가 있다. 창작 활동을 통해 충분히 만족감을 느끼도록 의식해 보자!

60° 누군가의 1순위가 되면 행복하겠다고 생각하고 있지만, 그 감정을 밀어붙이기보다는 적당히 애정을 나누며 관계를 쌓으려고 한다.

## 금성 × 목성  행복 × 성장

- 0° 결혼이나 승진 등 사회적 지위의 안정을 통해 확고한 행복을 느끼는 편이다.
- 180° 사람에 대한 순수한 호감과 사회 조직 안에서 받는 기대나 향상심 사이에서 마음이 흔들릴 수 있다.
- 120° 풍요로운 사회생활을 위해 좋은 인연이나 아이디어를 무의식적으로 찾아내서 즐길 수 있다.
- 90° 결혼을 너무 이른 시기에 고민하거나, 좋아하는 콘텐츠의 미래를 조급히 내다보려다 보니 스트레스받기 쉬운 편이다.
- 60° 좋아하는 사람에게 사랑받고자 일에 몰두하거나 자신의 입지를 높이는 데 능하다.

## 금성 × 토성  행복 × 마주하고 싶다

- 0° 좋아하는 사람이나 창작 활동을 위해서라면, 힘든 상황마저도 사랑의 시련이라 여기고 극복하려 한다.
- 180° 자신의 콤플렉스를 자극하는 상대에게 이유 없이 마음이 끌리는 경우가 있다. 적당히 귀여워하는 마음 정도에서 멈추자.
- 120° 무의식적으로 자신의 결점을 인식하고 있어, 사랑받고 싶은 사람 앞에서는 자아를 억누르며 행동할 수 있다.
- 90° 좋아하는 사람을 의식할수록 자신의 결점이 더 크게 신경 쓰이지만, 진심으로 바꾸려고 노력하면 충분히 달라질 수 있는 사람이다.
- 60° 연애든 최애든 창작 활동이든, 어려운 부분까지 이해하고 수용하면서 즐겁게 활동할 수 있다.

**하드 · 0° 180° 90°**  **소프트 · 120° 60°**

## 금성 × 천왕성  행복 × 자유

- [하드] 상식의 강요나 속박에서 벗어나기 위해 연애나 오락에 몰두하는 편이다.
- [소프트] 정형화된 방식에 얽매이지 않고, 다양한 세대와의 연애나 창작 활동을 즐길 수 있다.

## 금성 × 해왕성  행복 × 목표

- [하드] 영혼이 아름다운 사람이나 예술, 음악 등의 감성적인 예술에 강하게 끌려 의지하게 되는 특징이 있다.
- [소프트] 아름다운 사람이나 좋아하는 대상을 떠올리며 꿈을 꿀 때, 자연스레 행복을 느낄 수 있다.

## 금성 × 명왕성  행복 × 다시 태어남

- [하드] 좋아하는 사람이나 콘텐츠에 미움받거나 잃게 되는 상황을 극도로 두려워해 자신이 먼저 내려놓는다.
- [소프트] 사랑하는 사람을 위해 벽을 부수거나, 다시 태어나는 노력을 할 수 있다.

### 금성이 어느 행성과도 애스펙트가 없는 경우…
## 금성의 노 애스펙트

아름다움에 대한 동경이나, 연애와 멋에 대한 집착이 없어 보일 수 있다. 세련된 인간관계를 쌓고 싶거나 정열적인 예술 표현을 하고 싶다는 목표를 세우긴 하지만, 정작 마음에는 울림이 없을 때가 있다. 그러나 이는 '아름다움'에 관심이 없어서가 아니라, '아름다움'에 대한 정의가 정해져 있지 않은 감각 때문이다. 그래서 오히려 폭넓은 범위에서 자신만의 아름다움을 발견할 수 있다. 사랑에 지나치게 얽매이지 않기 때문에 잘 늙지 않아 나이가 들어도 다정하고 젊어 보이는 인상을 주는 경우가 있다.

# 화성의 애스펙트
- 무엇과 싸우며 이기고 싶은가 -

### 화성 × 태양
투쟁심×인정
p.68 체크!

### 화성 × 달
투쟁심×안심
p.70 체크!

### 화성 × 수성
투쟁심×호기심
p.72 체크!

### 화성 × 금성
투쟁심×행복
p.74 체크!

## 화 성 × 목 성   투쟁심 × 성장

- 0° 이길 수 있다는 자신감에 지나치게 낙관하여, 다소 무리한 기획이라도 밀어붙이며 경쟁 사회에 뛰어드는 편이다.
- 180° 계속 전선에 서서 싸우고 싶은 마음과, 편하게 남에게 맡기고 싶다는 욕구 사이에서 자기모순에 시달리기 쉽다.
- 120° 사회생활 속에서 무의식적으로 싸우고, 그 과정에서 자연스레 성장하며 성공 경험을 쌓아나가는 데 능하다.
- 90° 쉬운 길을 알면서도 괜히 지기 싫은 마음에 갈등하며 싸우고 있다. 지름길도 나쁘지 않으니 잘 활용하자!
- 60° 필요할 때는 확실히 싸울 수 있고, 인재를 길러 내는 능력도 뛰어나 신뢰를 얻는 사람이 될 수 있다.

## 화 성 × 토 성   투쟁심 × 마주하고 싶다

- 0° 자신의 불완전함에 강한 분노를 느껴 자책하는 편이다. 가끔은 몸과 마음을 따뜻하게 위로해 주는 것도 잊지 말자.
- 180° 책임이나 상식이 결여된 사람에게 분노를 느끼는 경우가 있는데, 그 감정도 사실은 자신의 열등감에서 비롯된 것임을 깨닫는 것이 중요하다.
- 120° 콤플렉스를 분발의 원동력으로 바꿔내는 능력이 있다.
- 90° 상식적인 선에서 스스로를 억누르려는 자신의 약한 모습에 분노를 느끼면서도, 그 갈등을 극복하기 위한 노력을 꾸준히 이어갈 수 있다.
- 60° 분노가 생기더라도 주변에 영향을 주지 않도록 의식적으로 감정을 조절할 수 있다.

> 하드 · 0° 180° 90°   소프트 · 120° 60°

## 화 성 × 천 왕 성   투쟁심 × 자유

[하드] 갑갑한 환경에서 벗어나길 바라지만, 뜻대로 풀리지 않아 분노가 태도에 드러나는 편이다. 차분하게 전략을 세우자.

[소프트] 반골 기질은 강하지만, 자신이 놓여 있는 부자유스러운 환경과도 싸우면서 진정한 자유를 쟁취하려고 한다.

## 화 성 × 해 왕 성   투쟁심 × 목표

[하드] 어딘가에 이상적인 아름다운 세계가 있다고 믿고, 전쟁의 바다를 계속 헤엄치려는 편이다.

[소프트] 어디까지나 개인의 힘이 닿는 범위 안에서 꿈을 좇아 도전할 수 있는 사람이다.

## 화 성 × 명 왕 성   투쟁심 × 다시 태어남

[하드] 자신의 실패를 용납하지 못하고 깊은 분노나 슬픔에 빠지는 경우가 있다. 충동적으로 자신이나 타인을 상처 입히지 않도록 주의가 필요하다.

[소프트] 상실의 아픔을 겪고 심한 충격을 느끼면서도, 무너지지 않도록 그 경험을 발판 삼아 정신을 단단히 잡으려고 한다.

화성이 어느 행성과도 애스펙트가 없는 경우…

### 화성의 노 애스펙트

타인을 짓밟아가며 최고가 되려는 욕심이 적고, 싸움에 대한 정열도 비교적 약한 편이다. 가능하면 평온하게 일을 마무리하고 싶어 하며, 경쟁 상황이 오면 노력을 포기할 수도 있다. 이로 인해 결국 원하는 것을 손에 넣기 어려워지는 경우도 있다. 하지만 경쟁만 없다면, 자신의 속도로 사람을 사랑하거나 다양한 일에 몰두할 수 있는 사람이기도 하다!

# 목성의 애스펙트

– 무엇을 타고났으며, 긍정적으로
있으려고 생각하는가 –

| | | | | | | |
|---|---|---|---|---|---|---|
| **목성 × 태양** | 성장×인정 | p.68 체크! | | **목성 × 달** | 성장×안심 | p.70 체크! |
| **목성 × 수성** | 성장×호기심 | p.72 체크! | | **목성 × 금성** | 성장×행복 | p.75 체크! |
| **목성 × 화성** | 성장×투쟁심 | p.77 체크! | | | | |

## 목성 × 토성　성장×마주하고 싶다

- 0° 정의감이 매우 강하며, 나이가 들수록 사회에 공헌하는 역할을 떠맡고 싶다는 의식을 갖게 된다.
- 180° 내면적으로 불안정하지만, 사회봉사 활동을 하는 동안에는 과거의 죄책감에서 해방되는 편이다.
- 120° 긍정적으로 남을 지도하고 싶은 의지가 뿌리에 있으며, 인생의 중요한 경험을 평소에 자연스럽게 받아들인다.
- 90° 사회를 행복하게 만들고 싶다는 소망과, 그에 앞서 자신의 열등감을 극복해야 한다는 과제가 충돌한다. 중년기 이후에는 이 과제를 해결하기 쉬우니 차분하게 임하도록 하자.
- 60° 엄격함과 관대함을 두루 갖추어, 꾸중과 칭찬을 모두 할 줄 아는 좋은 인생 선배가 된다.

**하드 · 0° 180° 90°**　　**소프트 · 120° 60°**

## 목성 × 천왕성　성장×자유

[하드] 자신의 성별이나 인종에 따른 제약을 깨부수는 힘이 있어, 동포들의 해방을 위한 활동에도 긍정적인 의견을 가졌다.

[소프트] 장래에 아이들이 쾌적하게 살 수 있도록, 최신 기술을 취득해 자유로운 공간을 만들 수 있다.

## 목성 × 해왕성　성장×목표

[하드] 현실에 일어나기 어려운 과대망상에 몰두하기 쉬워, 주변 상황이 눈에 들어오지 않는 편이다.

[소프트] 선량한 사람들로 가득 찬 사회를 바라며, 자신의 행동 하나 하나에도 그 바람이 나타나는 특징이 있다.

## 목성 × 명왕성　성장×다시 태어남

[하드] 사람들의 시야를 넓히기 위해 사회를 뿌리째 리셋하고 싶어 한다. 의도는 긍정적으로 보이지만 신중히 행동하자.

[소프트] 자신이 어떤 고난과 역경에 서 있든 상관없이, 진심을 다해 사회의 약점을 파고들어 개선하려 노력하는 전신력이 있다.

---

목성이 어느 행성과도 애스펙트가 없는 경우…

## 목성의 노 애스펙트

다양성에 대한 긍정적인 의식이나 사회에 영향을 줄 만한 넓은 세계관을 크게 가지지 않았다는 특징이 있다. 그래서 세계로 뻗어 나가는 사람들과 비교해서 자신이 미미한 존재처럼 느껴질 수 있다. 하지만 실제로는 의식 수준이 극단적으로 낮다기 보다는, 그냥 주어진 환경에서 평온하게 살아가는 사람에 가깝다. 주변에 맞춰 시야를 너무 넓히면 오히려 과부하가 올 수 있으니, 너무 앞선 미래를 걱정하기보다는 현재를 충실히 사는 것이 행복해질 수 있는 비결이다.

# 토성의 애스펙트

*- 무엇에 부담을 느끼고
문제를 해결하고 싶어 하는가 -*

| | | | |
|---|---|---|---|
| 토성 × 태양 | 마주하고 싶다×인정 p.68 체크! | 토성 × 달 | 마주하고 싶다×안심 p.70 체크! |
| 토성 × 수성 | 마주하고 싶다×호기심 p.72 체크! | 토성 × 금성 | 마주하고 싶다×행복 p.75 체크! |
| 토성 × 화성 | 마주하고 싶다×투쟁심 p.77 체크! | 토성 × 목성 | 마주하고 싶다×성장 p.78 체크! |

**하드 · 0° 180° 90°**   **소프트 · 120° 60°**

## 토성 × 천왕성 — 마주하고 싶다 × 자유

[하드] 어린 시절부터 갑갑함을 느껴 어른에게 강하게 반항해 왔을지도 모른다. 그런 과거의 자신에게 떳떳하기 위해, 틀에 박히지 않은 어른이 되고자 애쓰는 편이다.

[소프트] 유소년기에 배운 상식과 기존의 틀에서 벗어나고자 하는 바람 사이에서 균형을 잘 잡고 있는 상태다. 냉정함을 유지하면서 변화하는 새로운 사회에도 적응할 수 있는 멋진 어른이 될 수 있다.

## 토성 × 해왕성 — 마주하고 싶다 × 목표

[하드] 이상적인 자신의 모습을 완벽히 이루어내지 못한다는 사실 때문에 늘 부담을 안고 있다. 어린 나이에 꿈을 이룬 사람이 괜히 신경 쓰일 수도 있지만, 조바심 내지 말고 차근차근 성장하도록 계획을 세우자. 또한 약물로 억제하려는 경향이 있으니 조심하자.

[소프트] 나이에 상관없이 꿈이 담긴 이야기나 음악, 예술, 술 등을 사랑할 수 있다. 특히 노년기에는 내면에 잠재되어 있던 예술성이 꽃을 피울 수도 있다!

## 토성 × 명왕성 — 마주하고 싶다 × 다시 태어남

[하드] 유소년기부터 현재에 이르기까지 인생의 고된 경험이나 어려운 상황과 마주하는 길을 스스로 선택해 온 편이다. 여러 배치 중에서도 가장 정신적인 부담이 크고, 자업자득이 되기 쉬운 조합이다. 하지만 문제가 자신에게만 있는 것은 아니니, 먼저 마음을 가라앉히고 작은 행동부터 시작해 보는 것도 좋을 것이다.

[소프트] 과거의 실패를 고민하면서도 쉽게 자포자기하지 않고, 사고방식이나 정신의 중심을 바꾸려고 노력한다. 마음속에 남아 있는 오래된 세포를 점점 파괴하듯, 조금씩 새로운 나로서 살아가면 좋다.

---

*토성이 어느 행성과도 애스펙트가 없는 경우…*

## 토성의 노 애스펙트

유소년기에 엄격한 지도나 억압적인 환경을 겪지 않았기 때문에 냉혹한 사회를 동경하지 않는 편이다. 내심이나 책임감이 다소 부족할 수 있어, 사회의 거친 파도에 부딪힐 경우 버텨내기 어려운 순간도 생길 수 있다. 하지만 이는 단지 무거운 책임을 부담스러워하는 것뿐이다. 기본적으로는 걱정거리도 적고, 언제까지나 동심을 간직한 채 자신의 날개를 마음껏 펼치며 살아갈 수 있는 사람이다!

# 천왕성의 애스펙트
- 어떤 식으로 자유로워지고 싶은가 -

[ 하드 · 0° 180° 90° ]  [ 소프트 · 120° 60° ]

## 천왕성 × 해왕성
자유 × 목표

[하드] 세상에서 편견이나 차별이 사라지고, 모든 사람이 개개인으로서 자유롭게 살아갈 수 있기를 열망한다. 현실 사회에서는 공상적인 생각으로 받아들여질 수 있지만, 인터넷처럼 개방적인 공간에서는 혁신적인 음악이나 예술적 재능이 인정받는 편이다.

[소프트] 틀에 박힌 것을 싫어하고 기존의 상식을 벗어난 감성을 가졌다. 그러면서도 사람들에게 아름다운 음악이나 공간으로 즐거움을 전하고 싶다는 바람을 가졌다. 독특하면서도 깊이 있고 예리한 영감이 잘 떠오르며, 이를 예술적인 표현으로 풀어내는 데 능숙한 사람이다.

## 천왕성 × 명왕성
자유 × 다시 태어남

[하드] 여린 마음과 사회의 폐쇄적인 분위기 속에서 괴로움을 느끼며, 세상이 살기 힘들다고 느끼는 편이다. 모든 것을 바꾸고자 하는 격렬한 행동을 일으킬 힘이 있지만, 친구나 연인, 은사에 대한 정도 깊어서 갈등을 겪을 수 있다. 곤경에 빠졌을 때는 소중한 사람을 떠올리며 침착하게 행동하자!

[소프트] 어른의 감시 아래에서 벗어난 공동체에서 진가를 발휘하기 쉬운 편이다. 마치 다른 사람으로 변신한 듯한 활약을 보이는 경우도 있다. 자유로운 공간에서는 몇 번을 실패해도 다시 일어서는 강인함을 보인다.

천왕성이 어느 행성과도 애스펙트가 없는 경우…
## 천왕성의 노 애스펙트

주변에 잘 녹아들어 다수로서 살아온 경향이 있으며, 특별히 무언가로부터 해방되고 싶다는 욕구를 느끼지 않을 수도 있다. 인터넷 같은 공동체에도 별다른 관심 없이 현실 사회 안에서 살아가는 사람이 된다.

# 해왕성의 애스펙트
## - 어떤 식으로 현실에서 벗어나고 싶은가 -

 하드 · 0° 180° 90°   소프트 · 120° 60°

## 해왕성 × 명왕성
### 목표 × 다시 태어남

[하드] 큰 상실을 겪었을 때, 마음이 너덜너덜해지면서도 무언가 자신을 구해줄 것이라 믿으며, 성 산업이나 약물, 종교, 범죄나 음모론 등에 쉽게 휘말릴 수 있다. 이러한 것들을 새로운 삶의 낙으로 삼기 쉬우므로, 인생의 전환기에는 타인과의 만남에 주의가 필요하다.

[소프트] 바다처럼 깊고 복잡한 인간의 감정과 낭만을 끊임없이 추구할 수 있다. 일정 부분 암흑가나 죄의식에 대한 이해도 갖고 있어서, 타인의 죄를 용서하는 것이나 갱생의 중요성도 공감할 수 있다. 사람들과의 관계를 통해 정신의 기복을 배워나가며 견식을 넓히도록 하자!

해왕성이 어느 행성과도
애스펙트가 없는 경우…

## 해왕성의 노 애스펙트

망상이나 현실 도피를 하지 않고,
헛된 꿈이나 환상을 좇지 않는다.
죄책감이 별로 없어 굳이 도덕에 어긋나는 음악이나
예술에 도취되는 일을 찾아나서는 일이 적고,
현재 놓여 있는 상황 속에서 개인적인 삶의 의미를
발견하고자 한다.

## 명왕성의 애스펙트
### - 어떤 식으로 현재를 부수고 재생하고 싶은가 -

※애스펙트의 조합은
p.68-81까지 체크

명왕성이 어느 행성과도
애스펙트가 없는 경우…

## 명왕성의 노 애스펙트

'모 아니면 도'라는 극단적인 사고방식을 갖지 않는 특징이 있다. 사람과의 이별이나 과거의 실수처럼 되돌릴 수 없는 현실도 자연스럽게 받아들이거나 크게 신경을 쓰지 않으면서 마음의 대처를 한다. 다만, 죽음을 의식하지 않는다는 의미에서는 자칫 예상치 못한 사고에 휘말릴 수 있으니 주의하자!

# 복합 애스펙트 사례

*- 3개 이상의 애스펙트로 만들어진 특수한 애스펙트 모양 -*

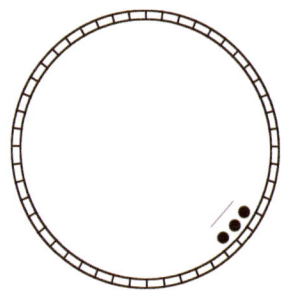

### 그레이트 컨정션 (스텔리움)

행성이 세 개 이상 가까이에 나란히 위치한 상태다. 이러한 조합에서는 행성들이 위치한 '별자리'나 '하우스' 분야에 의식이 쏠리기 쉽고, 때로는 자신도 통제하기 어려울 정도로 강한 욕구가 발생한다. 행성이 있는 장소에 따라 그 영향은 다양하여, 고집이 셀 수도 있고 타인에게 과도하게 맞춰 주는 형태로 나타날 수도 있다. 타인이 봐도 성격이 비교적 뚜렷하게 보이기 때문에, 일단 좋아해 주는 사람이 생기면 잘 받아들여 주는 사람이 많은 조합일 수도 있다.

### 그랜드 트라인

※원소에 대하여 p.16

'평화'의 트라인이 세 개 겹쳐 커다란 삼각형을 이루는 행운의 애스펙트이다. 기본적으로 같은 원소의 별자리 세 개로 구성되며, 포함된 원소에 따라 행운의 성격도 달라진다. 불의 원소라면 '부정적인 감정에 휘둘리지 않는 낙천성과 강한 정신력', 흙의 원소라면 '꾸준한 노력 끝에 꽃을 피우는 재능', 바람의 원소라면 '타고난 대인 관계 능력과 남에게 상처 주지 않는 정보 처리 능력', 물의 원소라면 '마음을 치유하는 힘이나 애정으로 가득한 행복'을 나타낸다. 어떤 원소의 그랜드 트라인이 형성되었는지 확인해 보자.

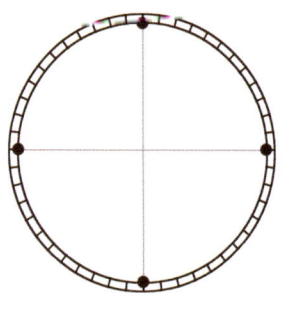

### 그랜드 크로스

※3구분에 대하여 p.16

'갈등'의 스퀘어가 네 개 겹쳐 십자가 모양을 이룬다. 3구분인 활동궁, 부동궁, 유연궁의 별자리 네 곳에 각각 행성이 위치하며, 그 영향을 강하게 받아 스트레스가 쌓이기 쉬운 조합이다. 활동궁의 경우 쉴 새 없이 계속 움직이게 되고, 부동궁은 따지는 게 많아 섣불리 움직이지 못하거나 우울해지며, 유연궁은 주변의 눈치를 과하게 봐서 쉽게 지친다. 어떤 그랜드 크로스인지 확인해 보자.

## 그랜드 섹스타일 원소에 대해서 ※원소에 대하여 p.16

'협력과 조화'의 육합이 6개 겹쳐 형성되는데, '불과 바람' 또는 '흙과 물'이라는 두 가지 원소가 조합된 별자리로 구성된다. 균형이 매우 좋고 창의성도 높기 때문에 개인의 틀에 얽매이지 않고 외부에서 큰 파도가 오기 쉬운 사람으로 봐도 좋다. 사회적 붐을 일으키고 싶은 제3자 때문에 휘말리는 경우도 있지만, 좋다고 느낀 일이라면 자발적으로 참가해서 재능을 발휘하도록 하자!

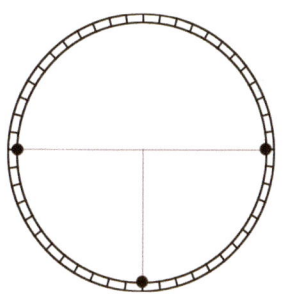

## T 스퀘어

'혼란'을 상징하는 어포지션과 '갈등이나 시련'을 뜻하는 스퀘어의 조합이다. 타인에게 받은 평가를 지나치게 신경 쓰는 경향이 있으며, 어떻게 해야 할지 몰라 끊임없이 시행착오를 반복하면서 어떻게든 상황을 개선하려고 노력하는 특징이 있다. 스스로는 고난의 연속처럼 느껴지겠지만, 최대한 문제는 회피하지 말고 받아들이자. 특히 T자의 아래쪽, 중심에 있는 별자리의 성질을 의식하면 더 크게 성장할 수 있다.

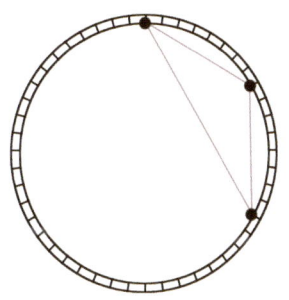

## 작은 삼각

'평화'를 상징하는 트라인과 '조화'를 상징하는 섹스타일이 겹쳐, 한 모서리에 작은 삼각형이 생긴 상태다. 이 3행성이 위치한 하우스나 별자리 분야에서는 기본적으로 온화한 흐름을 기대할 수 있다. 하지만 이 평온함에 안주하지 않고, 더 발전하고자 하는 마음도 동시에 깃들어 있다. 지금 손에 쥔 '작은 행복'을 간직한 채 크게 성장하고 싶은 사람이라면, 특히 중심에 있는 별자리의 성질을 의식하며 활용하도록 하자!

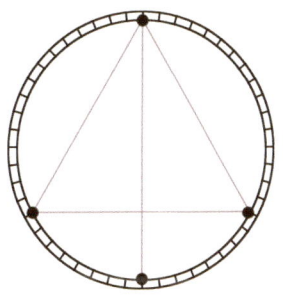

## 카이트

'행운'을 상징하는 그랜드 트라인과 '객관'을 상징하는 어포지션의 조합이다. 행복을 누릴 만한 소질을 지녔지만, 재능만 믿지 않고 스스로 성장하기 위해 일부러 정반대의 가치관을 외부 세계에서 배우려고 의식한다. 하지만 어포지션 자체가 '불안정함'을 내포하기 때문에, 외부 평가에 버티지 못하고 좌절하기도 한다. 삼각형의 중심을 지나는 선 양쪽 끝 중에서 삼각형과 겹치는 쪽(왼쪽 그림에서는 중앙 위)의 별자리 성질을 의식하며 욕구를 조절하자.

✦✦✦ 서비스 ✦✦✦

4장

# 12하우스 × 10행성 & 12별자리

- 욕구나 감정이 생기기 쉬운 장소와
개인적인 욕구의 조합 -

## 하우스에 대해

하우스는 태어난 날과 시각에 따라 태양의 위치를 기준으로
천궁도를 12개의 방으로 나눈 것입니다. '어디에서'를 뜻하지요.
인생의 어떤 장소나 상황에서 각 행성의 특징이 발휘되는지를 볼 수 있습니다.

※하우스는 시간 단위로 움직이기 때문에, 정확한 출생 시각을 모르는 분은 p.86~113의 해설 내용을 건너뛰세요. 단, 몇 시간 이내의 오차라면 2개의 하우스로 좁혀서 'A하우스일 경우와 B하우스일 경우'로 패턴을 생성해 점을 볼 수도 있습니다.

### 1하우스    첫인상·신체적 특징·용모·겉모습·행동의 첫걸음·타인에게 비치는 삶의 모습    p.88

신체적 특징이나 첫인상을 상징하는 장소다. 타인의 눈에 가장 많이 띄는 부분이며, 그 인상이 상대에게 어떤 느낌을 주는지에 대해 본인은 기본적으로는 자각하지 못하는 경우가 많다. 자신이 객관적으로 어떻게 보이는지 알고 고민하는 경우도 있고, 그 정보를 일이나 활동에 참고하여 활용할 수도 있는 배치다.

### 2하우스    수입·소유욕·가치·돈 버는 동기·재능·타인의 지원·특기·어울리는 직업    p.90

돈을 버는 재능을 나타내는 장소다. 더 근본적으로는 당신이 '무엇에 가치를 느끼고 돈을 들여 손에 넣고 싶은가', '그것을 얻기 위해 어떤 방식으로 돈을 버는 재능이 있는가'를 본다. 생활을 풍요롭게 만드는 천직이나 수입뿐 아니라, 저금, 재산, 물자 지원, 자산 경향 등도 알 수 있다.

### 3하우스    초등 교육·일반교양·지성·상식·정답이 있는 공부·형제자매·이웃·소문·근처 여행    p.92

인생에서 가장 처음으로 받는 지적 자극과 교육의 장소를 상징한다. 학교 친구, 형제, 부모, 학원 선생님, 이웃 등 다양한 사람과 관계를 맺으며 자신의 머리로 이해하고 배운 것들이 '상식'으로 자리 잡는 영역이기도 하다. 어른이 되어도 새로운 분야를 공부하는 방법으로서 소질에 맞는 학습법 등을 볼 수 있다.

### 4하우스    집·뿌리·부모·끝과 시작·태어나고 돌아가는 장소·내 편·안식처·개인적    p.94

외부의 위협으로부터 몸과 마음을 지키는 거처를 상징한다. 태어나서 의식주가 담보되고 생활하는 공간, 그리고 마지막에는 안심하고 떠날 수 있는 집. 또한 유소년기를 공유하고 진심을 나눌 수 있는 진정한 친구에 대해 무엇을 원하는지도 보인다. 가장 개인적인 환경을 만들기 위해 필요한 마음가짐도 알 수 있다.

### 5하우스    인생의 오락·삶의 낙·취미·연애·창작·파티·휴가·예술·아이·모험    p.96

인생에 재미를 더하는 '삶의 낙'을 상징하는 장소다. 일이나 학교, 가족에서 벗어나서 능동적으로 연애나 바캉스를 즐기거나, 창작 활동이나 취미에 몰입하며 힐링이 될 때 어떤 욕구나 감정이 생기는지 보여 준다. 자립해서 오롯이 즐길 수 있는 오락이 생기는 시기에 참고가 될 것이다.

## 6하우스    건강·질병·치료·원인에 대한 현실적인 해결·일·사회 복지    p.98

감정만으로는 손을 쓸 수 없는 현실적인 문제를 해결해야 할 때 보는 장소입니다. 예를 들어 생활이 어려울 때 어떤 일을 해야 할지, 컨디션이 좋지 않을 때 어떤 치료를 선택해야 할지, 현실적인 지원이 필요한 사람에게 구체적으로 어떻게 도울 수 있는지 등 자신에게 맞는 돌파구를 이해함으로써 더 잘 맞는 일이나 환경을 찾아낼 수 있는 지표가 될 것이다!

## 7하우스    결혼·파트너·협력자·경쟁자·재판·대인 관계·인생에 필요한 타인    p.100

결혼 상대, 업무 파트너, 경쟁자 등 1대 1 인간관계를 상징하는 장소다. 좋든 나쁘든 자신의 인생을 살아가는 데 중요한 위치를 차지하는 타인을 의미한다. 또한 7하우스에서 결혼은 연애 감정보다 서로의 이익이나 배경을 고려한 형식적 관계의 이미지를 나타낸다. 이 하우스에 행성이 많으면 인간관계가 복잡해지는 편이다.

## 8하우스    죽음의 은혜·계승·유산·유언·육체관계·진실·다시 태어나다·깊은 인간관계    p.102

표면적인 관계를 넘어 타인과 본질적으로 깊이 관여하는 인간관계의 가장 깊은 곳을 상징한다. 소중한 사람과의 육체적 관계나 상실의 경험, 본심이나 진실에 당신이 어떤 상처를 받고 어떻게 깊은 감정을 품게 되는지 보여 준다. 또한 유산이나 유언을 통해 변화하는 인간적인 매력 등 어떤 은혜를 받는지를 탐색하는 배치이기도 하다.

## 9하우스    철학·사상·타 문화·외국·시야를 넓히다·책·대학·미지의 탐구·우주    p.104

인간관계를 다양하게 접한 후, 새로운 시야를 넓히기 위해 배우는 장소를 상징한다. 자발적으로 공부하고 싶은 분야를 위해 대학이나 전문 교육 기관에 다니는 것, 자신이 자란 나라를 떠나 외국 문화나 종교를 접하는 것, 다양한 책이나 교류를 통해 지금까지 몰랐던 사상이나 철학을 이해하는 것을 목표로 한다.

## 10하우스    지위·명예·천직·권력·실력·노력과 결과·쌓아 올린 능력·실적·상사·성공    p.106

사회 속에서 '자신의 거처'라고 느끼는 장소를 상징한다. 사회적으로 인정받는 활동이나 쌓아 올린 경력 등 쉽게 얻을 수 있는 것이 아닌 노력으로 이루어낼 수 있는 것들이 많다. 노력하는 재능을 알게 되면 자신이 어떻게 노력해야 하는지, 사회적 지위를 얻으려면 어떻게 행동해야 하는지 등이 보이게 된다.

## 11하우스    수평적이며 자유로운 교우 관계·팬·미래·인터넷·단체·개혁    p.108

나이나 성별 같은 범주에 얽매이지 않고, 동지들과 그룹을 이루어 새로운 세계를 구축하는 장소다. 지금까지 사회 활동을 하면서 쌓은 지위나 경직된 상하 관계를 잊게 해 주는 대등하고 편안한 '친구'를 상징한다. 성인들의 억압적인 사회에서 벗어나, 자신의 손으로 미래를 개척해 가는 방식과 그 소질을 엿볼 수 있다.

## 12하우스    정신세계·잠재의식·환상·죄책감·비밀·속죄·구원·자기희생·예수    p.110

상처받은 마음을 치유해 주는 '꿈의 세계'에 조용히 잠기는 장소다. 잠재의식 속에서 진정으로 바라는 것이 별자리와 행성의 조합을 통해 나타난다. 현실에서는 이루기 어려운 환상에 죄책감을 느끼거나, 아무도 모르게 마음속 깊이 간직해 두는 편이다. 반면에 그 이상적인 공간에 고독하게 푹 빠져 영혼이 구원받기도 한다.

# 1하우스

첫인상·신체적 특징·용모·겉모습·행동의

첫걸음·타인에게 비치는 삶의 모습

## 1하우스 × 달
친근한 인상과 생활감이 느껴지는 분위기를 가졌다. 기분에 따라 행동하는 경향이 있어서 감정 상태를 우선시하는 편이다.

## 1하우스 × 수성
말재간이 좋고 똑똑한 인상을 준다. 실제로도 배움을 즐기며, 머리를 잘 쓰기 때문에 실제 나이에 비해 어려 보이기도 한다.

## 1하우스 × 금성
행동이나 취미에서 센스가 느껴진다. 무의식적으로 잘 꾸미고 입거나 호감을 주는 행동을 취한다.

## 1하우스 × 태양
화려한 존재감이 있다. 자존심이 세고 타인에게 관심이 없어 보일 수 있지만, 사람들이 자연스레 따른다.

## 1하우스 × 화성
부드럽게 대하려고 마음을 먹지만 다소 공격적인 분위기가 있다. 열정적으로 행동하기 때문에 멋있어 보이기도 한다.

## 1하우스 × 목성
사회적으로 여유가 있으며 너그럽고 선한 인상을 준다. 마음이 관대해서 대부분 다 받아들일 수 있다.

## 1하우스 × 토성
자신에게 엄격하며 냉철한 인상을 준다. 인생 경험이 풍부해질수록 겉과 속이 일치하게 되며, 점점 존경받기도 한다.

## 1하우스 × 천왕성
무의식적으로 기발한 행동을 취하기 때문에 협조성이 부족해 보일 수 있지만, 이게 한편으로는 매력적으로 비치기도 한다.

## 1하우스 × 해왕성
자기만의 세계에 푹 빠진 듯한 섬세하고 아련한 인상을 준다. 이에 나쁜 의도를 가지고 접근하는 사람이 있어 조심하자.

## 1하우스 × 명왕성
어딘가 심연을 들여다보는 듯한 카리스마를 풍긴다. 죽음을 의식하며 각오를 다지고 행동하는 경우도 많다.

**내추럴 사인**
◆ 하우스와 궁합이 좋다

## 1하우스 × 양자리
겉과 속이 다르지 않고 솔직하며, 활동적인 인상을 준다. 무계획적으로 갑작스러운 행동을 일으키는 경우도 많다.

## 1하우스 × 황소자리
교양과 여유가 느껴지는 고급스러운 분위기가 있다. 안목이 높아서 좋은 집안 출신처럼 보이기도 한다.

## 1하우스 × 쌍둥이자리
행동력이 좋고 친구가 많은 인상을 준다. 호기심이 이끄는 대로, 생각보다 먼저 말이 튀어나오는 경우도 있다.

## 1하우스 × 게자리
희로애락이 투명하게 드러나며, 사근사근한 분위기를 가졌다. 무의식중에 애교를 부려 자연스럽게 부탁을 잘한다.

## 1하우스 × 사자자리
눈부시게 빛나는 존재감과 개성으로 시선을 끈다. 때로는 본인을 연출하기 위해 생각해서 행동하는 경우도 많다.

## 1하우스 × 처녀자리
움직임이 작아서 손끝까지 섬세한 인상을 준다. 타인의 말이나 사물의 세세한 부분에 의식이 향하는 편이다.

## 1하우스 × 천칭자리
명품을 몸에 둘러 어딘지 모르게 셀럽 같은 분위기가 있다. 타인의 시선을 의식하여 행동하는 일이 많다.

## 1하우스 × 전갈자리
진실을 꿰뚫어 보는 듯한 깊은 눈빛을 지녔다. 말없이 있어도 오히려 신비로운 인상으로 사람들 기억에 남는다.

## 1하우스 × 사수자리
스포티하고 이국적인 분위기를 가졌다. 여행이나 신체 활동을 통해 본래의 모습이 더 살아나는 사람도 많다.

## 1하우스 × 염소자리
뼈가 앙상한 몸이 인상적이다. 어른스러운 분위기와 의젓함이 느껴지고, 차차 책임감을 갖추게 된다.

## 1하우스 × 물병자리
개성이 뚜렷하고 남들과 다른 분위기가 있다. 폐쇄적인 환경을 싫어해서 무의식중에 어른에게 반항하는 경향도 있다.

## 1하우스 × 물고기자리
공감력이 뛰어나 무엇이든 받아줄 것 같은 따스한 인상을 풍긴다. 자신의 마음도 소중히 돌보도록 하자.

주차장
금성 호텔

# 2하우스

수입·소유욕·가치·돈 버는 동기·재능·
타인의 지원·특기·어울리는 직업

### 2하우스 × 달
돈이 있으면 안심하지만, 변덕이 심해 한순간에 날리는 경우도 있다. 아이가 무엇을 원하는지 잘 이해하는 재능이 있다.

### 2하우스 × 수성
지성에 가치를 두고, 돈을 벌기 위해 꾸준히 공부한다. 비즈니스 상담에 능하고, 머리를 써서 수입을 창출할 수 있다.

### 2하우스 × 금성
자기 관리, 연애, 취미에 돈을 아끼지 않는 편이다. 미용이나 패션 업종에서 즐겁게 일하며 돈을 벌 수 있다.

### 2하우스 × 태양
돈을 벌기 위해 산다는 느낌이 있다. 경제를 움직이는 자신의 모습과 재산에도 자신감이 있다.

### 2하우스 × 화성
열광적으로 응원하는 것에 큰돈을 쏟지만, 그 즐거움을 위해 오히려 더 열심히 일하고 수입을 늘리려고 한다.

### 2하우스 × 목성
돈을 올바르게 쓰려는 마음이 강하다. 사회에 투자해 중년기 이후 자산이 크게 불어나는 편이다.

### 2하우스 × 토성
돈 버는 것에 대해 부정적인 인상을 가질 수 있다. 하지만 그만큼 낭비를 하지 않아 경제력은 안정적이다.

### 2하우스 × 천왕성
자립해서 돈을 버는 것에 가치를 둔다. 프리랜서나 비정규직 등 자유로운 업무 형태를 통해 수입을 얻는다.

### 2하우스 × 해왕성
안정적인 수입 여부에 크게 신경 쓰지 않지만, 그 대신 꿈을 사거나 현실 도피에 돈을 쓰는 편이다.

### 2하우스 × 명왕성
과거의 경험으로 인해 돈을 잃는 것을 극단적으로 두려워해서 탐욕적으로 돈을 번다. 자산과 관련된 문제를 조심하자.

### 2하우스 × 양자리
아이디어에 가치를 느낀다. 사업가나 크리에이터 등 순발력이 요구되는 직업으로 돈을 벌기 쉽다.

### 2하우스 × 황소자리
클래식이나 예술에 가치를 느끼고 돈을 쓴다. 전통적인 직업으로 크게 안정되어 돈을 버는 편이다.

> 내추럴 사인
> ◆하우스와 궁합이 좋다

### 2하우스 × 쌍둥이자리
남을 웃게 하거나 상처 주지 않는 거짓말을 하는 재능이 있다. 엔터테이너로서 수입을 얻기 쉽다.

### 2하우스 × 게자리
가족을 든든하게 받쳐 주는 재능이 있다. 아이에게 가치를 느끼며, 가업을 계승하거나 육아 관련 업종에서 수입을 얻기 쉽다.

### 2하우스 × 사자자리
'오리지널'에 가치를 느끼고, 스스로도 작품을 만들기 위해 노력한다. 크리에이티브 직종에서 돈을 버는 경향이 있다.

### 2하우스 × 처녀자리
정교하게 만들어진 물건이나 과학에 가치를 느낀다. 의료 관계나 기술직 등에서 수입을 얻을 수 있다.

### 2하우스 × 천칭자리
누구에게 보여 줘도 수긍할 만한 아름다운 사람이나 사물을 찾아내는 재능이 있다. 패션이나 디자인 관계에서 돈을 번다.

### 2하우스 × 전갈자리
유일무이한 물건에 가치를 느낀다. 사람과의 깊은 관계를 통해 신뢰를 쌓거나 그러한 존재가 되는 직업에서 에너지를 얻는다.

### 2하우스 × 사수자리
인간의 다양성에 가치를 느낀다. 외국계 기업, 언어 관련 직종, 종교나 철학 분야에서 수입을 얻는다

### 2하우스 × 염소자리
그 시대의 모범적이자 정통적인 것에 가치를 느낀다. 대기업에 소속되거나 교육, 정치 분야에서 수입을 얻는다.

### 2하우스 × 물병자리
시대의 소수 분야에 금전적 가치를 느낀다. 개성적인 표현을 인정해 주는 사람들에게 지원받는다.

### 2하우스 × 물고기자리
타인이 지닌 마음의 상처에 다가가는 것에 가치를 느낀다. 점성술, 음악, 정신 의학 분야에서 수입을 얻는다.

# 3하우스

초등 교육·일반교양·지성·상식·정답이 있는

공부·형제자매·이웃·소문·근처 여행

### 3하우스 × 달
공부를 하면서 저자나 등장인물의 감정에 흥미를 느낀다. 좋아하는 과목과 싫어하는 과목이 뚜렷하게 나뉘는 편이다.

### 3하우스 × 수성
순수하게 궁금한 것을 알기 위해 배운다. 연상 게임을 하듯 끊임없이 새로운 과목에 흥미를 느낀다.

### 3하우스 × 금성
초등 교육 시절에는 아름다운 사람과 교류하고 싶어 하며, 노트 필기도 예쁘게 정리해서 공부의 질을 높이려고 한다.

### 3하우스 × 태양
초·중학생 시절에는 자기주장이 강하지만, 자신의 말을 통해 스스로 삶의 보람을 찾아가는 데 능숙해진다.

### 3하우스 × 화성
정보를 열심히 모으며, 흥미에 대해 말할 때 말투가 강해지는 편이다. 대인 관계에서 문제가 생기지 않도록 주의하자.

### 3하우스 × 목성
지식이 풍부한 환경에서 자라나 유소년기부터 철학적인 사고를 기른다. 도서관이나 체험 학습을 통해 폭넓게 배울 수 있다.

### 3하우스 × 토성
어릴 때 교류나 공부를 멀리하여 충분히 배우지 못했던 과거를 자각하고, 이후 사회생활 속에서 일반교양을 익힌다.

### 3하우스 × 천왕성
학교의 속박을 본능적으로 거부하며 상식에서 벗어나는 편이다. 친구나 동료들에게 배우는 것이 더 많다.

### 3하우스 × 해왕성
말 속에서 영혼을 느끼고 싶어 하며, 공부하는 과목도 추상적으로 이해하는 편이다. 시적인 재능이 있다.

### 3하우스 × 명왕성
표면적인 지식으로는 성에 차지 않아 뒷이야기나 소문에 관심을 가진다. 과도한 농담을 하지 않도록 하자.

### 3하우스 × 양자리
충동적인 성향이라 한 분야를 꾸준히 공부하는 데 어려움을 느끼며, 경쟁이나 게임을 통해 지식을 얻는 편이다.

### 3하우스 × 황소자리
악기 연주, 다도, 서예, 발레처럼 재능을 키워 나가는 배움 속에서 지식과 상식을 자연스럽게 쌓아가는 편이다.

### 3하우스 × 쌍둥이자리
> 내추럴 사인
> ◆하우스와 궁합이 좋다

호기심이 왕성하고 수다를 즐기며, 공부 자체보다 친구나 형제자매와 대화를 통해 일반교양을 넓히는 편이다.

### 3하우스 × 게자리
가족이나 친척, 또는 동네 소꿉친구와의 교류나 가까운 여행을 통해 새로운 지식을 얻는 경우가 많다.

### 3하우스 × 사자자리
부담감에 강해 시험을 볼 때나 많은 사람들 앞에 나설 때 오히려 지성이 활성화되고, 말재주가 좋아지는 편이다.

### 3하우스 × 처녀자리
오답의 원인을 분석하고 정답과 맞춰보며, 스스로 지식을 쌓아갈 수 있다.

### 3하우스 × 천칭자리
한 가지에 특화되어 있지 않고 골고루 공부하기 때문에, 초등 교육에서 배우는 분야의 지식은 평균적인 수준이다.

### 3하우스 × 전갈자리
특정 과목이나 사람들과의 교류에 깊이 몰입해서 정통하게 되는 반면, 관심이 없는 분야에 대해서는 지식이 거의 없다.

### 3하우스 × 사수자리
일반교양이라도 책상에 앉아 공부하기보다는 체험을 중시하며, 다문화의 지식을 활용하여 넓은 시야로 배우려고 한다.

### 3하우스 × 염소자리
초·중등학생 시절부터 생애를 걱정하고 다가오는 현실을 위해 경제를 공부하거나, 더 높은 목표를 향해 노력하려고 한다.

### 3하우스 × 물병자리
일반 상식에 큰 흥미를 느끼지 않고, 학교 밖이나 인터넷 친구들과의 교류를 통해 배우는 것에 가치를 두는 편이다.

### 3하우스 × 물고기자리
공부보다는 생물과 교감하거나 괴롭힘을 당하는 친구를 돕는 경험을 통해 사람에 대해 깊이 있게 배워간다.

식당
토성 호텔

# 4하우스

✦ ✧ ✦

집·뿌리·부모·끝과 시작·태어나고

돌아가는 장소·내 편·안식처·개인적

### 4 하 우 스 × 달
마음의 안정을 최우선으로 생각한다. 고향을 떠나 홀로서기가 어려운 특징이 있지만, 가족을 소중히 여긴다.

### 4 하 우 스 × 수 성
유년기부터 남들보다 호기심이 왕성, 가족에게 질문을 쏟아내거나 친구들과 함께 모여 배울 기회가 많았을지도 모른다.

### 4 하 우 스 × 금 성
가족이나 친척에게 사랑을 듬뿍 받으며 자랐기 때문에, 인생의 마지막까지 가족들과 웃으며 지내기를 바란다.

### 4 하 우 스 × 태 양
유년기부터 자립심이 강해, '나만의 안식처'를 만들고 정체성을 확립하려는 편이다.

### 4 하 우 스 × 화 성
자신만의 방이나 마음의 영역을 소중히 여기기 때문에, 무례한 일을 당하면 분노가 폭발하는 편이다.

### 4 하 우 스 × 목 성
따뜻한 가정 환경에서 성장해 가족이나 동네 친구들에게 너그럽다. 다만 가까운 지인에게 과도한 긍정은 금물!

### 4 하 우 스 × 토 성
엄격한 부모 아래에서 자라 애정 결핍을 느낄 수 있지만, 나이가 들수록 따뜻한 가정을 이루기 위해 노력한다.

### 4 하 우 스 × 천 왕 성
가족 구성원끼리 서로 자립하는 분위기 속에서 자라 간섭 없는 도시 생활을 선호한다. 이사가 쉬운 주거를 선호한다.

### 4 하 우 스 × 해 왕 성
자신과 타인의 경계가 흐려지기 쉽다. 문단속을 깜박 잊어 몰래 들어오는 침입자가 없도록 주의하자.

### 4 하 우 스 × 명 왕 성
가족이나 동료들과의 관계에서 파괴를 경험했을지도 모른다. 진심으로 마주하고, 바로잡기 위해 노력해 보자.

### 4 하 우 스 × 양 자 리
집 안에서는 활발한 모습을 보인다. 어른이 된 후에도 스트레스를 발산할 수 있는 장소에 가면 마음의 안정을 느낀다.

### 4 하 우 스 × 황 소 자 리
최고급의 물건을 집에 쌓아 두는 편이다. 클래식 음악이나 전통 문화를 접할 때 자신의 원점으로 돌아가는 느낌을 받는다.

### 4 하 우 스 × 쌍 둥 이 자 리
집 안이 너무 조용하면 오히려 불안해져 말이 많아질 수 있다. 함께 즐겁게 대화를 나눠 줄 사람이 곁에 있으면 마음이 놓인다.

### 4 하 우 스 × 게 자 리
> 내추럴 사인
> ✦ 하우스와 궁합이 좋다

외부 세계에 대한 두려움 때문에 집이나 동네 밖으로 나가려 하지 않는다. 평생 한 장소에 머물기도 한다.

### 4 하 우 스 × 사 자 자 리
가정 내에서 주목받지 못하면 안심하지 못한다. 착한 사람처럼 행동하며 자신의 거처를 확보하려는 습관이 생길 수도 있다.

### 4 하 우 스 × 처 녀 자 리
집 안이 깨끗하지 않으면 불안해지는 편이다. 먼지 하나 없는 정돈된 장소에 추억이 있다.

### 4 하 우 스 × 천 칭 자 리
가까운 사이에서도 예의를 중시하며, 가족에게도 배려하는 모습을 보인다. 평등한 관계에서 편안함을 느낀다.

### 4 하 우 스 × 전 갈 자 리
가족에게 깊은 애정이 있어 거짓말을 못하는 편이다. 사회에서도 속마음을 터놓을 수 있는 사람을 잘 따른다.

### 4 하 우 스 × 사 수 자 리
다른 문화나 종교에 익숙한 가정에서 자랐을 가능성이 있다. 다양성이 공존하는 곳에서 안정감을 느낀다.

### 4 하 우 스 × 염 소 자 리
부모의 기대가 높아 집 안에서는 고생을 겪기 쉬운 편이다. 하지만 성실한 어른을 만나면 마음의 안정을 느낄 수 있다.

### 4 하 우 스 × 물 병 자 리
상식에 얽매이지 않는 개성 강한 가족들과 자라며, 상하 관계가 없는 친구들 사이에서 편안함을 느낀다.

### 4 하 우 스 × 물 고 기 자 리
집 안에서는 자기희생 정신이 강해지는 특징이 있고, 남을 돕는 가운데 마음의 평안을 느끼며 아련한 추억에 젖어 든다.

세탁실
달 호텔

## 5 하우스

인생의 오락 · 삶의 낙 · 취미 · 연애 · 창작 ·
파티 · 휴가 · 예술 · 아이 · 모험

### 5 하우스 × 달
사랑이나 취미를 즐기는 동안 감정 기복이 심해질 수 있다. 늘 아이 같은 인상을 준다.

### 5 하우스 × 수성
게임처럼 머리를 쓰는 오락을 통해 배우려는 편이다. 좋아하는 사람과 함께 있을 때도 개성이 드러난다.

### 5 하우스 × 금성
유행에 민감해서 연예인이나 아름다운 캐릭터에게 쉽게 마음을 뺏긴다. 그런 동경심 속에서 삶의 즐거움을 느낀다.

### 5 하우스 × 태양
인기를 얻고자 하는 열망이 강해 창작이나 예능 분야에서 성공하기 쉽다. 항상 마음의 여유를 잃지 않도록 하자.

### 5 하우스 × 화성
자극적인 인생을 추구하며 때로는 위험을 감수하고 도전에 나선다. 위험한 놀이조차 삶에 긍정적인 요소로 본다.

### 5 하우스 × 목성
사회에 여유로움을 가져다주는 것이 자신의 역할이라고 느낀다. 타인의 작품 활동을 지원하는 일에 잘 어울린다.

### 5 하우스 × 토성
좋아하는 사람 앞이나 표현하는 자리에서 실패하고 싶지 않아 오히려 충분히 상황을 즐기지 못한다. 경험을 쌓자!

### 5 하우스 × 천왕성
조만간 오락이나 독특한 감각을 지닌 사람에게 매력을 느낀다. 상식에 얽매이지 않고 자유롭게 자신을 표현하는 것이 중요하다.

### 5 하우스 × 해왕성
사랑에 허우적대거나 자아도취에 빠지기 쉽지만, 예술 분야에 대한 적성을 가졌다. 자신 있게 몰입해 보자.

### 5 하우스 × 명왕성
삶을 실감하게 하는 오락 작품이나 배수의 진으로 살아가는 사람을 선호하며, 이를 통해 자신의 진정한 즐거움을 발견한다.

### 5 하우스 × 양자리
취미나 창작 활동을 하는 자리에서는 적극적이고 활발한 모습을 보인다. 좋아하는 사람에게도 솔직하고 정직하게 다가간다.

### 5 하우스 × 황소자리
처음에는 가볍게 시작한 일이라도, 결국 높은 수준을 지향하며 고품질의 활동이나 작품을 완성하려고 노력한다.

### 5 하우스 × 쌍둥이자리
여러 취미를 자유롭게 즐기는 편이다. 좋아하는 사람이나 표현하는 자리를 하나로 한정하지 않는 데 즐거움을 느낀다.

### 5 하우스 × 게자리
인생의 즐거움이나 좋아하는 사람에 대한 마음을 가까운 이들과 나누려고 한다. 그 사람들이 인정하는 활동을 하려고 한다.

### 5 하우스 × 사자자리
**내추럴 사인 ◆ 하우스와 궁합이 좋다**
좋아하는 사람 앞이나 오락의 세계에서도 자신을 드러내야 하는 순간이 오면 과감하게 나서서 존재감을 각인시킨다.

### 5 하우스 × 처녀자리
창작 활동에서 섬세함과 꼼꼼함을 잃지 않는 편이다. 좋아하는 사람에게는 더 신중한 부분이 있다.

### 5 하우스 × 천칭자리
좋아하는 일이기 때문에 협조성을 발휘하여 즐거운 인간관계를 만들어 간다. 작품은 평균적인 수준으로 완성하는 편이다.

### 5 하우스 × 전갈자리
오락이나 좋아하는 사람을 대할 때 온 힘을 다해 몰입하며, 진지하게 임하는 그 과정 자체에서 즐거움을 느낀다.

### 5 하우스 × 사수자리
모험을 통해 다양한 관점으로 생각하는 것을 즐긴다. 대등한 연인 관계에서 행복을 느끼는 편이다.

### 5 하우스 × 염소자리
연애에 대한 이상이 높고, 창작 활동에서도 결과가 나기를 바라는 편이다. 조바심 내지 말고 시간을 들여 즐기자!

### 5 하우스 × 물병자리
놀이의 대상이 파격적이어서 대중과는 다소 거리를 둘 수 있지만, 자신이 즐겁다면 문제없다고 느낀다.

### 5 하우스 × 물고기자리
좋아하는 사람이나 오락에 최선을 다하는 편이다. 비극적이면서도 옛날이야기 같은 관계에 매력을 느낄 수도 있다.

# 6 하우스

건강·질병·치료·원인에 대한
현실적인 해결·일·사회 복지

### 6 하우스 × 달
업무 환경에 따라 마음이 불안정해지기 쉽다. 어려워하는 사람에게 선을 긋지 못하고, 결국 직장을 옮기는 사람도 있다.

### 6 하우스 × 수성
지금까지 배운 것을 업무에 활용할 수 있다. 앞에 나서기보다는 지식이나 정보로 서포트하는 일이 잘 맞는다.

### 6 하우스 × 금성
직장에서 남을 빛나게 해줄 때 행복을 느낀다. 메이크업이나 웨딩업 등 타인을 아름답게 만드는 분야에 잘 어울린다.

### 6 하우스 × 태양
사회나 사람을 위해 일하는 것에서 보람을 찾는다. 컨디션 관리만 잘하면 능력을 발휘할 수 있다.

### 6 하우스 × 화성
남을 돕는 일이나 건강 관리에 열정을 쏟는다. 직장에서 감정을 잘 다스리면 성과가 오를 수 있다.

### 6 하우스 × 목성
업무의 무대를 넓히려는 편이다. 업무 능력을 충분히 단련할 수 있는 시간을 가지며, 이를 통해 사회에 기여할 수 있다.

### 6 하우스 × 토성
업무나 건강 관리에 철저한 편이다. 젊은 시절에는 부담감에 약했지만, 점차 바른길로 나아가기 위해 힘을 쏟는다.

### 6 하우스 × 천왕성
억압적인 환경에서는 업무 능력이 제대로 발휘되지 않는다. 자유로운 직장이나 프리랜서 활동이 잘 어울린다.

### 6 하우스 × 해왕성
물리적인 문제를 명확히 인식하기 어려워서 의식할수록 혼란을 느낄 수 있다. 마음이 잘 통하는 봉사활동이 어울린다.

### 6 하우스 × 명왕성
업무를 할 때 자신의 체력을 과신해서 한계까지 몰아붙이는 편이다. 회복 방법을 몸으로 배우는 것이 중요하다.

### 6 하우스 × 양자리
문제가 발생했을 때, 기세를 몰아붙여 해결하려고 한다.
어울리는 직업: 운동선수, 영업직, 발명가, 프로 게이머, 격투기 선수

### 6 하우스 × 황소자리
오감과 관련된 자잘한 실수를 빠르게 알아채는 편이다.
어울리는 직업: 조율사, 연주자, 요식업 종사자, 감정사, 장인, 성우

### 6 하우스 × 쌍둥이자리
문제가 생기면 농담이나 말로 상황을 넘기는 데 능하다.
어울리는 직업: 예능인, 만화가, 영업

### 6 하우스 × 게자리
동료들과 상의하여 문제를 해결하려 한다.
어울리는 직업: 자영업, 하우스키퍼, 지역 활동가, 보육사

### 6 하우스 × 사자자리
실수를 역이용해 자신을 더 잘 표현하는 데 능하다.
어울리는 직업: 배우, 연예인, 공연가, 가수

### 6 하우스 × 처녀자리 〈내추럴 사인 ♦ 하우스의 궁합이 좋다〉
작은 문제부터 하나하나 정확히 고칠 수 있는 사람이다.
어울리는 직업: 설계, 경리, 매니저, 사무, 의료계

### 6 하우스 × 천칭자리
사물이 일그러진 부분을 깔끔하게 다듬어 수정하려고 한다.
어울리는 직업: 디자이너, 일러스트레이터, 모델, 미용계

### 6 하우스 × 전갈자리
문제의 원인을 추궁해서 근본적인 해결을 추구하는 편이다.
어울리는 직업: 비서, 전문직 종사자, 프로그래머, IT 분야

### 6 하우스 × 사수자리
복잡하고 다양화된 문제를 해결하기 위해 일하는 편이다.
어울리는 직업: 외국계 기업 종사자, 번역, 여행 관련, 철학자

### 6 하우스 × 염소자리
미래를 위해 견실하게 궤도를 수정할 수 있다.
어울리는 직업: 정치가, 교사, 경영인, 프로듀서, 감독

### 6 하우스 × 물병자리
업무 수행 시 미적이고 독창적인 해결 방법을 찾는다.
어울리는 직업: 크리에이터, 음악가, 연구직 종사자

### 5 하우스 × 물고기자리
직감적으로 받아들인 문제를 이상적인 형태로 변화시킨다.
어울리는 직업: 작곡가, 작사가, 화가, 복지 분야

직원 휴게실
수성 호텔

# 7하우스

결혼·파트너·협력자·경쟁자·재판·

대인 관계·인생에 필요한 타인

### 7 하 우 스 × 달
타인이 자신을 어떻게 보는지 지나치게 의식해서 고민이 끊이지 않는 편이다. 파트너를 찾으면 마음이 안정된다.

### 7 하 우 스 × 수 성
타인에게 자신의 말이 어떻게 전달되는지 신경 쓰는 일이 많다. 지적인 사람과 계약을 맺는 편이다.

### 7 하 우 스 × 금 성
타인을 불쾌하게 만들지 않기 위해 복장이나 태도에 신경을 쓴다. 결혼 상대로도 사근사근한 사람을 고르는 편이다.

### 7 하 우 스 × 태 양
결혼이나 거래와 같은 관계 속에서 삶의 보람을 느끼는 편이다. 항상 양자의 의견을 교환하여 올바른 결론을 도출한다.

### 7 하 우 스 × 화 성
타인에 대해 강렬한 애정을 품는다. 자신의 열정을 받아들이는 사람과 파트너가 되면 좋은 관계를 맺을 수 있다.

### 7 하 우 스 × 목 성
대인 관계의 운이 좋으며, 좋은 인맥을 넓혀 간다. 결혼에 대해서도 긍정적이라 밝은 결혼 생활을 이어갈 수 있다.

### 7 하 우 스 × 토 성
인간관계에서 삐걱댔던 경험이 많기 때문에 자신의 결점을 보완해 줄 경험 많은 사람과의 결혼을 바라는 편이다.

### 7 하 우 스 × 천 왕 성
독립심이 강해, 서로의 자유를 존중하면서 일정한 거리를 유지할 수 있는 사람을 파트너로 선택하는 편이다.

### 7 하 우 스 × 해 왕 성
결혼 상대나 거래처와 공의존 관계에 빠지기 쉽다. 다양한 사람과 어울리며 균형을 잡도록 하자.

### 7 하 우 스 × 명 왕 성
인간관계의 파괴와 회복을 반복한다. 파트너의 내면에 깊숙이 파고들려는 경향이 있으니 신중함을 잃지 않도록 하자!

### 7 하 우 스 × 양 자 리
기세를 몰아 업무 거래나 결혼을 성사시키는 편이다. 다만 시간이 지나면서 열정이 식는 경우가 많으니 주의하자.

### 7 하 우 스 × 황 소 자 리
음식, 소리, 컬러 감각이 잘 맞는 사람과 오래 관계를 유지하고 싶어 하니, 계약 상대의 취향을 미리 알아 두면 좋다.

### 7 하 우 스 × 쌍 둥 이 자 리
결혼 상대나 거래처와 자주 대화하고 싶어 한다. 호기심을 자극해 주는 사람과 계약을 맺자.

### 7 하 우 스 × 게 자 리
친근감이 있으며 안심할 수 있는 대인 관계를 바란다. 자꾸 긴장하게 만드는 사람과는 관계가 오래 가지 않는 편이다.

### 7 하 우 스 × 사 자 자 리
결혼이나 업무 계약을 통해 자신의 존재 가치를 확인한다. 자존심을 지키기 위해 자신을 칭찬해 주는 사람과 어울리자!

### 7 하 우 스 × 처 녀 자 리
청렴한 인간관계를 쌓으려고 한다. 결혼 상대나 거래처의 세세한 경력까지 확인하는 편이다.

### 7 하 우 스 × 천 칭 자 리
*내추럴 사인*
*✦ 하우스와 궁합이 좋다*
적극적으로 사람을 만나며 교제할 상대를 신중히 구분한다. 대인 관계 능력을 닦을수록 더 좋은 인연을 만날 수 있다.

### 7 하 우 스 × 전 갈 자 리
소수의 사람과 깊은 관계를 맺으려는 편이다. 결혼하거나 계약을 맺으면 쉽게 관계를 끊지 못한다.

### 7 하 우 스 × 사 수 자 리
인간관계에서도 시야를 넓히는 것을 중요하게 생각한다. 다른 문화권이나 다른 종교를 가진 사람과의 결혼도 긍정적이다.

### 7 하 우 스 × 염 소 자 리
비른 계약을 통해 안정되기를 희망한다. 대기업과의 거래나 고소득자와의 결혼을 바라는 편이다.

### 7 하 우 스 × 물 병 자 리
법적 계약 형식에 얽매이지 않는 편이다. 순수한 개성을 발휘하는 사람과 오래 관계를 이어갈 수 있다.

### 7 하 우 스 × 물 고 기 자 리
형식에 구애받지 않는 결혼이나 인간관계를 맺는다. 얼굴이나 배경을 잘 모르는 사람과 교제하거나 거래하는 경우도 많다.

결혼식장
금성 호텔

# 8하우스

죽음의 은혜 · 계승 · 유산 · 유언 · 육체관계 ·
진실 · 다시 태어나다 · 깊은 인간관계

### 8하우스 × 달
타인과 마음과 일체가 되지 않으면 안심하지 못한다. 환생이나 소울메이트처럼 깊은 인연을 바라는 편이다.

### 8하우스 × 수성
심층 심리나 죽음을 받아들이는 자세를 심리학, 의학, 점성술 등의 지식을 통해 이해하려는 편이다.

### 8하우스 × 금성
성적인 매력뿐만 아니라, 자신의 본심까지 깊이 이해하고 재능을 꽃피워 줄 사람을 바라는 편이다.

### 8하우스 × 태양
혼자서 살아가는 것에는 고갈을 느낀다. 고락을 함께 나눌 수 있는 사람을 찾아 인생을 새롭게 출발한다.

### 8하우스 × 화성
타인의 속마음을 알게 되면 분노를 느끼기도 하지만, 충돌을 통해 진실을 알아내고 관계를 깊게 다지려는 편이다.

### 8하우스 × 목성
자신의 정신이나 재산을 남에게 아낌없이 나눠 주기 때문에 상대와 헤어진 뒤에도 큰 은혜를 얻는 편이다.

### 8하우스 × 토성
처음에는 상실감을 두려워해 타인과 깊은 관계를 꺼리지만, 시간이 지나며 사랑을 갈망하고 마음을 나눈다.

### 8하우스 × 천왕성
평범함을 견디지 못해 갑작스럽게 모든 것을 내려놓고 싶은 충동에 휩싸인다. 틀에 얽매이지 않는 인연을 추구한다.

### 8하우스 × 해왕성
몸도 마음을 모두 맡길 수 있는 사랑을 꿈꾸며, 그런 상대라면 자신의 영혼까지 이해해 줄 것이라는 환상에 빠지기 쉽다.

### 8하우스 × 명왕성
마음이나 몸을 나눈 사람의 심층 심리를 자신의 죽음 직전까지 철저히 파헤치려는 편이다.

### 8하우스 × 양자리
소중한 사람과의 이별이나 육체적 관계를 통해 감정이 격렬하게 흔들리며, 새로운 아이디어가 떠오르기 쉬운 편이다.

### 8하우스 × 황소자리
잃은 사람에게 받는 '물건'의 가치를 깊이 새긴다. 쉽게 손에서 놓지 못하고 추억과 함께 간직한다.

### 8하우스 × 쌍둥이자리
소중한 사람의 본심이 무겁게 느껴져 농담으로 흘리지만, 지식으로 치고 마음에 보관해 두는 편이다.

### 8하우스 × 게자리
마음이 통한 사람이나 소중한 친구의 죽음, 혹은 속마음을 알게 되면서 깊은 상처를 받고, 다시금 인간관계를 소중히 다룬다.

### 8하우스 × 사자자리
사랑하는 사람의 진실에 상처받은 자신의 마음을 숨기기 위해, 비극의 주인공처럼 행동하여 자아를 지키려고 한다.

### 8하우스 × 처녀자리
슬픔을 최소한으로 누르고 냉정히 분석하는 특징이 있다. 타인과의 이별이나 상처를 이상적인 방법으로 해결한다.

### 8하우스 × 천칭자리
육체관계나 타인의 아름답지 않은 본심에 상처받고, 평정심을 잃기 쉽다. 아름다움을 받아들여 조화를 이루도록 하자!

### 8하우스 × 전갈자리
<small>내추럴 사인 ♦ 하우스와 궁합이 좋다</small>
소중한 사람의 어떤 진실도 모두 받아들이고, 그 사람의 전부를 사랑할 수 있다. 죽음의 심연에서 타인의 본질을 판별한다.

### 8하우스 × 사수자리
잃은 사람의 본심이나 육체관계를 자신만의 방식으로 해석하고, 철학적 사고의 폭을 넓혀 긍정적으로 받아들인다.

### 8하우스 × 염소자리
소중한 사람과의 이별이나 진실을 정면으로 마주하고 책임을 느끼는 편이다. 시간이 해결해 주길 믿고 기다리자.

### 8하우스 × 물병자리
육체관계나 이별조차도 시간의 흐름으로서 받아들일 수 있는 감각을 가졌기 때문에 쉽게 상처받지 않는 편이다.

### 8하우스 × 물고기자리
사랑하는 사람의 진실에 상처받아, 술이나 약물 등에 의존해 현실을 잊는다. 그러면서 노래나 꿈같은 세계를 만들어 간다.

입구
명왕성 호텔

# 9하우스

철학·사상·타 문화·외국·넓은 시야·

책·대학·미지의 탐구·우주

### 9하우스 × 달
폐쇄된 감각을 싫어해서 이국적인 정서에 치유받는 경우가 많다. 다양한 사람들이 사는 곳으로 이주하길 희망하는 편이다.

### 9하우스 × 수성
의무 교육 시절부터 언어를 철학적으로 이해하고, 항상 흥미의 폭을 넓히며 배움을 즐긴다.

### 9하우스 × 금성
대학이나 해외에서 아름답고 지적인 사람이나 사물에 한눈에 반할 가능성이 있다. 예술 작품에 대해 깊이 배우는 편이다.

### 9하우스 × 태양
견식을 넓히는 것에서 삶의 즐거움을 찾는다. 여행 중에 이국 문화나 사상을 배우고, 그것을 사회에 전파하려는 편이다.

### 9하우스 × 화성
자신이 믿는 학문이나 철학에 뜨거운 신념을 가졌다. 다만, 타 문화 간의 대립을 일으키지 않도록 주의하자.

### 9하우스 × 목성
정신성을 높이는 것에 긍정적이다. 사회나 다음 세대를 위해 자신의 철학적 사상과 시간을 아낌없이 쏟는다.

### 9하우스 × 토성
젊은 시절에는 미지의 문화를 두려워해서 거부하지만 나이가 들수록 학문으로서 흥미를 갖게 된다.

### 9하우스 × 천왕성
인간의 미래와 그 끝을 고민하며, 외국의 역사나 신화, 고고학, 철학, 그리고 덜 조명된 나라들의 문화까지 폭넓게 배운다.

### 9하우스 × 해왕성
육감이 뛰어나고 선견지명을 가졌다. 약자를 구하는 사상이나 정신 의학에 꿈을 품고, 대학 등에서 적극적으로 배운다.

### 9하우스 × 명왕성
다른 문화나 우주 철학, 점성술과의 운명적인 만남을 통해 과거를 허물고 새롭게 태어날 수 있다.

### 9하우스 × 양자리
깊은 인간관계 속에서 심기일전하며, 직접 철학적 사상을 만들어 내 새로운 출발을 시도한다.

### 9하우스 × 황소자리
인간관계를 통해 얻은 정신적 질을 높이기 위해 대학 등에 다니며, 사회에서도 활용할 수 있는 재능을 발전시키려 한다.

### 9하우스 × 쌍둥이자리
어른이 된 후에도 적극적으로 배우고 싶은 학문을 하나로 정하지 못하고, 여러 분야를 넘나들며 다양한 친구를 사귀는 편이다.

### 9하우스 × 게자리
철학적 사고에 개인적인 감정을 접목한다. 사상이 비슷한 대학 동료들에게는 호감을 얻는다.

### 9하우스 × 사자자리
대학 등에 진학한 후, 남에게 주목받기 위해 화려한 사상을 갖추고 자기표현의 수단으로 삼는다.

### 9하우스 × 처녀자리
배우고 싶은 분야가 생기면 눈에 띄지 않더라도 꼼꼼하게 배워서 사회에 확실히 도움이 되도록 한다.

### 9하우스 × 천칭자리
다른 문화를 접하거나 종교, 철학적 사상을 통해 인간관계의 폭을 넓히려는 편이다.

### 9하우스 × 전갈자리
정답이 보이지 않는 우주나 철학적 세계에 몰두하여, 평생을 바쳐 모험가처럼 탐구한다.

### 9하우스 × 사수자리
> 내추럴 사인
> ◆하우스와 궁합이 좋다

인간관계를 처음부터 끝까지 경험한 뒤, 외국 등으로 나가 종교적 배움을 얻고 시야를 더 넓히려고 한다.

### 9하우스 × 염소자리
종교, 철학, 점성술 등 인간 심리에 도움이 되는 학문에서 성공하기 위해 끈질기게 노력을 이어 나갈 수 있다.

### 9하우스 × 물병자리
소수 종교나 사상에 빠져 학문으로서 파고든다. 다만, 타인에게 이해받지 못하고 개인적으로 즐긴다.

### 9하우스 × 물고기자리
자신만의 철학적 세계관을 펼치며, 학문을 뛰어넘어 영적 세계까지 이르는 편이다.

라운지
목성 호텔

# 10하우스

지위·명예·천직·권력·실력·노력과 결과·

쌓아 올린 능력·실적·상사·성공

### 10하우스 × 달
안심할 수 있는 지위를 갈망한다. 대중의 감정을 이해하는 힘이 있어 생활과 밀접한 분야에서 성공할 수 있다.

### 10하우스 × 수성
남들보다 공부량이 많고 요령도 좋아서 지식을 활용하면 출세할 수 있다. 출판업 등에 어울린다.

### 10하우스 × 금성
미용이나 예술, 오락 등 즐겁고 화려한 업계에서 재능을 갈고 닦으며 경력을 쌓는다.

### 10하우스 × 태양
업무적 성공을 삶의 보람으로 여기며, 노력을 겸비해 재능을 갖추게 된다. 사생활을 희생하기 쉬우니 주의하자!

### 10하우스 × 화성
자신의 성과를 위해 싸우려는 성질 때문에 적을 만들기 쉽다. 개인 사업자라면 이러한 야망을 최대한 활용할 수 있을 것이다.

### 10하우스 × 목성
협조성이 높고 출세 기회가 많다. 보람 있는 일을 적극적으로 받아들여 사회 공헌에 힘을 쏟도록 하자.

### 10하우스 × 토성
견실한 분야에서 시간을 들여 사회적 지위를 쌓는다. 상식적인 태도가 결국 높은 평가로 이어지는 경우가 많다.

### 10하우스 × 천왕성
기존의 형태에 얽매이지 않는 새로운 업종에서 성공하기 쉽다. 회사에서 독립하면 목표를 이룰 수 있을 것이다.

### 10하우스 × 해왕성
경력을 고집하는 일은 적지만, 꿈을 이루고자 열심히 노력하며 추상적인 일에서 성공하기 쉽다.

### 10하우스 × 명왕성
표면적인 사회를 싫어하고 본질을 꿰뚫는 노력을 한다. 카리스마 넘치는 숨은 리더로서 성공하기 쉽다.

### 10하우스 × 양자리
경쟁사회에서 살아남기 위해 쉼 없이 달리듯 일하는 데 능하다. 새로운 인맥을 활용해 발전할 수 있다.

### 10하우스 × 황소자리
일의 예술성이나 품질을 높이는 데 능하다. 그 가치를 인정받았을 때 비로소 성취감을 느낀다.

### 10하우스 × 쌍둥이자리
일터에서 만난 사람들에게 흥미를 느끼고 활발히 교류한다. 재미있는 사람으로 사랑받아 성과를 올리기 쉬운 편이다.

### 10하우스 × 게자리
업무에서도 정서적 교류와 마음을 여는 것을 소중히 생각하며, 동료와의 인연을 통해 지위가 올라가기 쉬워진다.

### 10하우스 × 사자자리
어떤 직종에 종사하더라도 자기표현을 잊지 않는다. 자신감을 키워줄 수 있는 직장 환경이라면 눈부신 성과를 낼 수 있다.

### 10하우스 × 처녀자리
높은 목표를 이루기 위해 눈앞의 사소한 작업도 꼼꼼히 해치우며 차근차근 성공을 쌓아간다.

### 10하우스 × 천칭자리
일을 할 때 인맥을 가장 소중히 여긴다. 사교 자리에서 높은 사람들과 인연을 맺으며 자신의 사회적 지위도 함께 끌어올린다.

### 10하우스 × 전갈자리
타고난 집중력을 발휘해 한 분야의 프로가 되면 사회적 성공을 거두기 쉽다. 숨은 해결사로서의 재능도 가졌다.

### 10하우스 × 사수자리
해외와 적극적으로 교류하며 세계적으로 필요한 인물이 되어 큰 성과를 거둘 수 있다.

### 10하우스 × 염소자리
*내추럴 사인*
*♦하우스와 궁합이 좋다*

장래에 대한 큰 비전을 품고, 고생을 견뎌내서도 착실히 나이가는 철저한 자기 관리 아래 꿈을 이루어 간다.

### 10하우스 × 물병자리
자신의 개성이나 특별한 물건, 사람들에게 성공의 징조를 느끼고, 그것들을 전면에 내세워 사회적 지위를 끌어올린다!

### 10하우스 × 물고기자리
사회에 대한 이상적인 비전을 품고, 그 혼이 함께 울리는 사람이나 일에 온 힘을 다해 성공을 이루려 한다.

프라이빗 바
토성 호텔

# 11하우스

*수평적이며 자유로운 친구 관계*

팬・미래・인터넷・단체・개혁

### 11하우스 × 달
포용력이 있어 다정한 친구가 많은 편이다. 소수의 친구들을 위해 새로운 사회를 만들어 갈 때 안정을 느낀다.

### 11하우스 × 수성
친구들과 적극적으로 교류하며 유익한 정보를 얻으려 한다. 네트워크가 넓어질수록 잘못된 정보도 함께 늘어나니 주의하자!

### 11하우스 × 금성
친구들에게 기쁨을 주기 위해 선물을 주는 경우가 많다. 동지들과 즐기면서도, 새로운 미래를 만들어 가고 싶어 한다.

### 11하우스 × 태양
자신이나 타인이나 개인의 힘이 발휘되는 데서 즐거움을 느낀다. 각자 독립하더라도 우호적인 관계를 유지하길 희망한다.

### 11하우스 × 화성
소수의 환경을 극복하기 위해 동지를 모아 함께 싸우려는 경향이 있다. 리더로서 신뢰받는다.

### 11하우스 × 목성
수준 높은 친구들과의 인연을 타고나, 억압된 환경에서도 그들의 도움을 받아 상황을 잘 헤쳐 나가는 편이다.

### 11하우스 × 토성
정신 연령이 높아 또래들과 쉽게 어울리지 못하는 편이지만 그 대신 연상의 친구들이 생기기 쉽다.

### 11하우스 × 천왕성
항상 현재 사회에 반항심을 품고 있으며, 폭넓은 세대의 친구들과 협력해 미래에 청사진을 그리는 편이디.

### 11하우스 × 해왕성
아무도 상처받지 않는 이상적인 미래를 꿈꾸며, 가상 공간 등 경계가 흐릿한 친구 관계 안에서 치유받는 편이다.

### 11하우스 × 명왕성
혁명적인 활동을 통해 운명이 크게 변한다. 굳건한 인연을 맺은 동료들과 함께 사회를 새롭게 만들어 간다.

### 11하우스 × 양자리
상하 관계가 없는 환경에서 사람들과 차별 없이 어울리며, 그 친구들과 새로운 기획을 시작하는 경우도 있다.

### 11하우스 × 황소자리
나이나 성별을 따지지 않는 그룹 안에서 예술 감상이나 식사 모임 등을 통해 교우 관계를 즐기는 편이다.

### 11하우스 × 쌍둥이자리
어떤 사람에 대해서도 편견을 갖지 않고 적극적으로 말을 걸며, 다양한 사람들과 교류하고 대화를 즐길 수 있다.

### 11하우스 × 게자리
인터넷 등 자유로운 환경에서 자신의 감정을 솔직히 드러내며, 마음이 통하는 동지들과 함께 활동하고 싶어 한다.

### 11하우스 × 사자자리
권력관계가 없는 친구 사이에서 자신의 진정한 표현력을 발휘한다. 친구들의 응원에 힘입어 세상의 무대로 나서는 경우도 있다.

### 11하우스 × 처녀자리
합리적인 성격이나 섬세한 취미를 이해해 주는 허물없이 지낼 수 있는 친구가 생기기 쉬운 편이다.

### 11하우스 × 천칭자리
특정 인종이나 연령, 성별에 치우치지 않도록 균형을 유지하며 평등한 교우 관계를 만들어 간다.

### 11하우스 × 전갈자리
서로 배경을 모르는 익명의 환경이나 인터넷상에서 이름 없는 교류나 깊은 탐구를 하는 편이다.

### 11하우스 × 사수자리
속성에 얽매이지 않고 개인의 의견이 자유롭게 발휘되는 자리에서 토론을 즐기고, 새로운 정보를 얻으려 한다.

### 11하우스 × 염소자리
처음에는 상하 관계가 없었던 그룹 안에 있다가도, 점차 사회적 구조를 형성해 규모를 크게 키우는 편이다.

### 11하우스 × 물병자리
내추럴 사인
◆하우스와 궁합이 좋다

폭넓은 층의 사람들이 교류하는 공간에서 자유롭게 친구를 사귀며, 나이나 성별에 상관없이 사랑할 수 있다.

### 11하우스 × 물고기자리
권력관계가 없는 친구들과 세계 평화 같은 이상적인 사회를 꿈꾸며, 생각을 나누는 편이다.

슈페리어 룸
점성술 호텔

# 12하우스

정신세계 · 잠재의식 · 환상 · 죄책감

비밀 · 속죄 · 구원 · 자기희생 · 예수

### 12하우스 × 달
냉정한 사회에 상처받고, 아이로 돌아가고 싶다는 잠재적인 바람을 품는다. 혼자서 마음을 안정시킬 수 있는 시간을 확보하자.

### 12하우스 × 수성
직감이 뛰어나 무의식적으로 타인의 말을 들으며 심리를 배운다. 남을 치유하는 문장을 쓰는 재능이 있다.

### 12하우스 × 금성
좋아하는 사람에게 환상을 품으며 스스로 죄책감을 느끼면서도, 남몰래 행복을 곱씹으며 위로받는다.

### 12하우스 × 태양
타인의 정신적인 영역에 조용히 스며들어, 주변의 보이지 않는 SOS를 눈치채고 도움을 주며 인생의 의미를 느낀다.

### 12하우스 × 화성
충동적으로 남을 돕지 않고는 못 배기는 성격이지만, 문제적 상황에 휘말리기 쉬우니 주의하자.

### 12하우스 × 목성
무의식적으로 남의 마음을 위로하는 능력을 타고났다. 자신이 상처받을 때도 타인에게 도움받는 일이 많다.

### 12하우스 × 토성
자신의 무력감이나 삶의 괴로움을 무의식적으로 느낀다. 중후한 예술 작품에 위로받는 편이다.

### 12하우스 × 천왕성
잠재적으로 상식을 부수고 싶다는 소망을 품고 있으며, 특별한 이유 없이 독특한 행동을 하거나 인상이 변하는 편이다.

### 12하우스 × 해왕성
육감이 예민하고, 상처 입은 사람의 혼에 민감하게 반응한다. 자신의 몸이 망가지더라도 자기희생에 나서는 편이다.

### 12하우스 × 명왕성
자신의 정신을 철저히 무너뜨림으로써 진정한 구원을 얻으려는 이미지를 가졌다. 변신을 통해 새로 태어나는 편이다.

### 12하우스 × 양자리
충동적으로 이상을 꿈꾸며 망상에 빠지는 편이다. 빠르게 행동으로 옮기는 것이 꿈을 이루는 열쇠가 된다.

### 12하우스 × 황소자리
고가의 물건이나 전통적인 작품, 좋은 맛을 무의식적으로 높은 가치로서 받아들인다. 오감을 자극하면 힐링 효과를 얻을 수 있다.

### 12하우스 × 쌍둥이자리
대화를 통해 정보를 얻을 수 있다고 믿으며, 자연스레 말수가 많아진다. 마음을 털어놓으면 편안해진다.

### 12하우스 × 게자리
가까운 이들이라면 자신의 감정을 받아줄 것이라는 환상을 품고, 외부에서 받은 상처를 치유하려는 편이다.

### 12하우스 × 사자자리
스포트라이트를 받는 망상을 품기 쉽다. 혼을 담아 창작 활동을 하는 동안에는 치유를 받는다.

### 12하우스 × 처녀자리
청결하고 완벽한 방이나 사람에게 이상을 품는 편이다. 방을 청소하면 정신이 안정을 찾기 쉽다.

### 12하우스 × 천칭자리
사람은 모두 평등하고 옳다는 환상을 품기 쉬우며, 무의식적으로 사람들 속에 섞여 객관적인 시점을 유지하려 한다.

### 12하우스 × 전갈자리
인간의 정신을 완전히 이해할 수 있다는 꿈을 꾸며 타인과 깊이 얽히려는 편이다. 착각이 심해질 수 있으니 주의하자.

### 12하우스 × 사수자리
다양성이 있는 사회를 꿈꾸며, 이상론을 논하길 좋아한다. 토론을 거듭하여 약자를 구할 때 치유받는다.

### 12하우스 × 염소자리
어린 시절부터 왠지 모르게 '사회는 선선하다'는 환상을 품는다. 잘못을 용서하는 법을 배우면서 어른으로 성장한다.

### 12하우스 × 물병자리
소수가 차별받지 않는 사회를 꿈꾸며, 그러한 이상을 실현하는 활동에 자연스레 참여하는 경우도 있다.

### 12하우스 × 물고기자리
영적인 존재나 '믿는 자는 구원받는다'라는 영혼의 인과를 믿으며, 신앙을 통한 세계 평화를 무의식중에 꿈꾼다.

*내추럴 사인 ◆하우스와 궁합이 좋다*

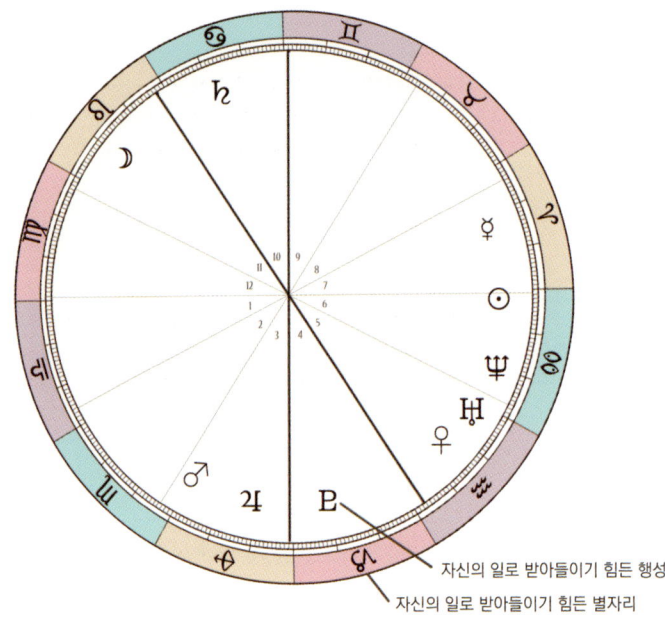

자신의 일로 받아들이기 힘든 행성
자신의 일로 받아들이기 힘든 별자리

## 인터셉트

그림처럼 하우스가 세 개의 별자리에 걸쳐 있어 폭이 넓어진 상태를 '인터셉트'라고 한다.

인터셉트를 지닌 사람은 걸쳐 있는 세 별자리 가운데 '중앙에 위치한 별자리'의 성질이나
그 안에 있는 행성의 욕구를 자신의 일로 의식하기 어려우며,
어떻게 활용해야 할지 몰라 혼란을 느낀다.

하지만 하우스 크기가 넓으므로 행성은 시간이 흐르면서
그 하우스 안을 천천히 경험해 나가게 된다.

즉, 인터셉트된 행성이나 별자리 문야를 충분히 이해하지 못하거나
자신감을 갖추지 못한 상태여도 인생을 통해 오랜 시간 머무르게 되면서
'모른다'라는 감각의 존재감이 점점 커진다.

움직일 수 있는 폭을 넓히고 싶은 사람들은 시간을 들여서
천천히 인터셉트를 마주하도록 하자!

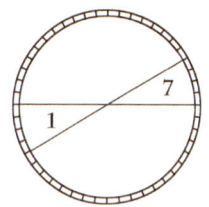

### 1-7하우스

자신의 삶과 사회 속에서 비치는 자신의 모습을 이해하는 데 시간이 걸리는 배치다. 자신이 생각하는 만큼 해내지 못하는 부분이 있는가 하면, 상상 이상으로 솜씨를 발휘하고 있음에도 눈치채지 못하는 경우도 있다. 주위와의 차이를 조금씩 채워가며 인간관계를 쌓아 나가고, 그 속에서 살아가는 방식을 모색하는 것이 중요하다.

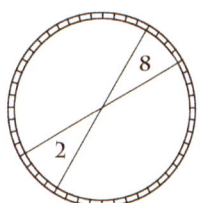

### 2-8하우스

자신이 가진 재능이나 물려받은 재산의 가치를 크게 이해하지 못하고, 이를 주체하지 못하는 배치다. 젊은 시절에는 물건이나 시간의 대여 같은 것에 신중을 다하자. 천천히 기술을 연마해 나가며 자신만의 자산을 의식하게 되는 과정에서, 타고난 환경과 물건을 소중히 여길 수 있게 된다.

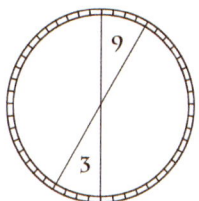

### 3-9하우스

스스로는 사물을 이해하는 속도가 느려 남들보다 지식이 부족하다고 느낄지도 모른다. 하지만 타인의 문화나 가치관을 받아들이지 않으면 다음 단계로 나아가지 못하는 의사소통의 벽에 자주 부딪히게 된다. 결국 평생 공부를 이어가는 것이 원활한 인생을 만드는 길임을 깨닫고, 지속적으로 배우려는 자세를 갖추게 되는 배치다.

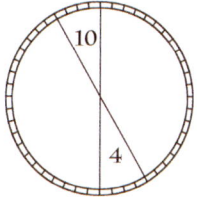

### 4-10하우스

가정을 꾸리거나 권력을 얻는 일에 조바심을 내기 쉬운 배치다. 젊은 시절에는 이러한 것들이 단기간에 완성되지 않는다는 사실을 깨닫지 못할 수도 있다. 여러 번 충돌을 겪더라도 감정의 교류를 반복하고, 실력으로 신뢰를 쌓아 가며 주변 사람들과 인연을 다져 나가자!

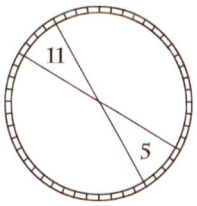

### 5-11하우스

남들보다 사랑, 연애, 우정 같은 감정을 이해하기 어려운 배치일 수도 있다. 외로움을 크게 느끼지 않는 편이라 오락을 혼자 즐기는 편이다. 하지만 사람들이 모이는 환경에 속하거나 인터넷 환경에서 좋아하는 분야에 신경 쓰게 되면, 함께 즐기는 힘을 배우고자 노력하게 된다.

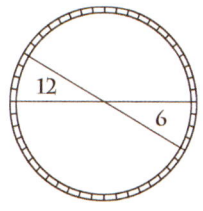

### 6-12하우스

물건이나 마음이 망가져 있다는 사실을 눈치채기 어려운 배치다. 약물 등에 의존해 억지로 고치지 않더라도, 지금 움직일 수 있다면 문제가 없다고 판단한다. 하지만 움직이지 못하게 됐을 때 가장 곤란한 사람은 결국 자신과 주변의 소중한 사람들이라는 사실을 점차 깨닫게 된다. 의식적으로 몸과 마음의 상태를 가다듬도록 하자.

✦✦✦ 룸서비스 ✦✦✦

## 5장

# 상승점과 중천점
### - ASC, MC -

1하우스에 있는 별자리를 '상승점(ASC)',
10하우스에 있는 별자리를 '중천점(MC)'이라고 부릅니다.
상승점은 '사물이 시작되는 출발점', '중천점'은 '목표 지점'을 나타내지요.
1하우스의 상승점에서 시작해 우여곡절을 거쳐 10하우스에 이르기까지,
그 흐름 속에 담긴 전체적인 감정과
당신이 향하는 목적의 경향을 읽어낼 수 있습니다.

## 상승점 양자리

### 중천점 전갈자리
'기세'로 시작해 '정신적 만족'을 향하는 조합이다. 무서움을 모르는 행동력을 가졌고, 개인적인 도전을 여러 번 반복하면서 타인의 마음 깊숙한 곳을 배우고 싶다는 의식을 가진다.

### 중천점 사수자리
'실천'으로 시작해 '세계 진출'을 향하는 조합이다. 작은 공동체에서 체험한 경험을 획기적인 아이디어로 바꿔, 세계로 뻗어 나가려고 노력한다.

### 중천점 염소자리
'다툼'으로 시작해 '성과'를 향하는 조합이다. 실패를 많이 경험하거나 평가받지 못하는 마음이 앞서 고생이 끊이지 않지만, 그 모든 경험을 삼아 앞으로 나아가자!

## 상승점 황소자리

### 중천점 사수자리
'품질의 탐구'로 시작해 '사회에 전하는 것'을 향하는 조합이다. 고전적 체험이나 실물의 감동을 알기에, 더 다양한 사람들에게 그 가치를 전하려는 의식을 가진다.

### 중천점 염소자리
'양질의 개인 세계'로 시작해 '사회의 상식'으로 향하는 조합이다. 수준을 끌어올리기 위해, 평소에는 장벽이 높아 쉽게 다가가지 못했던 것들도 사회에 녹아들 수 있도록 지속적으로 활동한다.

### 중천점 물병자리
'미적 감각'으로 시작해 '구조의 이해'를 향하는 조합이다. 아름다운 것을 사랑하며, 인생을 통해 원리를 이해하려고 의식한다. 더 고성능의 물건을 만들어 내는 사람이 될 수 있다.

## 상승점 쌍둥이자리

### 중천점 염소자리
'지식'으로 시작해 '결과 도출'을 향하는 조합이다. 모든 사람과 깊이 있는 대화를 나누는 것을 선호하지 않지만, 상식적인 틀이나 실적을 동경하기 때문에 향상심을 갖고 타인과의 관계를 변화시켜 나간다.

### 중천점 물병자리
'지적 호기심'으로 시작해 '새로운 기술'을 향하는 조합이다. 최첨단 정보 수집에 뛰어나며, 미래를 민감하게 따라갈 수 있다. 다만 사람의 감정을 배제하는 경향이 있으니 주의하자.

### 중천점 물고기자리
'사람에 대한 흥미'로 시작해 '마음을 살리는 일'을 향하는 조합이다. 기본적으로 부드럽고 상냥한 교류를 선호한다. 점차 타인을 깊은 유대가 쌓여, 모든 생명과 자연스러운 관계를 배워 나간다.

## 상승점 게자리

### 중천점 물병자리
'감정'으로 시작해 '이해'를 향하는 조합이다. 기본적으로 경계심이 강해서 마음을 연 사람과 어울리는 일이 많지만, 인터넷 등을 통해 다양한 사람과의 교류를 배우고 특별한 친구를 얻기 위해 노력한다.

### 중천점 물고기자리
'지킴'으로 시작해 '애정'을 향하는 조합이다. 정이 많은 사람이나 이야기를 좋아하며, 마음이 없는 세상을 피하려고 한다. 좋아하는 사람들만 모인 깊은 바다 같은 평온한 공간을 향해 나아가면 좋다.

### 중천점 양자리
'경계'로 시작해 '최고'를 향하는 조합이다. 가까운 이들에게는 원래부터 활동적이지만, 외부로 드러나는 도전 기회가 적다. 그 반동으로 새로운 아이디어를 적극적으로 표현하고 행동에 옮기려고 한다.

## 상승점 사자자리

### 중천점 양자리
'자기표현'으로 시작해 '도전'을 향하는 조합이다. 처음에는 주위의 시선을 의식해서 자신을 연기하는 편이지만, 점차 순수하게 자신이 진정으로 하고 싶은 일을 추구하는 쪽으로 변화한다.

### 중천점 황소자리
'자기주장'으로 시작해 '획득'을 향하는 조합이다. 남에게 평가받고 싶은 마음을 원동력 삼아 행동하며, 스스로 납득하는 성과물을 얻을 때까지 끈기 있게 노력한다.

### 중천점 쌍둥이자리
'창작'으로 시작해 '타인과의 교류'를 향하는 조합이다. 원래 자신만의 스타일로 작품을 만드는 데 능하지만, 점점 사람들과 공유하고 즐기는 방향으로 의식하게 된다.

## 상승점 처녀자리

### 중천점 황소자리
'세심함'으로 시작해 '고품질'을 향하는 조합이다. 사람의 마음이나 사물의 미세한 변화에 주목하며, 점차 식사, 의류, 섬세한 예술에 대한 소양으로 발전시켜 나가려 한다.

### 중천점 쌍둥이자리
'합리성'으로 시작해 '지적 호기심'을 향하는 조합이다. 처음에는 비판적인 눈으로 사람의 말이나 태도를 바라보지만, 거기에 복잡하게 얽힌 재미를 깨닫고 순수하게 사람과의 대화를 즐기게 된다.

### 중천점 게자리
'완벽주의'로 시작해 '가족'을 향하는 조합이다. 원래 인간관계에 결벽적이지만, 그런 자신을 이해하는 가족을 원하며, 감정을 키우기 위해 점차 행동에 변화를 일으킨다.

## 상승점 천칭자리

### 중천점 게자리
'사람과의 관계'로 시작해 '동료'를 향하는 조합이다. 주위를 배려하는 습관이 있으며, 남들에게 호감을 얻기 위해 자신을 갈고닦는다. 진심으로 신뢰할 수 있는 사람이나 가족이 될 수 있는 인연을 찾는다.

### 중천점 사자자리
'객관적 시각'으로 시작해 '자기표현'을 향하는 조합이다. 원래 남의 시선을 의식해서 자기 관리를 게을리하지 않는 성향을 지니며, 그런 태도를 유지한 채 세상의 무대에 서고자 한다.

## 상승점 전갈자리

### 중천점 게자리
'마음의 핵심'으로 시작해 '진정한 친구'를 향하는 조합이다. 감정적 충족에 관심이 쏠리기 쉽기 때문에 속내를 털어놓을 수 있는 관계를 선호한다. 우정을 깊게 다지거나, 회사나 가까운 사람들 속에서 평생 함께할 파트너를 찾으려고 행동한다.

### 중천점 사자자리
'진실'로 시작해 '자기 연출'을 향하는 조합이다. 사람의 마음이나 사물의 보이지 않는 본질을 찾아내고, 그것을 이용하여 인생에 색을 더하는 자양분으로 삼고자 한다. 다만 세상의 어두운 면에 몰입하기 쉬우니 주의하자!

### 중천점 처녀자리
'인간에 대한 탐구심'으로 시작해 '정밀함'을 향하는 조합이다. 원래 사람을 세밀하게 관찰하고 마음의 핵심이나 약점을 잘 꿰뚫는다. 이런 특징을 살려 심리학이나 과학 분야에 흥미를 느낀다.

## ✦ 상승점 사수자리 ✦

### 중천점 처녀자리
'대담함'으로 시작해 '정돈'을 향하는 조합이다. 항상 미지의 영역에 발을 들이는 용기와 섬세함을 지녔다. 어디서든 쾌적한 환경을 만들기 위해 노력한다.

✦

### 중천점 천칭자리
'모험'으로 시작해 '협조성'을 향하는 조합이다. 다른 문화에도 과감히 도전하며 다양성을 배우고, 진정한 사회성을 익힌다.

✦

### 중천점 전갈자리
'용감함'으로 시작해 '깊이'를 향하는 조합이다. 몇 번이고 몸으로 부딪쳐 위험에 맞서는 정신력과 집중력을 가지며, 큰 실패나 이별을 통해 영혼을 성장시킨다.

## ✦ 상승점 염소자리 ✦

### 중천점 천칭자리
'높은 목표'로 시작해 '조화'를 향하는 조합이다. 처음에는 자신의 목적을 이루기 위해 노력을 아끼지 않지만, 점차 힘의 완급 조절을 배운다.

✦

### 중천점 전갈자리
'향상심'으로 시작해 '만족'을 향하는 조합이다. 냉철하게 위를 바라보면서도 사물의 핵심을 찌를 때까지 끈질기게 노력한다. 초조해하지 않고 꾸준히 나아간다면, 대체로 목표를 이룰 수 있다.

✦

### 중천점 사수자리
'올바름'으로 시작해 '자유'를 향하는 조합이다. 상식과 도덕심을 지키면서 약간의 위험에는 겁먹지 않는 배짱을 가졌다. 사회에 긍정적인 자극과 자유를 넓히기 위해 의식적으로 행동한다.

## ✦ 상승점 물병자리 ✦

### 중천점 전갈자리
'개성'으로 시작해 '완성된 개인'을 향하는 조합이다. 정해진 틀에 맞춰지는 것을 싫어하며, 개성을 발휘해 나가면서 그 기술이나 특징을 더 갈고 닦기 위해 노력한다.

✦

✦

✦

### 중천점 사수자리
'이해'로 시작해 '다양성'을 향하는 조합이다. 나이, 성별, 서열, 장애, 인종, 종교 등에 대한 편견을 가지지 않고, 어떤 사람과도 공평하게 대화하며 친해지도록 애쓴다.

## ✦ 상승점 물고기자리 ✦

✦

✦

✦

### 중천점 사수자리
'이상'으로 시작해 '넓은 시야'를 향하는 조합이다. 어린 시절부터 사람들이 상처받지 않는 사회를 꿈꾸며, 그것을 실현하기 위해 다양한 사람과 대화를 나누려고 노력한다.

✦

✦

✦

## 별자리의 각도에 대하여

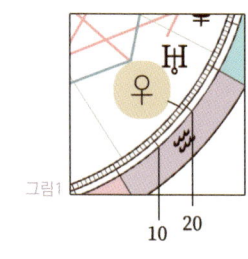

| 태양 | 물고기자리 | 27° 37' | 6하우스 |
| 달 | 사자자리 | 17° 39' | 11하우스 |
| 수성 | 양자리 | 14° 55' | 7하우스 |
| 금성 | 물병자리 | 19° 12' | 5하우스 |

그림1   그림2

천궁도의 별자리 배치를 볼 때, 그림1처럼 행성 근처에 눈금이 새겨져 있거나,
그림2처럼 별자리 옆에 19°, 12'와 같은 숫자가 적혀 있다.

이는 각각 '행성'이나 '하우스'가 해당 별자리의 몇 도에 위치하는가'를 나타낸다.

각도는 별자리 하나마다 0°~29°까지 있다.
그리고 29°를 지나면, 다시 다음 별자리의 0°로 넘어가는 식으로
12별자리, 총 360°를 회전하듯 이동한다.

점성술에서 각도의 의미는 매우 섬세하여, 1°씩 혹은 별자리의 조합마다 해석의 분위기가 달라진다.
《사비안 점성학》처럼 '각도의 의미만 사용한 점성술'이 따로 존재할 정도이니,
이 책에서는 각도의 모든 것을 다루기보다 대략적인 이미지만 전하려고 한다.

먼저 0°는 해당 별자리가 막 태어난 지점으로,
0°에 가까울수록 그 별자리의 색이 가장 짙고 영향력이 강하다고 해석한다.

한편, 29°에 가까워질수록 해당 별자리의 영향은 약해지고,
다음 별자리의 영향을 받아들일 준비 상태로 해석한다.

따라서 출생 차트뿐만 아니라,
'수험일', '데이트하는 날', '면접일' 등 중요한 일의 운세를 점치고 싶을 때도
여유가 있다면 별자리의 각도를 주의 깊게 살펴보자.

천칭자리 초기안

쌍둥이자리 초기안

✦✦✦ 점성술 뷔페 ✦✦✦

6장

# 더블 차트

- 궁합과 운세 -

# 더블 차트 - 궁합과 운세 -

앞선 설명까지는 하나의 천궁도를 사용해 점치는 방법인 '싱글 차트'에 대해 살펴봤다. 싱글 차트로 알 수 있는 것은 해당 천궁도의 주인이나 그날의 '기질'이다. 이 장에서는 두 개의 천궁도를 겹쳐서 점치는 방법인 '더블 차트'에 대해 알아보도록 하자. 더블 차트로 사람과 사람의 기질 궁합, 그리고 사람과 특정 날짜의 기질 궁합인 '운세'를 볼 수 있다.

자신의 출생 시간을 넣은
'당신'의 그림

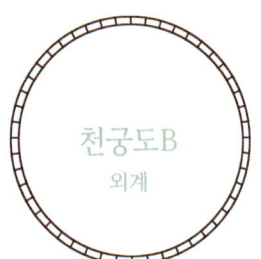

궁합을 보고 싶은 상대의 출생 시간 또는
점치고 싶은 날의 시간을 넣은 '상대' or '특정 날짜'의 그림

겹치면
더블 차트

인터넷에서 '천궁도 더블 차트'를 검색해 보자. '자신'의 출생 날짜, 출생 시간, 출생지를 먼저 입력하고, 알고 싶은 '상대'의 출생 날짜, 출생 시간, 또는 점치고 싶은 '특정 장소와 일시'를 입력하면 천궁도가 만들어질 거야.

※자신이나 상대의 출생 시간을 모르는 경우에는 출생지를 기준으로 점을 볼 수도 있고, 직감에 맡겨 해석하는 사람들은 해 오던 방식대로 생각하자. 출생 시간을 몰라도 옥구의 김징의 충돌은 읽어낼 수 있다.

## 더블 차트의 천궁도

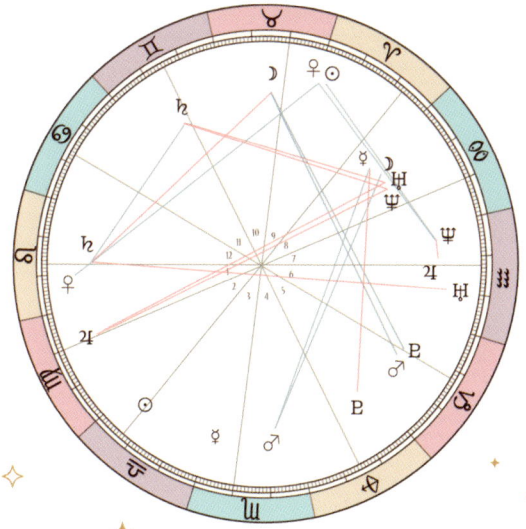

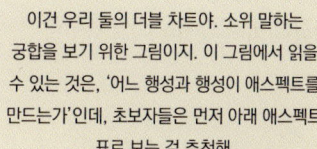

이건 우리 둘의 더블 차트야. 소위 말하는 궁합을 보기 위한 그림이지. 이 그림에서 읽을 수 있는 것은, '어느 행성과 행성이 애스펙트를 만드는가'인데, 초보자들은 먼저 아래 애스펙트 표로 보는 걸 추천해.

### 외계 행성들

이른바 '상대'나 '특정 날짜'의 행성 분위기이다. 상대의 어느 행성의 성질이 내계에 있는 당신에게 영향을 주는지 확인할 수 있다.

### 내계 행성들

이른바 '자신'의 행성 분위기이다. 외계의 영향을 받아, 당신의 행성이 어떤 욕구를 품는지 확인할 수 있다.

외계, 내계 상관없이 '감정'은 행성과 조합을 이루는 별자리를 확인하자.

## 더블 차트 애스펙트 표

|   | ☉ | ☽ | ☿ | ♀ | ♂ | ♃ | ♄ | ♅ | ♆ | ♇ |
|---|---|---|---|---|---|---|---|---|---|---|
| ☉ |   |   |   |   |   |   |   | 60 |   |   |
| ☽ |   |   |   |   | 120 |   |   |   |   |   |
| ☿ |   |   |   |   | 120 |   |   |   |   | 90 |
| ♀ |   |   |   |   | 120 |   |   | 60 |   |   |
| ♂ | 120 |   |   |   |   |   |   |   |   |   |
| ♃ |   |   |   |   |   |   |   | 0 |   |   |
| ♄ |   | 90 |   |   |   |   |   | 60 | 180 |   |
| ♅ |   |   |   |   |   |   | 180 | 90 |   |   |
| ♆ |   |   |   |   |   |   | 180 | 90 |   |   |
| ♇ | 120 |   |   |   |   |   |   |   |   |   |

| | |
|---|---|
| 행성의 의미와 별자리의 조합 | p.46 |
| 애스펙트의 숫자 의미 | p.67 |

| | | |
|---|---|---|
| 당신의 화성과 상대의 달 120° | 당신의 노력을 보고 상대는 안심한다! | p.175 |
| 당신의 금성과 상대의 금성 120° | 서로 아름답다고 느끼며 자연스러운 모습으로 끌린다! | p.167 |
| 당신의 토성과 상대의 토성 60° | 서로 부족한 부분이나 열등감을 보완하는 관계! | p.200 |

# 더블 차트를 활용한 실제 점사 (2024년 5월 운세 사례)

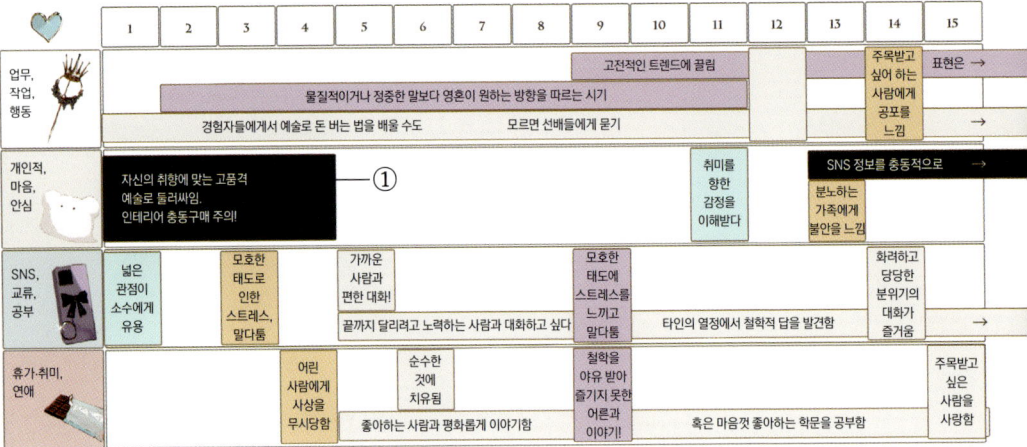

처음에는 소중한 하루를 점치는 것부터 시작하는 것을 추천하지만, 만약 흥미가 생기고 익숙해지면 그림과 같이 일주일이나 한 달 단위로 기간을 넓혀서 도전해 보자. 하나의 조합이 며칠 동안, 혹은 몇 달에 걸쳐 지속되는지 확인할 수 있다.

날짜를 걸쳐 운세를 점치면 특별히 좋은 날이나 나쁜 날은 의외로 적고, 대부분의 날이 '좋은 일과 나쁜 일이 공존한다'는 사실을 깨닫게 될 것이다. 또한 조합의 내용은 매일 달라서 그 흐름만 보더라도 행동 지침에 도움이 된다!

※자신이나 상대의 출생 시간을 모르는 경우에는 출생지를 기준으로 점을 치면 된다. 출생 시간을 몰라도 욕구와 감정의 충돌은 읽어낼 수 있다.

운세를 칠 때 '바깥 천궁도'의 하우스를 알 수 있으므로 '외부의 어떤 장면'에서 일어나는 욕구인지 참고 하면 된다!

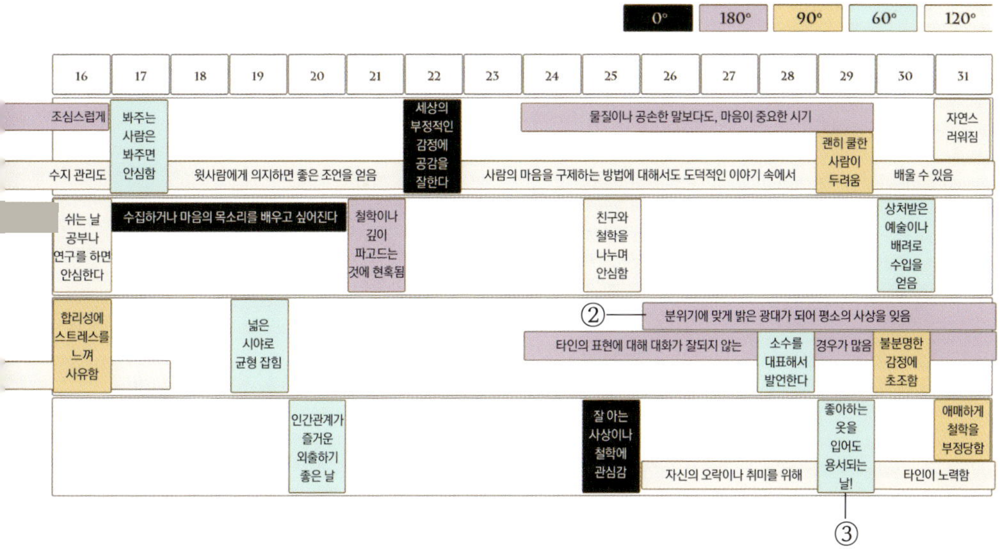

| | 16 | 17 | 18 | 19 | 20 | 21 | 22 | 23 | 24 | 25 | 26 | 27 | 28 | 29 | 30 | 31 |
|---|---|---|---|---|---|---|---|---|---|---|---|---|---|---|---|---|
| | 조심스럽게 수지 관리도 | 봐주는 사람은 봐주면 안심함 | | | 윗사람에게 의지하면 좋은 조언을 얻음 | | 세상의 부정적인 감정에 공감을 잘함 | | 물질이나 공손한 말보다도, 마음이 중요한 시기 | | 사람의 마음을 구제하는 방법에 대해서도 도덕적인 이야기 속에서 | | | 괜히 쿨한 사람이 두려움 | 자연스러워짐 배울 수 있음 | |
| | 쉬는 날 공부나 연구를 하면 안심함 | 수집하거나 마음의 목소리를 배우고 싶어진다 | | | | 철학이나 깊이 파고드는 것에 현혹됨 | | | 친구와 철학을 나누며 안심함 | | | | | 상처받은 예술이나 배려로 수입을 얻음 | | |
| 합리성에 스트레스를 느껴 사유함 | | | 넓은 시야로 균형 잡힘 | | | | | ② 타인의 표현에 대해 대화가 잘되지 않는 | | 분위기에 맞게 밝은 광대가 되어 평소의 사상을 잊음 | 소수를 대표해서 발언한다 | | 경우가 많음 | 불분명한 감정에 초조함 | | |
| | | | 인간관계가 즐거운 외출하기 좋은 날 | | | | 잘 아는 사상이나 철학에 관심감 | | 자신의 오락이나 취미를 위해 | | 좋아하는 옷을 입어도 용서되는 날! ③ | | 애매하게 철학을 부정당함 타인이 노력함 | | |

| | | | | 0° | 180° | 90° | 60° | 120° |

① 1~4일  자신의 내면 달(마음)×황소자리(양질의 물건)×4하우스(집)
　　　　　 외부 세계 금성(취향)×황소자리(양질의 물건)×3하우스(이웃)　　0°의 궁합　p.147

② 26~31일  자신의 내면 수성(말)×사수자리(철학)×11하우스(친구·SNS)
　　　　　　외부 세계 태양(가치관)×쌍둥이자리(재능)×4하우스(집)　　180°의 궁합　p.154

③ 29일  자신의 내면 금성(취향)×사수자리(철학)×11하우스(친구·SNS)
　　　　 외부 세계 달(마음)×물병자리(소수)×1하우스(겉모습)　　60°의 궁합　p.165

 ※애스펙트의 해석뿐만 아니라 행성과 세트를 이루는 별자리나 하우스의 성질도 확인하면 더 깊게 알 수 있다.

# 당신의 **태양**과
# 궁합 보기

상대나 그날에 따라 달라지는
당신의 행동

메인 메뉴

## 태양 × 태양
### 당신 × 상대
가치관의 일치 또는 차이

상대의 행동에 영향을 받고 당신이 어떤 식으로 행동할지를 읽어내는 관계다. 좋든 나쁘든 정체성을 자극받아 무시할 수 없는 라이벌이 된다. 함께 무언가를 이루는 경우도 있겠지만, 상대에게 상처를 주거나 서로의 인생에 깊은 영향을 미치기 쉽다. 주로 결혼 상대나 친구, 장기적으로 거래하는 클라이언트 등 인생에서 중요한 존재와의 궁합을 보는 일이 많다.

### 인간의 궁합

**0°**
가치관이 매우 가까운 관계다. 처음에는 강한 친근감이나 거부감을 느끼며 흥미를 갖게 된다. 의도하지 않아도 상대의 말이나 행동이 신경 쓰여, 무심코 지적하거나 행동으로 옮기는 경우도 있다. 평생의 파트너가 될 수 있지만, 반발심이 느껴진다면 거리를 두자.

**180°**
자신과는 정반대의 인생을 살아가는 것처럼 보이는 상대다. 같은 조직 내에 있는 경우, 의견이 대립할 가능성도 있다. 억지로 상대의 방식을 이해하려 노력하지 않는다면, 오히려 외면당할 수 있다. 적당한 거리를 유지하면서 어울리면 좋은 상대다.

**90°**
당신의 삶을 부정하는 듯한 존재로 느껴질 수 있다. 처음 만났을 때는 스트레스를 많이 받아 자신감을 잃기 쉽다. 그러나 충돌을 반복하는 과정에서 차츰 상대의 이치를 이해하게 된다. 부딪히면서도 서로 인정하는 것이 관계를 쌓는 데 열쇠가 된다.

**60°**
서로의 인생관을 이해하고 존중할 수 있는 관계다. 일, 연애, 가족 등 어떤 분야에서든 함께 나아가기 좋은 파트너가 된다. 다만 한쪽이 내향적인 경우는 조화의 효과가 약해질 수 있다. 서로의 가치관을 상대에게 전하는 것이 열쇠가 된다.

**120°**
서로의 인생에 너무 깊이 간섭하지 않는 관계다. 상대가 당신의 행동을 부정하지 않기 때문에 자신의 모습을 있는 그대로 표현할 수 있다. 비교적 수동적인 상태에서도 행복감을 느낄 수 있다.

### 그날의 운세

**0°**
당신의 생일이 가까워질 때 며칠 동안 나타나는 조합이다. 주변 분위기에 따라 자신의 존재 의의를 실감하게 되는 시기다. 남들에게 주목받는 것이 즐겁기도 하고, 때로는 고통스럽기도 하며, '자신이 주목받는다'는 사실을 의식하게 되는 날이다.

**180°**
생일을 기준으로 반년 전후 며칠 동안 나타나는 조합이다. 세상이 주목하는 방향이 자신의 가치관과 정반대일 때, 불편함을 느낄 수 있다. 이 시기에 자기주장을 내세우면 반발을 살 수 있으니 조심스럽게 지켜보며 보내는 것을 추천한다.

**90°**
주위 사람들의 반응이 유난히 힘겹게 느껴지는 날이다. 악의는 없는데, 당신의 행동이 마음에 들지 않는다는 이유로 공격받기 쉬울 수 있다. 되도록 정정당당히 맞서고, 서로 납득할 수 있는 형태로 해결하도록 하자.

**60°**
세상의 흐름이나 분위기가 자신의 가치관과 잘 맞는다고 느껴지는 하루다. 당신의 의견이 지지받기 쉬워 자신감을 얻을 수 있다. 사회적 활동을 하는 사람은 적극적으로 행동에 나서자!

**120°**
당신의 사회적 활동을 주변 사람들이 무의식적으로 받아들이는 날이다. 평소와는 흐름이 달라서 무엇이 평가받고 있는지 신기하게 느껴진다. 그럴수록 자연스럽게 흐름을 따르는 것이 가장 좋다.

## 太陽 × 달
### 당신 　 상대
주장을 통한 감정의 영향

상대의 감정을 받고 당신이 행동을 일으키거나, 당신의 행동을 통해 상대의 마음이 움직이는 관계다. 당신이 더 확고한 의견을 가지고 있으므로, 길잡이가 되어 주고 싶을 수 있다. 하지만 상황을 조절할 수 있는 한편, 조합에 따라서는 상대나 주변 사람들이 당신에게 압박감을 느끼는 경우도 있다. 자신의 주장이 타인의 마음에 어떤 영향을 미칠지 의식하며 행동하자.

상대의 시점(상대의 달×당신의 태양)은 p.144

### 인간의 궁합

**0°**
상대의 마음을 마치 자신의 것처럼 느낀다. 상대가 구체적인 요구를 하지 않아도, 당신은 자신의 의견을 관철하여 이 사람에게 삶의 즐거움을 주려고 할 수 있다. 서로의 인생이 특별하다는 사실을 잊지 말자.

**180°**
상대의 감정을 충분히 이해하지 못하면서 무언가 하려다가 헛물만 켜는 경우가 많다. 하지만 당신이 이 사람을 위해 행동하려는 마음은, 결국 누군가 당신에게 해 주기를 바랐던 일이기도 하다. 자신의 존재 가치를 찾으려는 마음을 자각하는 것이 중요하다.

**90°**
상대의 아이 같은 태도나 어리광 때문에 어쩔 수 없이 대신 행동하게 되어 짜증이 날 때도 있다. 그러나 너무 원망하지 말고, 어디까지나 자신을 위해 노력하고 있다는 사실을 의식하자!

**60°**
상대가 당신을 의지하기 때문에 아껴 주고 지켜 주고 싶은 마음이 생긴다. 결혼 상대인 경우는 당신이 더 적극적으로 돈을 벌어야 할 수도 있다. 어떤 관계든 이 사람은 삶의 보람을 느끼게 해 주는 소중한 존재 중 하나다.

**120°**
상대의 감정이 자신의 가치관과 비슷해서 그 사람의 자연스러운 모습을 보며 당신도 자연스럽게 '나답게 있자'라고 느끼는 관계다. 서로 간섭하지 않는 경우도 있고, 천천히 관계를 맺기도 한다.

### 그날의 운세

**0°**
그날의 뉴스나 세상의 목소리가 마치 자신을 향한 것처럼 느껴져 반응하는 편이다. 주변의 감정에 따라 당신의 삶이 흔들리기 쉬우니, 부정적인 감정에 휘말리지 않도록 주의하자.

**180°**
내향적인 사람의 마음을 퍼올리려고 노력하지만, 어쩐지 삐걱거려 스스로 지쳐버릴 수 있는 날이다. 실제로 움직이며 애쓰는 것은 당신 자신이라는 사실을 잊지 말고, 스스로를 칭찬해 주도록 하자!

**90°**
자신과 직접 관련이 없고 공감하기 어려운 감정을 맞닥뜨려 스트레스를 느끼기 쉬운 날이다. 그 영향으로, 당신 역시 자신의 가치관을 남에게 밀어붙이는 경향이 나타난다. 그런 감각들을 하나하나 타협해 가면 점차 안정이 될 것이다.

**60°**
주변에서 당신의 행동을 자연스럽게 받아들이는 날이다. 열광적인 반응은 없어도 마음을 이해해 주는 사람이 있고, 그렇게 당신을 지켜봐 주는 시선이 있으니 안심하고 다양한 표현 활동에 임하자!

**120°**
주변의 감정에 너무 휩쓸리지 않고, 어떤 의미에서는 자연스러운 모습으로 하루를 보낼 수 있다. 좋은 뉴스나 나쁜 뉴스, SNS의 반응 정도로는 쉽게 행동이 흔들리지 않을 것이다. 또한 그런 당신을 따뜻하게 지켜봐 주는 사람도 있는 날이다.

## 태양 × 수성
### 당신 × 상대
#### 삶에 영향을 주는 말

상대의 말이 당신의 인생에 어느 정도 영향을 미칠지 살펴볼 수 있다. 이 사람과 나누는 대화나 그날 읽는 책, 들은 가사를 통해 '나도 이렇게 표현하고 싶다'고 느끼며 행동이 변하는 경우도 있다. 조합에 따라서는 지성의 수준이 달라 대화가 이어지지 않을 수도 있고, 반대로 가치관이 일치하여 인생의 시나리오를 함께 만들어 갈 정도로 깊은 관계가 되는 경우도 있다.

상대의 시점(상대의 수성×당신의 태양) p.154

### 인간의 궁합

**0°**
상대의 말이 직접적으로 마음에 들어오는 관계다. 자신의 삶을 모두 긍정하거나 모두 부정하는 것처럼 느껴져, 이 사람의 말을 곧이곧대로 받아들인다. 교묘한 말에 휘말리지 않도록 주의하자.

**180°**
가치관이 정반대인 사람의 말을 신경 쓰느라 자신답게 행동하지 못하게 되는 관계다. 상대의 말이 엉뚱하게 들려, 어떻게 대응해야 할지 고민할 수도 있다. 그러나 서로 반대 입장에 있다는 사실을 이해하면, 오히려 잘 풀릴 수도 있다.

**90°**
말투가 강해서 시비를 거는 것처럼 느껴지는 상대다. 당신 역시 이에 반응해 자신의 주장을 더욱 확고히 펼치게 될 수도 있다. 결과적으로는 이 사람의 자극 덕분에 업무나 공부에서 좋은 성과를 올리게 되는 경우도 있다.

**60°**
상대의 말을 자신의 가치관에 자연스럽게 맞춰 이해하고 더 조화롭게 진달하기 때문에, 소통을 나누는 과정에서 자신답게 행동할 수 있는 관계다. 어떤 의미에서는 말을 상황에 맞게 유연하게 받아들일 수 있기 때문에 좋은 관계를 쌓을 수 있다.

**120°**
상대의 말투가 자연스럽고 솔직하게 다가오는 관계다. 이 사람과 대화를 나눌 때는 억지로 꾸미려 하지 않고, 편안한 마음으로 평소처럼 업무나 공부에 몰두할 수 있다.

### 그날의 운세

**0°**
말이나 가사, SNS 등의 정보가 무의식중에 꽂혀서, 그것이 당신의 행동 원리가 되는 날이다. 스스로는 타인의 말에 영향을 받았다고 자각하지 못해도, 당신의 의식을 휘어잡는 말은 확실히 존재한다.

**180°**
관심 없는 화제에 주변 사람들이 끼어들어, 대화나 공부에 집중하기 어려운 날이다. 또한 자신이 잘하는 분야에 대해 이야기하더라도, 사람들에게 충분히 이해받지 못하는 경우가 있을 수 있다. 이날은 말로 나서기보다 조용히 자제하는 편이 좋다.

**90°**
말 속에 가시를 느껴, 업무나 활동에 지장이 생기기 쉬운 날이다. 예를 들어 소설을 읽더라도, 당신이 직접 책망을 듣는 듯한 말이 뇌리에 남는다. 그러나 시간이 흐르면 그런 말들을 지우면서 자신의 표현을 강화해 가려고 한다.

**60°**
세상의 정보니 사람들의 발을 수월하게 이해할 수 있는 날이다. 괜찮다고 느낀 표현이나 콘셉트를 자신의 표현으로도 받아들일 수 있다. 주변에서도 당신의 주장에 대해 호의적인 반응을 보여줄 가능성이 높다.

**120°**
비교적 평소처럼 자신의 목적을 위해 정보 수집을 할 수 있는 날이다. 걸리는 말을 만나기가 어려워 새로운 발상도 잘 떠오르지 않지만, 큰 실패도 적다.

## 태양 × 금성
### 당신 × 상대
미적 감각과 인생의 가치관

상대의 즐거워 보이는 모습이나 소지품, 패션 감각, 분위기나 아름다움 등을 보며 당신 역시 자신의 존재를 어필하고 싶어지는 관계다. 조합에 따라, 순수하게 이 사람을 동경해 함께 행동하고 싶어지기도 하고, 지지 않기 위해 자신의 인생을 더 갈고 닦으려는 마음이 생기기도 한다. 상대의 취미나 그날의 이벤트에 대해 적극적으로 의식을 기울인다.

상대의 시점(상대의 금성×당신의 태양) p.164

### 인간의 궁합

**0°**
당신의 인생에 절대적으로 중요한 '삶의 낙'을 상대는 편안한 취미로 받아들인다. 비슷한 감각을 가지면서도, 성과를 신경 쓰지 않고 즐기는 상대를 보며 서로 간의 차이를 느끼게 된다.

**180°**
멀리 다른 무대에서 빛나 보이는 상대다. 당신은 이 사람의 미적 감각을 동경하며 삶에 참고하려고 행동하지만, 어쩐지 자신답지 않아 혼란을 느끼는 경우도 있다. 크게 신경 쓰지 않는 것이 중요하다!

**90°**
상대가 즐거워 보이는 모습을 보며, 자신의 삶에 조바심을 느끼는 관계다. 처음에는 상대에게 문제가 있다고 생각해 공격적으로 반응하지만, 실제로는 자신이 충분히 즐기지 못하고 있다는 열등감이 원인임을 깨닫는다. 이 과정을 통해 한 걸음 더 성장하게 된다.

**60°**
상대의 용모나 행동, 소지품이 아름답다고 느껴져 이 사람을 즐겁게 해주기 위해 노력하게 되는 관계다. 상대 역시 당신의 행동력을 듬직하게 여겨 함께 하는 시간이 즐겁다.

**120°**
상대가 당신의 가치관을 부정하지 않고, 당신 역시 상대의 취미를 받아들일 수 있는 따뜻한 관계다. 곁에 있으면 즐겁고, 언제나 좋은 성과를 발휘할 수 있다.

### 그날의 운세

**0°**
자신의 활동 분야에서 펼쳐지는 즐거운 축제에 강하게 끌려, 따로 할 일이 있어도 그 기세에 휩쓸리기 쉬운 날이다. 하루 정도라면 휴가처럼 받아들여도 좋지만, 중요한 업무를 깜빡할 수 있으니 주의하자.

**180°**
유행에 이끌리기 쉬운 날이다. 주변에서 자신의 스타일을 온전히 받아들이지 않기에 당신 나름대로 유행과 아름다움을 소화하려고 노력하게 된다. 지치기 쉬운 날이니, 휴식을 취하며 움직이자!

**90°**
주변 사람들에게 주목받지 못해 괜히 짜증이 나는 날이다. 표현에 자신감을 잃을 수도 있지만, 주변 사람들은 단지 가볍게 즐기고 있을 뿐이라는 점을 이해하자. 오늘은 눈에 띄려 하기보다, 조용히 자신의 활동에 집중하는 편이 좋다.

**60°**
세상 사람들이 즐기고 있는 것이나 유행을 자연스레 따라갈 수 있는 날이다. 당신의 행동이나 표현에도 즐거움이 더해져, 센스 있다는 칭찬을 받을 수 있다. 자신 있게 활동하자!

**120°**
당신의 활동이나 재능이 타인에게 즐거움을 줘 응원을 받는 날이 될 수 있다. 남을 즐겁게 하려고 순수하게 노력하면서 삶의 기쁨이나 의미를 찾을 수 있다.

## 태양 × 화성
### 당신  상대
**인생의 부담**

상대방이 어떤 일이나 사람에 대해 강한 정열을 가지고 있으며, 그 열의가 당신의 삶에 영향을 주는 관계다. 당신은 기본적으로 이 사람에게 사랑받기 쉬운 반면, 사랑받는 만큼 꾸중을 듣거나 노력을 요구받을 수도 있다. 필요 이상의 부담을 느끼는 경우도 있지만, 뜨거운 응원 덕분에 오히려 의욕이 샘솟는 경우도 있다. 스트레스를 잘 다루는 것이 열쇠가 된다.

상대의 시점(상대의 화성×당신의 태양) p.174

### 인간의 궁합

**0°**
상대에게 실력 이상의 노력을 강요받는 듯한 느낌을 받기 쉬운 관계다. 당신 역시 애정을 가지고 진지하게 임하는데도, 상대방이 가진 더 강한 정열 때문에 당신의 노력이 충분히 이해받지 못할 수 있다. 때로는 정면승부를 포기하는 것도 중요해질 것 같다.

**180°**
상대의 분노나 노력의 이유를, 당신은 왜 그렇게까지 열의를 보이는지 이해하기 어려울 수도 있다. 그러나 그와는 별개로, 이 사람의 깊은 애정과 매사에 노력하는 모습이 신경 쓰여 눈을 뗄 수 없는 사람이 된다.

**90°**
상대가 내뿜는 뜨거운 아우라에 압도되어, 이 사람 앞에서 자신만의 모습을 표현하기 어려워지는 편이다. 패배감을 느끼고 스트레스를 받기도 하지만, 그 감정을 발판 삼아 실력을 더 높이고자 의식하는 관계다.

**60°**
당신의 행동이나 인생관을 적극적으로 응원해 주는 사람이다. 함께 있으면 힘을 얻고 마음이 든든해진다. 설령 도전에 실패하더라도 애정을 가지고 당신을 지지해 주는 존재다.

**120°**
항상 당신에게 의욕을 북돋아 주는 사람이다. 당신은 이 사람의 사랑하는 방식이나 열정을 자연스레 이해하고, 노력하고자 하는 의욕이 생겨 꾸준히 행동할 수 있다.

### 그날의 운세

**0°**
인생을 건 일대 승부의 분위기가 감도는 날이다. 일에서 최고가 되기 위해 주변 사람들에게 자신을 어필하거나, 좋아하는 사람의 시선을 끌기 위해 행동하게 된다. 하지만 지나치게 몰두하다 보면 과부하가 올 수 있으니, 정기적으로 열을 식히는 것을 잊지 말자.

**180°**
타인의 노력을 의식해, 당신 역시 삶의 변화를 일으키고자 하는 날이다. 다만, 원하는 방향과 다른 것에 억지로 맞추려고 하다 보면, 노력의 균형이 쉽게 무너질 수 있다.

**90°**
주변의 거센 열기에 휩쓸려 무력감을 느끼고 패배를 실감할 수 있는 날이다. 그러나 그 분통함을 발판 삼아 자신의 가치관을 새롭게 다져 나간다면, 한층 높은 자신감과 명확한 목표 의식을 품고 앞으로 나아갈 수 있다.

**60°**
주변의 에너지와 사랑이 긍정적인 영향을 주는 날이다. 당신을 위해 노력해 주거나, 열광적으로 응원해 주는 존재를 발견하기 쉬워, 함께 행동하면 오히려 자신에게 더 집중할 수 있다.

**120°**
주위의 강인함과 열정에 등을 떠밀려, 평소처럼 안심하고 노력할 수 있는 날이다. 뒤에 숨기보다는 적극적으로 사람들 앞에 나설 때 더 좋은 성과를 얻을 수 있다.

## 太陽 × 木星
### 당신 × 상대
**밝은 행동**

상대의 관용적인 분위기가 당신의 가치관에 긍정적인 영향을 주는 관계입니다. 상대가 대담한 생각을 보여 주는 덕분에, 당신도 작은 실패나 분노에 연연하지 않고 자기주장을 펼치거나 표현에 몰두할 수 있다. 다만 조합에 따라서는 자제심을 잃고 주변에 피해를 주는 상황을 자각하지 못하는 경우도 있다. 기본적으로는 행복한 관계지만, 밝은 분위기에 휩쓸리지 않도록 주의하자.

상대의 시점(상대의 목성×당신의 태양) p.184

## 인간의 궁합

### 0°
당신의 가치관을 더 단단하고 강하게 만들어 주는 상대다. 이 사람이 당신의 행동을 칭찬해 주면 큰 행복을 느끼지만, 동시에 너무 안이하게 생각하게 되는 경향도 있다. 자신의 행동을 과신해 객관적인 의견을 놓치기 쉬운 점에는 주의하자.

### 180°
스스로 용서하지 못하는 일을 상대가 받아들이는 것이 신경 쓰이는 관계다. 당신을 밝게 응원해 주기도 하지만, 그 긍정적인 태도를 온전히 이해하지 못해 눈을 떼기가 어려울 수 있다. 동시에 행복의 다양성을 가르쳐 주는 사람이기도 하다.

### 90°
상대가 당신의 인생 경험을 가볍게 뛰어넘어, 자신이 온실 속 화초처럼 느껴져 스트레스를 받을 수 있다. 하지만 그것은 상대가 지금까지 타인에게 베풀어 온 것을 되돌려 받는 것일 뿐이다. 이 사람은 당신의 인식과 행동을 다시 돌아보는 기회를 줄 것이다.

### 60°
당신의 삶을 든든하게 지지해 주는 상대다. 단순히 뒤에서 응원하는 데 그치지 않고, 활동 무대를 세상으로 넓혀 주거나 금전적으로 도움을 줄 수도 있다. 자기표현을 하고 싶은 사람에게는 가장 믿음직한 존재다.

### 120°
상대의 관용 덕분에 당신의 표현 활동이나 일이 순조롭게 이루어지는 관계다. 의식적으로 '이 사람 덕분에 살고 있다'고 생각하지 않더라도, 실제로는 큰 버팀목이 되고 있을 것이다.

## 그날의 운세

### 0°
주위의 밝은 분위기에 휩쓸려 무리한 도박을 걸기 쉬운 날이다. 자만해서 잘못된 판단을 하거나, 브레이크를 밟지 못하고 돌이킬 수 없는 일을 저지를 가능성도 있다. 중요한 결정을 내려야 할 때는 다른 날로 미루는 편이 좋다.

### 180°
가능성을 발견하지 못했던 사람이나 기업의 활약이 눈에 띄어 자신의 활동에 집중하기 어려운 날이다. 타인의 시선을 의식해 본인답지 않은 방향으로 일을 진행하거나 방침이 흔들리기 쉬우니, 냉정을 되찾을 시간을 마련하자.

### 90°
주위의 관용이나 사회성을 보며 열등감을 느끼고, 자신의 좁은 행동 범위에 조바심을 내기 쉬운 날이다. 하지만 서서히 낙관적인 분위기를 받아들이면, 단념했던 행동을 다시 시작할 수 있는 계기가 될 수도 있다.

### 60°
삶을 지원해 주는 사람이나 기관으로부터 혜택받는 날이다. 누군가에게 도움을 구할 땐 적극적으로 행동하고, 자신의 의지를 제대로 전하자. 선의로 손을 내밀어 주는 사람을 찾기 쉽다.

### 120°
평소처럼 해 오던 행동이 행운을 불러오는 날이다. 당신의 주장을 잘 들어 주고 긍정해 주는 사람을 만날 수 있으며, 외부 무대로 나설 기회를 만들어 주는 사람이나 환경의 덕을 볼 수 있다.

## 당신 태양 × 토성 상대
### 올바른 인생의 길

상대의 엄격함이나 상식적인 태도로 인해 당신의 행동이 제한되는 관계입니다. 예를 들어 상대가 연상이거나 기술과 경험에 뛰어난 경우, 올바르게 행동하기 위해 그 지도를 받아들여야 한다는 부담을 느낀다. 세대 차이나 갑갑함을 느끼는 경우도 있지만, 기본적으로 상식의 범위 안에 있기 때문에 조합에 따라서는 그것을 잘 소화해 자신의 표현으로 살려도 좋다.

상대의 시점(상대의 토성×당신의 태양) p.194

### 인간의 궁합

**0°**
위에 있는 입장인 상대에게 삶의 방식에 대해 강하게 지도받는 관계입니다. 관계성에서도 상대를 거스르지 못하는 경우가 많아, 속박을 느끼면서도 이 사람을 따를 때 오히려 안정된 인생을 보내기 쉬운 편이다. 유년기에 상대가 곁에 있다면, 행동이 더 신중해진다.

**180°**
상대의 예절 교육이나 지도를 이해하지 못하면서도 입장상 따라야만 하는 관계입니다. 상대가 다음에 어떤 지시를 내릴지 궁금해 상태를 살피거나, 마음이 앞서 행동이 불안정해지는 편이다.

**90°**
당신이 어릴수록 상대에게 행동을 부정당하는 듯한 느낌을 받을 수 있다. 지시 자체는 올바르지만, 자유가 제한되어 갑갑함을 느끼기 쉽다. 어른이 되면서 상대의 가르침이 당신의 인생을 지켜줬다는 사실을 깨달을 기회가 늘어난다.

**60°**
상대의 올바른 지식이나 지도 덕분에 당신의 주장이나 표현력이 더 상식적으로 다듬어진다. 혼자서는 애매했던 인생의 목표를 비추어 줄 뿐만 아니라, 성과를 이루기 위해 협력해 주는 존재이기도 하다.

**120°**
상대의 어른스러운 상식이 편안하게 느껴지며, 당신의 미숙함을 감싸 주는 관계입니다. 이 사람 덕분에 당신의 인생이 잘못된 방향으로 흐르지 않았을 수도 있다.

### 그 날의 운세

**0°**
자신의 행동에 대한 책임을 주변에서 과도하게 묻는 것처럼 느껴지는 날이다. 결코 잘못된 주장이나 표현을 한 것은 아니지만, 완벽을 추구하다 보니 자책하는 사고에 빠지기 쉽다. 이날은 마음을 푹 쉬게 해도 좋다.

**180°**
자신의 일이나 활동을 할 때, 정의감이 지나치게 강한 사람이나 집단을 만나기 쉬운 날이다. 주위를 너무 의식하면 스스로를 믿지 못하게 되니, 이날은 되도록 눈에 띄는 행동을 자제하는 것이 좋다.

**90°**
상사나 인생 선배 같은 어른에게 당신의 행동 실수를 지적받기 쉬운 날이다. 나다운 모습을 잃은 데서 오는 스트레스와 바른길을 걷고 싶은 의식 사이에서 꼼짝 못 할 수 있지만, 미래 목표에 대한 새로운 의식이 싹트는 순간도 있을 것이다.

**60°**
주변 어른이 당신의 소망이나 인생 설계를 눈여겨보고 조언해 주는 날이다. 고민이 있을 때 확실한 길잡이가 필요하다면, 윗사람이나 그 길의 경험자에게 적극적으로 상의해 보자!

**120°**
경험자들이 당신에게 그 길의 규칙을 알려 주고, 주변의 공격으로부터 보호해 주는 날이다. 당신만의 새로운 표현 방법에는 도전하지 못할 수 있지만, 처음 시도하는 활동에서는 큰 실패나 망설임이 적다.

# 당신의 달과 궁합 보기

상대나 그날에 따라 달라지는
당신의 마음

애피타이저

## 달 × 태양
### 마음의 버팀목

상대가 당신의 마음을 북돋아 실제로 행동을 일으키게 해 주는 관계다. 태양은 아버지, 남편, 인생의 지도자 등을 상징하며, 좋은 의미든 나쁜 의미든 당신에게 영향을 미친다. 조합에 따라서는 원치 않는 인생의 규칙을 받아들여 난처함을 느끼는 경우로도 해석할 수 있다. 타인의 가치관을 따르는 것에 대해, 당신이 어느 정도까지 안심할 수 있는지 확인해 보자.

상대의 시점(상대의 태양×당신의 달) p.135

### 인간의 궁합

**0°**
이 사람은 당신이 강한 동경심을 갖기 쉬운 존재다. 평소에 하고 싶었지만 실행하지 못한 일을 상대가 간단히 해내는 것처럼 보일 수 있다. 괜히 신경 쓰이거나 과신하거나, 일시적일지라도 마음을 바치는 경우가 생길 수 있다.

**180°**
얼핏 보면 당신의 눈에 '다른 무대에서 생기 넘치는 사람'처럼 비친다. 그러나 정반대처럼 보여도 사실은 거울처럼 당신의 맞은편에 서서, 당신이 진정으로 하고 싶은 일이나 좋아하는 것을 깨닫게 해 주는 사람이다.

**90°**
상대의 가치관에 따라 당신의 인생이 정해져 버릴 수 있다. 이 사람에게는 거스를 수 없는 경우가 많아서 매일 스트레스를 느낀다. 최선을 다해 당신의 마음을 전해 보자. 그래도 받아들여지지 않는다면, 다른 길을 선택할 각오를 해도 괜찮다.

**60°**
당신의 마음을 알아차리고 실제로 행동해 주는 믿음직한 사람이다. 특별히 당신을 지나치게 감싸 주는 일도 없어서 좋은 인생의 파트너가 될 수 있다.

**120°**
당신의 마음가짐이 상대의 인생관과 닮아서 서로 마음이 통한다고 느낄 수 있다. 당신을 당연한 듯 이끌어주기 때문에 자연스럽게 안정감과 용기를 얻을 수 있는 사람이다.

### 그날의 운세

**0°**
그 자리의 분위기나 누군가의 행동에 따라 감정이 쉽게 드러나는 날이다. 좋은 방향으로 나아가려 노력하는 한편, 싫은 감정을 뱉어내고 싶은 마음이 들 수 있으니 주의하자. 또한 윗사람에게 무언가 해야 할 일을 제안을 받아 머릿속이 복잡해질 수도 있다.

**180°**
주변 사람들이 당신을 이끌어 주는 날이다. 평소라면 입장이 달라 신경 쓰지 않을 일도 자꾸만 눈에 들어올 수 있다. 당신이 반응하면 상대편에서도 답이 오겠지만, 그중에는 나쁜 유혹도 섞여 있을 수 있다. 한 박자 쉬고 나서 감정을 드러내도록 하자.

**90°**
마음이 내키지 않는 숙제를 받아 꼭 해야만 하는 날이 될 수 있다. 거절하는 용기든, 각오를 다지고 해내는 용기든 하나는 필요하다. 힘든 일이라는 사실은 변함없으니, 얻는 게 있을 것 같은 길로 가자!

**60°**
주변 사람들이 당신의 마음을 잘 들어 주는 날이다. 목적이 분명한 만큼 구체적으로 지지해 줄 테니, 부탁을 해 보거나 가볍게 호불호를 표현해 보는 것도 좋다. 당신이 먼저 감정을 표명하거나 상대에게 공감하는 행동을 취하는 것이 열쇠가 된다.

**120°**
바깥 분위기와 당신의 감정이 기분 좋게 어우러진다. 마음을 알아주지 않는다는 느낌이나, 주변 사람들의 행동에 대한 불쾌감이 매우 적은 날이다.

## 달 × 달
### 당신 × 상대
#### 마음과 생활 습관의 궁합

서로 호불호가 얼굴이나 태도에 드러나기 쉬워, 좋든 나쁘든 마음이 잘 전달되는 관계라고 할 수 있다. 이 조합의 특징은 서로 생활 속에서 무의식적으로 유쾌함이나 불쾌함을 느끼기 때문에, 논리적으로는 관계가 깨지더라도 상대에게 품은 감정을 바꾸지 못한다는 점이다. 상대의 감성이 좋은지 싫은지를 솔직하게 인정한 상태에서 관계를 이어가는 것이 중요하다.

### 인간의 궁합

**0°**
상대를 마치 타인처럼 느끼지 못하고, 멀리 있어도 강하게 의식한다. 싫어하는 면을 볼 때는 그 사람의 존재가 귀찮게 느껴질 수 있지만, 공감할 수 있는 부분도 많아 서로 미워할 수 없는 상대다.

**180°**
상대의 마음이 멀게 느껴지는 관계다. 한쪽이 개인적인 감정에 몰두할 때 다른 한쪽은 사회 전체를 바라보는 식으로, 시점 차이 때문에 서로 공감하기 어려워진다. 서로 다른 시점으로 감탄할 수 있을 정도의 여유를 가지도록 하자.

**90°**
서로 자신의 편안함을 상대에게 강요하려다가 애들처럼 다투기 쉬운 관계다. 한쪽이 양보하더라도 토라지거나 해서 분위기를 깨는 일이 생긴다. 개선하고 싶은 마음이 있으니, 서로 속마음을 털어놓고 타협점을 찾도록 하자.

**60°**
함께 보내는 시간이 길어질수록 서로의 감성이 비슷하다는 사실을 깨닫고, 좋은 의미에서 마음이 통하는 사이가 된다. 상대가 불쾌해할 만한 일을 하지 않으려는 의식도 강하기 때문에 언제나 좋은 관계를 쌓을 수 있다.

**120°**
당신이 자연스러운 모습으로 있어도 편안함을 느끼게 해 주는 상대다. 생활 습관이나 받아들이는 감성도 비슷해, 함께 지내면 마음이 매우 편안한 가정을 이룰 수 있다. 불안할 때는 가볍게 대화를 나누거나, 곁에 있어 주는 것만으로도 큰 위안을 얻을 수 있다.

### 그날의 운세

**0°**
자신의 본모습이 드러나는 날이다. 신이 나는 사람도 있겠지만, 마주하고 싶지 않은 문제를 떠올리며 답답함을 느끼는 사람도 있을 수 있다. 이날은 좋아하는 것을 몸에 꼭 지니고 다니며, 평소의 루틴대로 행동해 마음을 안정시키는 것이 좋다.

**180°**
마음이 쉴 틈이 별로 없는 날이다. 편하게 쉬고 있을 때 갑자기 외부에서 일이 들어오거나, 느긋한 사람 때문에 흐름이 끊기는 등 생각대로 풀리지 않는다. 이런 날이라고 의식해 두면, 마음이 한결 편해진다.

**90°**
가치관이 다른 존재가 신경 쓰여 힘들게 느껴지는 날이다. 자신의 입장이 위협받는 듯한 불안감을 느낄 수도 있다. 다만, 주변 사람들도 당신에게 같은 감정을 느끼고 있을지도 모른다. 서로의 마음을 솔직하게 전한다면, 전과는 다른 새로운 안식처를 만들 수 있을 것이다.

**60°**
적당히 감정을 드러낼 수 있는 날일 수도 있다. 너무 깊이 들어가지 않는 배려도 돋보인다. 약한 소리를 내뱉고 싶을 때도 '여기까지는 괜찮아'라며 자제할 수 있으니, 마음을 다독여 주자.

**120°**
밖에 나가면 마음이 놓이는 친구들이 함께 있고, 혼자 있으면 아무에게도 간섭받지 않고 마음껏 쉴 수 있는 날이다. 푹 쉬는 날로 정하고, 자신다운 모습으로 편안하게 보내자!

## 달 × 수성
### 당신 상대
말을 듣는 감각

상대의 말투나 지식을 통해 당신의 감정이 자극되는 관계입니다. 예를 들어 '지금 표현 좋은데' 혹은 '어떻게 그런 기분 나쁜 말을 할 수 있을까?'라는 식으로 상대의 말이 인상에 남아 신경 쓰인다. 말이 마음에 오래 남으면 하루하루 습관에 긍정적인 변화가 생기기도 하지만, 누군가의 말 때문에 마음이 지배당하는 경우도 있을 수 있다.

상대의 시점(상대의 수성×당신의 달) p.155

### 인간의 궁합

**0°**
당신이 느낀 것을 고스란히 말로 표현해 주는 상대다. '맞아, 그 말 하고 싶었어'라며 감동하는 순간도 생길 것이다. 상대의 말을 다소 맹신하는 경향도 있지만, 그래도 일이나 공부를 할 때는 감탄하며 많은 것을 배울 수 있다.

**180°**
상대의 말이 어렵거나 너무 간단하게 느껴져 수준이 맞지 않는다고 느끼기 쉬운 관계다. 상대의 페이스에 말로 휘둘리거나 불안해질 수도 있다. 말을 정면으로 받아들이기보다, 마음의 영역을 지키며 대하도록 하자.

**90°**
말투에 가시가 느껴질 수 있는 상대다. 안심하고 이야기를 듣기 어려울 수도 있다. 하지만 실제로는 사물을 바라보는 각도가 다를 뿐, 싸울 의사는 없는 듯하다. 상대가 무엇을 기준으로 이야기하는지 침착하게 귀 기울여 보자.

**60°**
당신의 마음을 이해하고 말로 잘 표현해 주는 사람이다. 너무 윗사람은 아니라, 적당히 의지할 수 있는 선배나 똑똑한 친구 같은 위치에 있어서 특히 신경 쓰이는 일을 할 때 함께 있으면 마음이 든든하다.

**120°**
대부분 일상 대화를 나누는 관계일 수 있다. 이 사람의 말이나 지식이 큰 심경의 변화를 일으키지는 않지만, 당신은 자연스럽게 솔직한 감정을 드러낼 수 있다. 불안할 때나 안정이 필요할 때 이야기를 나누면 좋은 사람이다.

### 그날의 운세

**0°**
외부 세계의 말이 신경 쓰이는 날일 수 있다. SNS나 영화, 노래에 필요 이상으로 몰두하는 경우도 있다. 또한 내면의 목소리에 귀를 기울이며 신경을 집중하기에도 좋은 날이다. 말 속에서 좋은 대답을 발견할 수 있도록 하자.

**180°**
주변의 대화가 유치해서 시끄럽게 느껴지거나, 공부 내용이 어려워 침착함을 잃기 쉬운 날이다. 이날은 되도록 의식적으로 집단이나 지식과 접하는 시간을 줄여 보자.

**90°**
SNS나 주변 사람들의 대화, 혹은 보는 작품의 말투에 불쾌감을 느끼기 쉬운 날이다. 이날을 짜증으로만 끝내지 않으려면, 불쾌함을 넘어서 한 걸음 더 나아가려는 노력이 필요하다. 신경 쓰이는 말 어원을 찾아보는 등, 액션을 하나 끼워 넣으면 마음이 편안해진다.

**60°**
마음 편히 일이나 공부에 몰입하는 날이다. 말이 계속 마음에 들어오기에 모르는 것이 있으면 적극적으로 질문해 보자. 당신이 가볍게 대답할 수 있는 상대일수록 더 큰 배움이 있을 것이다.

**120°**
주변 사람들의 말을 침착하게 들을 수 있는 날이다. 또는 누군가와 대화할 때, 마치 아이로 돌아간 듯한 분위기가 만들어질 수 있다. 어깨 힘을 빼고 공부를 하거나 타인과 대화를 나누거나 시를 읽을 수 있다.

### 당신 달 × 상대 금성
### 애정을 느끼는 법

상대의 애정이나 취미, 세련된 분위기를 받아들이며 당신의 마음이 움직이는 관계다. 순수하게 상대의 용모나 행동, 예술 작품을 아름답다고 느끼기 쉬울 수 있다. 금성은 사랑받기 위해 노력하는 별이기도 하기에, 상대가 당신에게 호감을 사려고 노력하거나 사랑을 표현하는 일도 있을 것이다. 관계를 잘 유지하기 위해서는 당신 역시 사랑을 돌려줄 필요가 있다. 서로 주고받는 이 애정의 흐름이 편안하게 이어지는지 지켜보자.

상대의 시점(상대의 금성×당신의 달) p.165

## 인간의 궁합

### 0°
상대의 미적 감각에 강하게 마음이 끌린다. 소품이나 행동, 자신을 향한 미세한 표정 하나까지 자꾸 신경이 쓰일 수 있다. 실제로는 다르더라도, '나를 위해 아름답게 존재하는구나'라고 느낄 수도 있다.

### 180°
먼 무대에서 빛나 보이기 때문에 '최애와 팬'이나 '가게와 손님' 관계에 가까울 수 있다. 응원을 받는 쪽이나 하는 쪽 모두 상대가 빛나 보이지만, 애정 표현이 과하거나 부족하다고 느끼는 경우도 있다. 어쨌든 항상 신경이 쓰이는 존재다.

### 90°
상대의 미의식이나 애정 표현이 다소 공격적이라 무섭게 느껴질 수 있다. 하지만 상대는 당신을 겁주려는 의도가 있는 것이 아니라, 본인 나름대로 '즐거움'을 추구하는 경우가 많다. 외모보다는 마음 같은 내면에 주목하도록 하자.

### 60°
이 사람과 함께 있으면 일상이 빛나는 것처럼 느껴질 수 있다. 당신과 함께 있을 때 즐거워 보이는 상대의 모습을 보면 마음이 더 따뜻해지고 행복한 감정이 든다. 일이나 교우 관계에서도 상대의 미적 감각에 공감할 수 있어, 자신의 모습을 자연스럽게 드러내며 편안함을 느낄 수 있을 것이다.

### 120°
생활과 관련된 취미가 잘 맞아 무척 마음이 편한 상대다. 점심이나 쇼핑, 퇴근 후나 방과 후 같은 일상적인 즐거움 속에서 이 사람의 좋은 분위기를 느낄 수 있다.

## 그 날의 운세

### 0°
눈에 들어오는 모든 것이 귀엽게 보이고, 좋아하는 것들로 가득 찬 하루다. 좋아하는 감정이 폭발해 충동구매를 하기도 하고, 예쁜 사람이나 물건과 관련된 것으로 안정을 찾으려 할 수도 있다. 감정을 자신 안에 잘 담아둘 수 있다면, 마음껏 치유를 받도록 하자.

### 180°
당신과 상반된 매력을 가진 사람이나 물건이 신경 쓰여 안절부절 못하는 하루다. 당신에게 매력이 있더라도, 상대는 '재밌네' 정도로 가볍게 느낀다. 좋아하는 사람이 자신이 없는 곳에서 즐거워 보이는 모습을 보게 될 수도 있다. 이 기회를 통해 당신이 진심으로 아껴주는 사람이나 소중한 것들을 다시 생각해 볼 수 있을 것이다.

### 90°
사람이나 사물을 보며 '센스가 부족한 것 같아'라며 신경이 쓰이는 하루가 될 수 있다. 과한 디자인이나 부족한 점, 인간관계에서의 배려 부족 등이 눈에 띄어 짜증이 난다. 침착하게 솔직한 마음을 표현하면 마음이 조금은 가벼워질 것이다.

### 60°
사랑받는 사람이나 사물로부터 많은 보답을 받는 날이다. 부정적인 분위기를 피해 행복한 사람들이 모이는 공간으로 향하려는 의식을 가지면, 이날 마음의 안정을 얻을 수 있다.

### 120°
'평소 습관 속에 스며 있는 자신만의 행복'을 평소와 다름없이 느낄 수 있는 하루다. 마음을 허락한 사람이 즐거운 제안을 해 온다면 응해 보자. 자신에게 주는 선물 같은 날로 삼아도 좋다!

# 달 × 화성
### 마음에 붙은 불

당신 × 상대

상대의 열의에 영향을 받아 압도되거나, 혹은 의욕이 끓어오르는 관계이다. 연애나 일에서는 상대가 열렬하게 다가오는 경우도 있을 수 있다. 조합에 따라서는 당신의 한계치를 넘겨 마음이 무너질 가능성도 있으니 주의하자. 또한 당신이 마음 편히 받아들일 수 있는 정열의 경계를 알게 되면, 연애나 일을 할 때 안정적인 성과를 낼 수 있는 계기가 될 것이다.

상대의 시점(상대의 화성×당신의 달) p.175

## 인간의 궁합

### 0°
상대가 무척 힘 있는 사람으로 보인다. 당신을 위해 전력을 다해 응원하거나 찾아봐 주고 사랑해 주기도 하지만, 자주 혼나는 일이 생길 수도 있다. 믿음직스러운 반면, 오래 같이 있으면 마음이 지칠 수 있으니 의지하는 기간이나 범위를 미리 정해 두는 것이 좋다.

### 180°
당신의 빈틈을 타서 상대가 힘으로 지배하려 드는 관계이다. 웬일인지 설교를 듣거나 일방적으로 접근해 오기 쉬우니, 이 사람 앞에서는 살짝 열심히 하는 척만 해도 페이스를 무너뜨리지 않고 넘어갈 수 있다.

### 90°
상대 입장에서는 당신이 자신의 열의에 답해 주지 않는 사람처럼 보이기 때문에 공격을 받기 쉬운 관계이다. 업무 관계나 사랑하는 사이가 아닌 경우에는 불쾌감이 폭발할 수도 있다. 이 사람을 만나기 전에는 충분히 휴식을 취하거나 마음을 가볍게 비워 두면 좋다.

### 60°
당신을 주변의 위험으로부터 지켜주거나, 필요할 때는 대신 싸워 주는 사람이나. 함께 생활하면 안심하고 활기찬 나날을 보낼 수 있다. 울적할 때도 적당히 등을 밀어 주기 때문에, 이 사람의 보호를 믿고 의지해도 괜찮다.

### 120°
노력하는 상대를 보며 마음이 편해지는 관계이다. 다만 이 사람에게 응석을 부리거나 의존하기 쉬운 면도 있다. 최소한 감사의 마음이나 위로의 말과 태도를 매일 전하려는 노력을 하자.

## 그날의 운세

### 0°
주변으로부터 많은 힘을 받을 수 있는 날이다. 다만, 그중에는 공격적이거나 맨발로 불쑥 마음속으로 들어와 오지랖을 부리는 사람도 있을 수 있다. 특별한 관계가 없는 사람이라면 받아줄 필요는 없고, 소중한 사람이라면 조금씩 나눠서 받아들이도록 하자.

### 180°
주변의 부담 때문에 마음이 쉬지 못하는 날이 될 수 있다. 타인의 페이스에 휘말리면 스트레스가 한계에 치달을 수 있다. 혼자만의 시간을 확보해서 눈물을 흘려 보고 감정도 정리하고 마음을 안정시켜 주는 물건을 만지는 등 의식적으로 휴식을 취하도록 하자.

### 90°
화를 내는 사람이 눈에 들어오거나, 의욕이 넘치는 사람을 보며 마음이 술렁거릴 수 있는 날이다. '너도 더 열심히 해야지', '사랑에 보답해야지' 같은 강한 압박을 느낄 수도 있다. 모든 일에 전력을 다하려 하지 말고, 자신의 페이스에 맞춰 할 수 있는 것만 해 보자.

### 60°
주변의 열기에 휩쓸려 마음이 들뜨는 날이나. 왠지 안절부절못하거나 긴장하는 분위기가 있더라도, 이날 밖에서 느낀 흥분은 집에 돌아가서도 쉽게 식지 않고 좋은 추억으로 남을 수 있다. 콘서트나 이벤트 가기에 좋은 날이다!

### 120°
항상 의욕을 북돋아 주는 사람이나 사물이 무의식적으로 가까이에 있어서 자연스럽게 에너지 넘치는 활동을 할 수 있는 날이다. 열심히 해 보고 싶은 일이 있다면 도전해 보자.

## 달 × 목성

당신 × 상대

### 기대를 받았을 때의 감정

상대의 너그러운 마음 덕분에 당신의 마음이 풍족해지고 기대를 받거나 어리광을 부릴 수 있는 관계이며, 연상처럼 당신을 포용해 주는 편이다. 기본적으로는 외부로부터 긍정적인 영향을 받기 때문에 자기 긍정감을 얻기 쉬워진다. 하지만 그만큼 당신이 응석을 부리거나 상대에게 의존하며 자주성을 잃거나, 상대에게 긍정적인 모습을 강요받는다고 느껴져 진절머리가 나는 경우도 있다. 관용이 넓은 사회나 상대를 대할 때, 당신의 마음이 어떻게 움직이는지 살펴보자.

상대의 시점(상대의 목성×당신의 달) p.185

### 인간의 궁합

**0°**
당신의 생활감이 상대가 기대하는 것과 거의 일치하기 때문에, 함께 있으면 마음이 편안하고 긍정적인 기분이 든다. 당신의 본질적인 고민을 잊게 해 주는 사람일 수도 있다.

**180°**
가치관은 정반대지만, 당신을 향하는 친절함이 왠지 모르게 어색하게 느껴질 수 있다. 부정적인 것도 긍정적인 표현으로 바꿔서 말해 주니까 마음이 휘둘리는 듯한 기분이 들 수도 있다. 팀워크를 의식하며 대하도록 하자.

**90°**
당신이 불안해하고 있어도 상대는 '잘될 거야'라는 태도를 유지한다. 좋은 사람이지만, 고민을 털어놓기 어렵게 느껴질 수 있다. 기분이 좋을 때 함께 한다면, 관계는 더 긍정적으로 발전될 수 있다.

**60°**
이 사람의 기대를 등에 업은 채 성장하려고 다짐한다. 자잘한 실수보다 큰 비전을 중시해 주는 사람이라 안심하고 미래를 바라볼 수 있다. 과도하게 의존하는 일 없이, 밑바닥부터 생활을 향상시켜 주는 존재다.

**120°**
상대가 무엇이든 다 서포트해 주기 때문에 당신은 편하게 보낼 수 있다. 다소 의존적인 부분도 있지만, 나이 차이나 사회적 배경 등의 영향으로 자연스럽게 형성된 부분일 수 있다. 행복한 관계를 지켜 나가려면, 감사하는 마음을 잊지 말고 전하도록 하자!

### 그날의 운세

**0°**
외부의 활기에 휩쓸려서 사소한 일에 신경 쓰지 않게 되는 날이다. 여행이나 취미 활동을 즐기기에 가장 좋지만, 꼼꼼한 작업을 할 때는 대충 넘어갈 수 있으니 주의가 필요하다. 당신이 있는 자리의 분위기와 만남을 기대하자!

**180°**
주변 사람들의 의식 수준이 높게 느껴지는 날이다. '내 시야가 좁은 건가……' 하고 풀이 죽을 것 같다면, 뉴스나 SNS를 들여다보는 대신 가치관이 비슷한 사람과 시간을 보내거나, 익숙한 환경에서 지내는 것을 우선하자.

**90°**
당신이 불안하게 느끼는 사회 발전 방법에 대해 주위에서는 낙관적으로 바라보는 경우가 많아 초조함을 느낄 수 있다. 먼저 마음이 일방적으로 치우쳐 있지는 않은지 주의하면서, 동시에 다른 가치관의 존재도 이해하려고 노력해 보자.

**60°**
환경 면에서 당신의 희망이나 바람이 이루어지기 쉬운 날이다. 특히 연상의 사람에게서 서포트를 기대할 수 있으니, 다소 기대를 하면서 마음을 활짝 열고 깊은 대화를 나누면 좋은 성과로 이어질 것이다.

**120°**
환경 면에서 당신의 희망이나 바람이 이루어지기 쉬운 날이다. 특히 연상의 사람에게서 서포트를 기대할 수 있으니, 다소 기대를 하면서 마음을 활짝 열고 깊은 대화를 나누면 좋은 성과로 이어질 것이다.

## 달 × 토성
### 당신 × 상대
**마음과 생활의 제한**

살짝 숨이 막히는 관계다. 규율상 틀린 것은 아무것도 없지만, 당신은 '속박당하고 있다'는 느낌을 받을 수 있다. 그러나 그 규율 덕분에 당신이 위험으로부터 보호받고 있는 측면도 있을 수 있다. 긴장감을 잘 조율하면 좋은 결과를 얻을 수 있지만, 반대로 부담감에 압도될 위험도 있다. 이 사람이나 이 기대와의 관계를 통해, 어른 세계의 복잡한 애정을 깨닫는 기회가 늘 수도 있다.

상대의 시점(상대의 토성×당신의 달) p.195

### 인간의 궁합

**0°**
마음 어딘가에 품고 있던 콤플렉스나 나쁜 버릇을 이 사람에게 지적받고 분개할 수 있다. 구구절절 옳은 말이라 반박하지 못하고 스트레스를 느낄 수 있으니, 마음이 진정될 때까지 거리를 두고 혼자 천천히 시간을 보내는 것이 좋다.

**180°**
상대가 대의명분이나 정의감을 중시하는 탓에, 당신의 마음을 가볍게 보는 것처럼 느껴질 수 있는 관계다. 이 사람의 지적은 틀리지 않지만, 당신에게는 불편하게 느껴질 수 있다. 이 사람이 무엇을 소중히 여기고 행동하는지 들여다보며 존경할 만한 부분을 찾아보자.

**90°**
처음에는 상대의 엄격함이나 철박함이 속박처럼 느껴져 불쾌하게 여겨질 수 있다. 그러나 혼자 감정을 정리하거나 상대의 입장을 헤아리려 노력하다 보면, 그 엄격함이 생긴 배경과 의미를 조금씩 이해하게 될 것이다.

**60°**
진지한 고민이 생겼을 때 이 사람에게 상담하면 좋은 조언을 얻을 수 있다. 이상론이 아니라 당신에게 맞는 조언을 해 주기 때문에 불안감을 덜어낼 수 있다. 적당한 시련을 같이 주기 때문에 몸이 팽팽하게 긴장되는 순간도 있을 것이다.

**120°**
좋은 의미로 서서히 압박을 가하는 상대다. 이 사람 덕분에 당신은 무의식적으로 정신을 다잡게 되고, 사교 모임에서도 품위 있게 행동하거나 윗사람들에게 귀여움을 받을 수 있다.

### 그 날의 운세

**0°**
윗사람들이나 조직으로부터 압박을 받아, 괴로운 감정을 다스리기 힘든 날이다. 이날은 사소한 일로도 꾸중을 듣는 것처럼 느껴져서 숨 돌릴 틈조차 없을 수 있다. 이럴 때일수록 매일 습관적으로 사용하는 소지품이나 당신만의 자유를 몸에 늘 지니고 다니자!

**180°**
어른들에게서 다각적인 의견이나 지적을 받기 쉬운 날이다. 과거의 괴로운 경험이 떠올라 마음이 불안정해질 수 있다. 이날은 사회 활동을 과감히 줄여도 괜찮다. 부득이하게 일을 해야 할 경우는, 끝난 후에 스스로를 다독여 주자.

**90°**
조직의 상식과 당신의 감정이 충돌하는 날이다. 처음에는 부정당하는 느낌을 받을 수 있지만, 중요한 순간에 자신의 진심을 전하는 것이 중요하다. 의견을 주고받으며 서로 납득이 가는 답을 찾아가게 될 것이다.

**60°**
부모, 교사, 상사에게 설교를 듣거나 정치 뉴스를 보더라도 비교적 솔직하게 받아들일 수 있는 날이다. 이를 계기로 자기 개선에 대한 의욕도 생길 수 있다. 지금 생활을 되돌아보고, 필요한 부분을 정비하기에 좋다.

**120°**
주변 강요나 규율, 상식이 오히려 기분 좋게 느껴진다. 이는 당신이 스스로 미숙함을 인식하고 있어, 무의식적으로 '가르쳐 주시는 구나'라고 느끼기 때문이다. 오늘은 감사와 배움의 마음을 가지고 하루를 보내자.

# 당신의 **수성**과 궁합 보기

상대나 그날에 따라 달라지는
당신의 호기심

샐러드

## 당신 수성 × 상대 태양
### 가치관에 대해 느끼는 점

상대의 표현이나 주장을 들은 후, 무언가 할 말이 생기는 관계다. 타인의 창작물이나 행동에 대해 순수한 감상을 전할 수 있다. 하지만 자신은 비판하는 마음이 없는데, 상대는 인생 경험을 표현하는 경우가 많아서 민감하게 받아들이는 경우가 있다. 말을 신중하게 선택해 존경심을 잊지 않도록 대화를 나누도록 하자!

상대의 시점(상대의 태양×당신의 수성) p.136

### 인간의 궁합

**0°**
가치관이 비슷해서 상대의 행동을 이해할 수 있다. 하지만 당신은 더 나은 방법을 알고 있기에 조언이나 느낀 점, 비판을 받아들일 때까지 계속 전하려고 한다. 상대는 당신과 똑같은 사람이 아니라는 사실을 잊지 말자.

**180°**
당신의 말이 좀처럼 닿지 않는다고 느껴지는 상대다. 이해할 수 없는 행동에 불안감을 느끼면서도, 궁금한 마음에 계속 말을 걸게 될지도 모른다. 그러나 당신의 말이 오히려 이 사람을 불안정하게 만들고 있을 가능성도 고려해, 일정한 거리를 유지하는 것이 중요하다.

**90°**
상대의 행동이나 표현에 스트레스를 받아, 나도 모르게 부적절한 말을 내뱉어 말다툼이 일어나기 쉽다. 하지만 상대의 주장을 차분히 들어보면, 그 행동의 원리를 이해하게 되어 짜증도 가라앉을 것이다!

**60°**
당신은 상대의 행동이나 목적을 언어로 표현하는 데 능하고, 상대도 당신의 말을 이해해 행동으로 보여 준다. 그래서 함께 일을 하면 좋은 팀워크가 생겨날 것이다. 이 사람에게 부탁할 일이 있을 때는 대화를 통해 정확히 전하는 것이 중요하다.

**120°**
상대의 행동이나 창작물에 자연스레 관심을 가지며, 즐겁게 대화할 수 있는 좋은 관계다. 당신은 대화를 통해 상대 주변의 정보를 얻고 만족하며, 상대 역시 당신과 이야기하면서 마음 놓고 행동할 수 있다.

### 그날의 운세

**0°**
사람들의 활동이나 목적에 강한 관심이 생겨, 교류를 시도해 보는 날이다. 하지만 대화라기보다는 당신이 일방적으로 질문을 퍼붓거나 자기 이야기만 하게 되어 상대의 시간을 빼앗을 수 있으니 주의하자.

**180°**
타인의 작품이나 주장에 대해 감상을 전하려 해도, 말이 지리멸렬해지거나 제대로 전달이 되지 않는 날이다. '사람들이 원하는 말을 처음부터 정확히 전할 순 없지'라는 사실을 이해하고 나서 자유롭게 말을 고르면 마음이 한결 편안해질 것이다.

**90°**
주장이 강한 창작물이나 창작자들의 눈에 띄는 작품들을 보고, 무심코 비판하고 싶어지는 날이다. 말투가 거칠어져 입으로 화를 부를 수 있으니 발언할 때는 신중을 기하자.

**60°**
주변에서 일어나는 사건이나 소속 조직의 목적을 당신이 언어로 훌륭히 표현할 수 있는 날이다. 직접 말이나 글로 풀어내면, 그 대상에 대한 이해도 훨씬 깊어질 것이다. 글을 완성하기에 좋은 시기이다.

**120°**
타인의 표현에 자연스럽게 감상을 전하며 호기심을 충족시킬 수 있는 날이다. 적극적으로 사람들에게 말을 걸거나, 영화를 보고 관심 있는 전시회나 이벤트에 참여하면 즐거운 대화를 나눌 수 있을 것이다. 창조적인 글을 쓰기에도 좋은 날이다.

## 수성 × 달
### 당신  상대
마음에 꽂히는 말

상대의 희로애락에 흥미를 느끼며, 대화를 통해 더 많은 정보를 끌어내려는 관계다. 상대의 마음을 헤아리며 이야기할 때도 있지만, 조합에 따라서는 분위기를 읽지 못하고 실언을 해서 상처를 줄 가능성도 있다. 특히 SNS나 채팅 툴에서는 좋은 쪽이든 나쁜 쪽이든 사람의 마음에 깊게 꽂히는 인상적인 말을 쉽게 쓸 수 있으니, 발언할 때는 충분히 주의하자.

상대의 시점(상대의 달×당신의 수성) p.146

### 인간의 궁합

**0°**
상대의 꾸밈없는 자연스러운 모습이 자신과 닮아서 그런지, 상대의 마음을 이해한다고 생각해서 말수가 많아지는 편이다. 하지만 실제로는 상대가 듣고 싶지 않을 수도 있으니, 표정이나 태도를 잘 살핀 뒤 이야기하자!

**180°**
상대가 당신의 말을 감정적으로 받아들여 지적 수준이 맞지 않는다고 느낄 수 있는 날이다. 하지만 당신 역시 갖고 있는 지식을 바탕으로 어려운 말을 쓰는 경향이 있으니, 상대가 이해하기 쉽도록 부드럽게 표현하는 데 신경 쓰도록 하자.

**90°**
당신이 농담으로 한 말이 상대에게 상처를 주고, 그 태도에 다소 스트레스를 느끼는 관계다. 말을 내뱉고 그대로 두기보다, 사과하거나 다정한 말을 건네어 달래 주면 서로 마음이 가벼워질 것이다.

**60°**
상대의 기분을 잘 알아주고, 어떤 상황인지 말로 설명할 수 있어서 차분하게 어울릴 수 있는 관계다. 직장 후배나 결혼 상대일 때도 당신이 의식적으로 소통을 이어간다면, 안정된 관계를 쌓을 수 있다.

**120°**
일상에서 상대가 항상 당신 이야기를 흔쾌히 들어주기에 당신 역시 쾌적하게 대화할 수 있다. 이웃이나 생활환경이 가까운 곳에서 상대와 함께 지내면, 주변 사람의 정보를 얻을 수 있다.

### 그날의 운세

**0°**
세상의 감정이 폭발하는 흐름에 영향을 받아, SNS나 블로그, 학교에서 자신의 마음을 지나치게 많이 털어놓을 수 있는 날이다. 꾸밈없이 모든 것을 이야기하면 문제가 발생하거나 나중에 후회할 수 있으니, 발언은 신중히 하도록 하자.

**180°**
주변의 감정적인 분위기에 휩쓸려, 생각지 못한 발언을 내뱉기 쉬운 날이다. 스스로 한 말이지만 관심이 적어 심지가 없고, 바로 잊어버리는 경우도 있다. 나중에 문제가 될 만한 이야기는 될 수 있으면 삼가는 것이 좋다.

**90°**
타인의 이기적인 말이나 진짜 속마음을 듣고, 불만이 말로 표출되기 쉬운 날이다. 생활권 안에서 대화할 때는 특히 주의하자. 만약 말다툼이 일어났다면, 상대의 마음이 가라앉을 때까지 냉정하게 기다리는 것이 좋다.

**60°**
주변 사람들의 순수한 마음을 이해하고, 솔선해서 대변할 수 있는 날이다. 직장이나 학교에서는 그룹 대표로서 발언하는 경우도 있을 수 있다. 당신의 지성이나 지식이 도움이 되어, 많은 사람에게 신뢰를 얻게 된다.

**120°**
평소 생활권이나 방과 후 등 루틴 속에서 사람들과의 대화가 활발해져, 정보를 얻기 쉬운 날이다. 감정적인 뜬소문도 많아지지만, 관심이 있다면 일단 귀 기울이자.

## 수성 × 수성
### 대화의 궁합

순수한 말과 말의 궁합이다. 상대가 이야기하는 주제나 이날의 학습 내용, 책이나 대화에 얼마나 흥미를 느끼고 수월하게 이해할 수 있는지를 본다. 조합에 따라 의사소통이 매끄럽게 이어지는 경우도 있지만, 착각으로 인한 오해나 말다툼이 생길 가능성도 있다. 발언할 때는 조금 더 신경 써서 소통하는 것이 좋다.

### 인간의 궁합

**0°**
공통 관심사가 있어 서로 지식수준이 비슷하고, 대화 내용도 자연스럽게 이해되는 관계다. 대화는 매끄럽게 이어지지만, 신선함이 부족해 지루하게 느껴지는 순간도 있다. 같은 테마를 더 깊이 파고들면 이야기의 샘이 마르지 않을 것이다.

**180°**
관심사는 비슷하지만 화제를 풀어가는 방식이 달라, 대화가 흐지부지 끝나기 쉬운 관계다. 예를 들어 한쪽이 사회나 타인을 바라보는 이야기를 하고, 다른 한쪽은 개인적인 이야기에 치우치는 경우가 많아진다. 정기적으로 대화의 방향을 조율하도록 신경 쓰자!

**90°**
사소한 일이 말다툼으로 번지기 쉽지만, 서로의 발언에서 배울 점도 있는 관계다. 양쪽 모두 그런 의도는 없지만 무심코 부정적인 발언을 하게 되고, 그게 맞는 말이라 괜히 더 상처받기도 한다. 하지만 상대의 말을 이해하게 되면서 성장하는 순간도 있을 것이다.

**60°**
의사소통이 활발한 관계다. 호기심이 왕성한 상대와의 대화를 통해 새로운 정보를 주고받으며, 서로 그 정보를 활용해 교우관계를 넓힐 수 있다. 채팅이나 SNS로 자주 소통할 수 있는 사람이기도 하다!

**120°**
평소에 대화의 죽이 척척 맞는 관계다. 새로운 정보를 얻기는 어려울 수 있지만, 심심할 때 괜히 말을 거는 일이 많다. 대화의 분위기도 잘 이해하기 때문에 부담 없이 자신의 지식이나 생각을 전할 수 있다.

### 그 날의 운세

**0°**
주변 대화에 흥미를 느껴 사람들과 이야기하고 싶어지는 날이다. 특히 SNS나 학교, 직장에서는 대화하다 신이 나서 본인 이야기를 지나치게 많이 하는 편이다. 불필요한 정보까지 엉겁결에 털어놓을 수 있으니, 불리한 상황일 때는 말조심을 하자!

**180°**
타인이나 세상의 말이 신경 쓰이고, 거짓 정보에 휘둘리기 쉬운 날이다. 사실을 확인하기 전에 정보가 연달아 들어오기 때문에, 검색이나 대화를 할 때는 너무 그대로 믿지 말고 여유를 갖자.

**90°**
주변 사람들의 지적 수준이나 말투에 조바심이 들기 쉬운 날이다. 당신의 발언이 타인에게는 으스대거나 가시 돋친 말로 들릴 수도 있다. 반대의 경우도 있을 수 있으니 사람들의 말에 휘둘리지 않도록 주의하자.

**60°**
학교나 직장에서 대화에 꽃이 피기 쉬운 날이다. 즐거운 대화뿐 아니라, 친숙하면서도 도움이 되는 정보나 생활의 지혜를 여러 사람과 나누는 것도 추천한다. 평소보다 호기심이 충족되어 마음이 한결 밝아질 것이다!

**120°**
뉴스나 주변 상황 때문에 기운 빠지더라도, 평소와 다름없는 사람들과의 대화나 SNS의 소소한 이야기에서 힐링을 받는 날이다. 혼자서 끙끙 앓기보다는, 사람들과 이야기를 나누거나 속마음을 글로 풀어보며 안정을 찾자.

### 수성 × 금성
##### 당신 　　　상대
**행복한 정보를 얻은 신경**

상대의 취미, 배려, 우아한 분위기에 관심을 가지며 대화가 퐁퐁 튀는 관계다. 상대의 취미나 연애 감정, 패션에 흥미를 느껴서 그에 대해 공부하거나 직접 말을 거는 경우도 있다. 조합에 따라서는 상대의 외모에 대해 무례한 발언을 하거나 행복한 분위기에 찬물을 끼얹는 일이 생길 수 있으니, 한 박자 쉬고 나서 전하도록 신경 쓰자.

상대의 시점(상대의 금성×당신의 수성) p.166

### 인간의 궁합

**0°**
상대가 좋아하는 분야에 대한 지식을 갖고 있어, 정보를 교환할 생각에 일방적으로 말이 많아질 수 있다. 상대가 원하지 않는데도 자신이 알고 있다고 해서 억지로 그 사실을 전하려 하면, 즐거웠던 분위기가 차갑게 식어버릴 수 있으니 조심하자.

**180°**
상대의 취향이나 패션을 신기하게 바라보다가, 살짝 무신경한 발언을 하는 편이다. 대화를 이어갈수록 오히려 거리가 멀어질 수 있으니, 상대가 좋아하는 것에 대해 말을 덧붙이기보다 조용히 지켜보는 것이 좋다!

**90°**
상대의 연애 감정이나 취미를 즐기는 모습에 공격성을 느끼고, 당신이 말로 되받아치는 관계다. 직접 표현하지 않고 SNS나 타인을 통해 스트레스를 발산하는 경우도 있다. 상대의 취미에 지나치게 관심을 두지 않는 것이 불안을 누를 수 있는 열쇠다.

**60°**
상대가 좋아하는 것에 대해 당신이 좋은 의미로 관심을 가지며, 말로 즐겁게 분위기를 띄우거나 대화를 통해 상대의 아름다운 몸짓이나 미소를 끌어낼 수 있는 관계다. 그 안에서 많은 것을 배우고, 행복한 시간을 보낼 수도 있다!

**120°**
평소처럼 대화와 놀이를 즐기면서, 자연스럽게 배움도 얻는 관계다. 이 상대와 함께 게임을 하거나 휴식 시간에 수다를 떨면, 신경이 맑아지고 두뇌 회전이 유지될 것이다.

### 그 날의 운세

**0°**
세간의 여행이나 오락에 대해 자신의 지식을 공유하고 싶어지는 날이다. 다만 주변 사람들은 깊이 생각하기보다는 가볍게 즐기는 경우가 많아, 당신이 기대하는 답을 얻기 어려울 수도 있다. 오늘은 분위기 속에서 답을 찾는 편이 더 맞을 것 같다!

**180°**
즐거운 분위기에 짜쓸려, 원하는 정보를 제대로 얻지 못하는 날이다. 분위기 깬다는 말을 듣는 게 두려워서 남을 배려하는 대화를 하는 경우가 많아질 수 있다. 공부나 정보 교환은 다른 기회에 시도하는 것이 좋겠다.

**90°**
화기애애한 분위기에 짜증이 나, 가시 돋친 말을 하게 될지도 모른다. 기본적으로는 말을 신중히 해야 하지만, 학교나 직장처럼 지성이 요구되는 자리에서는 굳이 분위기를 깨더라도 정확한 지식을 전하는 것이 오히려 일이 수월하게 풀리는 경우도 있다.

**60°**
세상의 유행을 이해하고 유머를 주고받을 수 있는 여유가 있는 날이다. 인터넷 밈을 함께 즐기거나 핫한 인물을 흉내 내는 등 유행하는 것을 받아들이면서 즐거운 분위기를 만든다면 유용한 정보를 얻을 수 있다.

**120°**
'좋아하는 사람'과 대화를 나누면서 일상적인 감각을 유지할 수 있는 날이다. 새로운 사람과 대화하기에는 불안감을 느낄 수 있으니, 친구나 연인, 또는 최애와 소통하면서 안심할 수 있는 정보를 끌어내려고 할 수도 있다.

## 수성 × 화성
### 당신 　 상대
#### 활성화된 신경

상대의 정열 덕분에 당신의 신경이 활성화되는 관계다. 둘 중 당신이 더 냉정함을 유지하며, 뜨거워진 상대를 말로 달래는 역할을 맡게 될 가능성이 크다. 자신의 지식이나 잡학을 활용해 상대의 분노를 웃음으로 풀어낼 수도 있고, 반대로 분노를 부추기는 쪽으로 흐를 수도 있다. 말을 던지는 시기를 주의하자.

상대의 시점(상대의 화성×당신의 수성) p.176

### 인간의 궁합

**0°**
상대의 강한 분노나 정열에 영향을 받아, 당신의 발언도 점점 가열되는 관계다. 상대의 논리적인 모순을 발견해서 지적하거나 농담으로 넘겨 오히려 상대를 더 화나게 만든다. 호기심은 제쳐 두고, 먼저 진지하게 대화를 듣는 것이 중요하다.

**180°**
상대의 정열이나 분노의 이유가 궁금해져 대화나 공부에 집중하기 어려운 관계다. 센스 있는 말을 건네지 못해 입을 닫아버리거나, 박력에 압도되어 대응하지 못하고 그대로 넘어가 버릴 수 있다. 냉정을 유지하며 할 말을 찾도록 하자.

**90°**
당신의 사소한 발언이 상대의 화를 돋울 수 있다. 또는 매사에 열심히 노력하는 상대를 놀렸다가 관계에 금이 가기도 한다. 상대의 노력을 응원하는 마음으로 대화하도록 하자!

**60°**
당신이나 주변 사람들을 위해 애쓰는 상대를 이해하고, 말로 지원하는 데 능하다. 또한 상대의 노력 덕분에 당시 역시 공부나 업무에 힘을 내야겠다고 느끼는 순간이 많아 뇌가 활성화된다.

**120°**
상대가 진심을 다하고 있는 일이나 애정에 대해 이야기를 나누면 마음이 편안해지고, 대화도 즐거워지는 관계다. 상대가 평소에 힘써온 일이나 자신만의 고집, 열정을 묻는 과정에서 호기심도 충족될 것이다.

### 그날의 운세

**0°**
세간의 분노가 폭발하는 분위기에 휘말려 발언이 도를 넘기 쉬운 날이다. 본인은 소통할 생각으로 말을 꺼냈더라도, 괜히 농담했다가 주변의 반감을 살 수 있다. SNS나 직장에서는 부드럽게 발언하자!

**180°**
쏟아지는 열기에 휩쓸려 자신의 의견을 세우기 어려운 날이다. 주변의 시선을 의식해 신나는 척을 하거나, 거짓말이 늘어나는 등 신경이 쉽게 지칠 수 있다. 오늘은 활기찬 장소에 나가는 것을 자제하는 게 좋다.

**90°**
온 힘을 다해 노력하는 사람에게 다소 차가운 말을 내뱉기 쉬운 날이다. 합리적이지 않거나 유머가 부족하다고 느끼더라도, 말을 삼가고 이해하며 응원해 주자.

**60°**
다소 숨 막힐 듯한 분위기 속에서도 당신의 말로 분위기를 부드럽게 만들거나 친절하게 가르쳐줄 수 있어서 열정과 지성이 신기하게 조화를 이루는 날이다. 노력하는 사람을 위해 신경을 곤두세워 육체와 두뇌가 강력한 짝을 이룰 수 있다!

**120°**
노력하는 사람과 대화하고 싶은 날이다. 정열을 유지하는 비결이나 공부 방법에 대해 정보를 나누고, 나아가 스스로 발언하거나 글을 쓰는 과정에서 궁금했던 것의 답을 찾아낼 수도 있다.

# 수성 × 목성
### 당신     상대
교양 있는 대화

교양 있는 상대가 당신의 말을 다각적으로 받아들여, 사회에 널리 퍼뜨리는 관계다. 말을 다루는 활동을 할 때는 이 상대와의 관계에 주목하자. 다만 조합에 따라서는 당신이 알리고 싶지 않은 발언까지 대대적으로 퍼뜨리는 경우도 있을 수 있다. 자신의 발언이 어떻게 다뤄지길 바라는지까지 명확히 전하는 것이 좋다.

상대의 시점(상대의 목성×당신의 수성) p.186

## 인간의 궁합

### 0°
당신의 발언을 모두 긍정적으로 받아 주는 상대다. 아주 사소한 농담이나 비꼬는 말까지 선의로 받아들여 주변에 전하기 때문에, 이 사람 앞에서는 나쁜 말투나 독설을 삼가는 것이 안전하다.

### 180°
너그럽고 밝은 상대를 앞에 두고, 농담이나 나쁜 말조차 하지 못해 답답함을 느끼는 관계다. 가벼운 불평을 흘릴 수 있는 친구로 느끼기 어려워 신경이 긴장되지만, 이 사람과 대화하면 교양이 깊어지는 편이다.

### 90°
상대가 당신의 발언을 다각적으로 인식하기 때문에 시야가 좁다는 평가를 받는 듯한 느낌이 들어 콤플렉스를 안게 되는 관계다. 하지만 그 사실조차 정보로 받아들이려 노력하면, 공부나 대화에 도움이 된다.

### 60°
당신의 지식이 사회에 도움을 줄 수 있도록, 뒤에서 지원하고 확산을 도와주는 사람이다. 교양 있는 대화를 통해 많은 것을 배우고, 친해지면 장래에 성과로 돌아올 수도 있다!

### 120°
상대의 선의를 받아들이며 끝없이 대화할 수 있는 관계다. 기본적으로 당신의 발언을 장점으로 받아들이기에, 비판을 두려워하지 않고 자신 있는 분야에 대해 자유롭게 이야기할 수 있다.

## 그 날의 운세

### 0°
주변의 교양 수준이 높게 느껴져서, 왠지 본인만 사소한 일에 신경 쓰는 것처럼 느껴지는 날이다. 느낀 점을 너무 솔직하게 말하면 분위기를 깰 수 있으니, 발언하기 전에 자신의 시야가 좁지 않은지 한 번 더 의식해 보자.

### 180°
세상의 긍정적인 분위기에 휘둘리기 쉬운 날이다. 특히 사회에서 활약하는 사람들이 만들어 내는 전체적인 분위기에 휩쓸려, 자신의 SNS나 친구들과의 교류에서도 가벼운 장난조차 치기 어렵다.

### 90°
사회의 다양성을 받아들이지 못하고 싫은 소리를 하기 쉬운 날이다. 조바심을 내는 것 같지만, 사실은 이질적인 것에 대한 불안감에서 비롯됐다는 사실을 이해하자. 다양성을 두려워하지 않고 배워 나가면, 스트레스에서 해방될 수도 있다.

### 60°
당신이 주변에 발신할수록, 그 내용에 공감하는 사람들이 모여 말을 지지해 주는 날이다. 학교, 직장, 공동체 등에서 자신의 지식이나 지혜를 적극적으로 발언해 보자!

### 120°
얽히는 사람들의 기분이나 상태가 좋아, 일반적인 대화도 왠지 좋은 방향으로 흐르기 쉬운 날이다. 기분이 밝아 보이는 사람과 대화하면 행운의 기운을 받을 수도 있다.

**당신 상대**
## 수성 × 토성
'정답'에 대한 생각

상대와의 대화를 통해 사회의 상식이나 윤리에 대해 배우는 관계이다. 기본적으로는 어느 조합이든 자제를 요구받기 때문에 답답함을 느낀다는 사실에는 변함이 없다. 하지만 그 안에서도 상대의 지도나 경험이 옳은지 판단하면서, 지식의 원천이 될 부분을 찾아갈 필요가 있다. 신경을 곤두세워 옳은 길에 대해 생각해 볼 계기가 될 것이다.

상대의 시점(상대의 토성×당신의 수성) p.196

## 인간의 궁합

### 0°
당신이 이미 이해했는데도 여러 번 설명을 반복해, 융통성이 없는 것처럼 느껴지는 상대. 그 분야의 룰이나 상식을 지도받으며 발언에 제한이 걸리기 쉽다. 당신이 충분히 이해하고 있다는 점을 명확히 전하면, 상황이 완화될 수도 있다!

### 180°
실적이 있는 것처럼 보이는 상대가 옳다고 느껴져, 자신의 지식을 전하기 어려워지는 관계. 특별히 당신이 틀린 것도 아닌데, 경험자라는 이유로 상대의 지시에 따르게 될 수도 있다. 의식할 수 있는 범위 내에서 자신의 생각도 소중히 여기자.

### 90°
그 길의 경험자인 상대의 지도와 당신이 논리적으로 이끌어낸 답이 달라 충돌하는 관계. 집단에서는 당신의 입장이 더 약해 의견이 묵살되기 쉬우니, 이 사람과 1대 1로 충분히 대화를 나눠 절충안을 찾아가도록 하자.

### 60°
지식은 있지만 경험이 부족한 당신의 약점을 보완하듯, 상대가 모범적으로 교육해 주는 관계. 글을 쓰거나 사람들과 대화할 때 상식이 부족하다고 느껴진다면, 이 사람에게 상의해 보자!

### 120°
모르는 사이에 당신의 공부나 말투를 옳은 방향으로 이끌어 주는 상대. 이 사람과 함께 하면 자연스레 긴장감 있는 대화를 할 수 있어, 유치해지지 않고 비즈니스 상담이나 거래에서도 좋은 성과를 낼 가능성이 높다!

## 그날의 운세

### 0°
정의나 대의명분에 따라야 해서 말을 잃게 되는 날이다. 특히 집단 속에서 부담감을 느껴 갑갑해지기 쉬우므로, 스승이나 부모, 상사 앞에서는 발언 횟수를 되도록 줄이도록 의식하자.

### 180°
윗사람의 제약 때문에 유머 섞인 대화가 어려워지는 날이다. 눈치를 보다 뜻하지 않은 말을 하거나 피로가 쌓이기 쉬워진다. 마음 편한 장소에서 스스럼없이 대화를 즐기자!

### 90°
정의감을 앞세우거나 사고를 멈추고 규칙만 따르는 사람들을 이해하지 못해 스트레스가 쌓이는 날이다. 하지만 대화를 통해 '상식'을 이성적으로 이해하려는 노력을 하면, 주변 사람을 바라보는 관점이 달라질 수도 있다.

### 60°
학교나 직장에서 신경이 많이 쓰이는 작업을 할 때, 주변의 어른이나 경험자들이 적극적으로 도와주는 날이다. 선생님이나 상사에게 질문하면 빨리 이해할 수 있으며, 그 정보를 조직 전체에 공유하면 의사소통도 한층 원활해질 것이다!

### 120°
주변 어른들이 당신의 말투나 지식을 가르쳐 주는 날이다. 신기하게도 발언이 제한된다는 불편함 없이, 배우는 과정 자체를 의사소통의 일부로서 즐길 수 있다.

# 당신의 **금성**과 궁합 보기

상대나 그날에 따라 달라지는
당신의 행복

디저트

<당신> <상대>
## 금성 × 태양
가치관과 취향

상대의 삶이 좋은지 아닌지가 보이는 관계다. 이 사람의 가치관이나 표현 방식을 선호한다면, 믿음직한 연애 대상이 될 수도 있다. 반면, 조합에 따라서는 일방적으로 호감을 품고 혼자만 즐기는 경우도 있다. 상대의 행동을 보고 자신의 행동이나 취미를 어떻게 마주할지도 다시 인식할 수 있다!

상대의 시점(상대의 태양×당신의 금성) p.137

### 인간의 궁합

**0°**
당신이 취미로 삼고 있는 것에 인생을 거는 상대가 멋지게 보이는 관계다. 이 사람과 같은 패션이나 취미를 가지려고 하는 등 살짝 스토커 기질이 나올 수도 있지만 상대에게 다가가기 위해 아낌없이 노력할 것이다.

**180°**
상대를 좋아하지만 민폐가 되지 않을까 과하게 신경 써서 접근하기 어렵다. 취미가 잘 맞지 않아 되려 신경이 쓰이게 할 수도 있다. 미움을 사지 않기 위해 상대가 좋아하는 외모로 꾸미려고 하면 휘둘리기 쉽다.

**90°**
자신의 호감이나 취미가 전해지지 않아 조바심을 느끼게 되는 상대다. 개인적인 '좋아하는 마음'을 드러내거나, 자신을 갈고닦아 억지로 다가가는 경향도 있다. 상대의 행동을 보고 취향 차이를 깨닫게 되면 차분해질 것이다.

**60°**
상대가 좋아하는 행동이나 옷차림을 할 수 있어 호감을 얻기 쉬운 편이다. 하지만 거기에 너무 치우치지 않고 자신의 색깔도 확실히 드러낼 수 있다. 그러한 자기주장이 상대에게 멋지게 느껴져, 서로 즐겁게 지낼 수 있다.

**120°**
꾸밈없는 당신이 상대의 가치관과 잘 어울린다. 무리하지 않고 자연스럽게 꾸밀 수 있고, 개인적인 취미도 즐길 수 있다. 함께 있으면 편안해져서 당신이 행복해질 수 있는 이상적인 연인이 될 것이다!

### 그 날의 운세

**0°**
세간의 움직임이 자신의 취향에 잘 맞아 즐겁게 보낼 수 있는 날이다. 다만 자신의 행복한 기분을 주변에 강요하는 경향이 있으니 주의하자. 공통된 취미를 가졌더라도 세심하게 관계를 조율하는 것이 중요하다.

**180°**
자신의 미적 감각이나 취미가 주변의 가치관이나 상황에 맞춰지는 것이 신경 쓰이는 날이다. 어딘가 붕 떠 있는 느낌이 들어 지치기 쉬우니, 공공장소에 나가기보다는 좋아하는 일을 하며 느긋하게 보내도록 하자.

**90°**
주변 사람들이 목적의식을 중시하기 때문에 그저 즐기고 싶은 당신에게는 욕구불만이 쌓이는 날이다. 공공장소에서는 취미가 받아들여지기 어렵기 때문에, 여유를 누르고 본업에 집중하자.

**60°**
주변 사람들의 목표가 당신의 즐거운 감각을 자극해 두근거림을 느끼는 날이다. 당신이 남을 위해 미적 감각을 발휘할 수도 있고, 적극적으로 움직이는 사람에게 설렘을 느낄 수도 있다. 목표를 달성했을 때는 함께 환희를 만끽할 수 있을 것이다!

**120°**
주변 사람들이 무언가 의미 있는 일에 몰두하는 모습을 보며, 당신 역시 취미나 행복한 시간을 진심으로 즐길 수 있는 날이다. 자기표현을 하는 최애나 좋아하는 사람을 보며 행복을 느낄 수도 있다.

# 금성 × 달
### 당신   상대
천진난만함을 즐기는 자세

상대의 감정 표현이나 약간의 어리광, 다정함을 즐길 수 있는지가 열쇠가 되는 관계. 당신의 미의식이 높고 눈썰미도 좋은 편이어서 조합에 따라서는 상대의 검소한 옷차림이 마음에 들지 않을 수도 있고, 반대로 애교 섞인 순수함에 귀여움을 느낄 수도 있다. 상대의 천진난만한 분위기에 호불호가 나뉜다.

상대의 시점(상대의 달×당신의 금성) p.147

## 인간의 궁합

### 0°
상대의 어리광 때문에 즐거운 분위기가 순식간에 깨지는 것처럼 느껴지는 관계. 상대의 마음은 아플 정도로 이해하면서도, 때로는 어린아이처럼 보일 수도 있다. 이 사람의 기분을 풀어 주면 상황이 진정되기도 한다.

### 180°
안정감을 원하는 상대에게 당신은 자극적인 즐거움을 바라기 때문에, 상대가 어리게 보이거나 취미를 마음껏 즐기지 못하는 편이다. 서로의 취향을 존중하며, 너무 간섭하지 말고 자유롭게 즐기자.

### 90°
상대의 바람이나 미적 감각이 아이 같아서 짜증이 날 수도 있다. 하지만 분위기를 파악하거나 아름다움을 즐기는 방법을 모르는 경우가 많아, 함께 가르쳐 주는 과정에서 오히려 귀엽게 느껴질 수도 있다.

### 60°
상대의 순수한 모습을 귀엽게 느껴 친근감이 생기는 관계. 성별에 상관없이 지켜 주고 싶다는 마음이 들거나, 이런저런 경험을 시켜주며 즐겁게 해 주고 싶다는 생각이 들 수도 있다. 자신이 즐겨 찾는 곳으로 데리고 가면 행복한 기분이 들 것이다.

### 120°
항상 가까이에 있으면서 함께 잘 어울려 노는 느낌을 주는 상대다. 살짝 제멋대로이거나 서투른 면이 있지만, 상대가 당신의 미적 감각을 자주 칭찬해 주기 때문에 기분이 좋아지고 사랑스럽게 느껴질 것이다.

## 그날의 운세

### 0°
평소에도 느끼는 부분이지만, 오늘은 특히 그 속마음을 가감 없이 드러내는 사람들이 유치하게 느껴질 수 있다. 하지만 이는 당신이 사람들과의 거리감이나 아름다운 세계관을 소중히 여기는 것에 대해 다시 생각해 볼 좋은 기회가 될 것이다.

### 180°
주변이나 SNS에서 드러나는 사람들의 변덕스러운 감정 때문에 오락을 충분히 즐기지 못하는 날이다. 반짝이는 세계를 보거나 웃으며 보내고 싶지만, 마음이 울적해질 수도 있다. 이럴 때는 예의를 갖춘 어른과 함께 시간을 보내며, 마음을 정화하는 것이 좋다.

### 90°
어린이들이나 마음이 어린 사람들이 자신의 취미를 가볍게 보는 바람에 스트레스를 느끼는 날이다. 행복한 기분이 수포로 돌아갈 수 있지만, 그조차 즐길 수 있다면 프로레슬링 같은 오락으로 승화될 가능성도 있다!

### 60°
주변의 분위기가 귀엽게 느껴지는 날이다. 아이들이 모이는 놀이터나 축제 같은 이벤트에 참가하면, 상상 이상으로 설레는 마음을 느끼며 즐길 수 있다. 또한 감정이 끓어오르는 이벤트를 열기에도 좋은 날이다!

### 120°
주변 사람들이 기뻐하는 걸 느끼는 날이다. 친한 동료들과 놀면 평소와 다름없는 즐거움을 맛볼 수 있다. 또한 SNS에 올라 오는 일상의 아름다운 사진에서도 위로를 받을 수 있다.

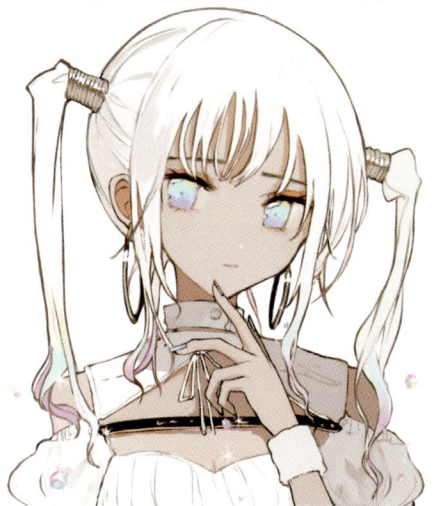

당신 　 상대
## 금성 × 수성
말의 취향

상대의 지성이나 농담 센스가 당신의 취향에 맞는지 알 수 있는 관계다. 대화 곳곳에서 배어 나오는 타인에 대한 배려나 우아함에 설렘을 느끼는 한편, 조합에 따라서는 품위 없는 말투가 보여 거리를 두게 될 수도 있다. 이 상대와 교류하면 자신의 말투도 객관적으로 보게 된다.

상대의 시점(상대의 수성×당신의 금성) p.157

### 인간의 궁합

#### 0°
상대의 이기적인 언동 때문에 즐거웠던 마음이 순식간에 식어버리는 관계다. 좋아하는 일에 몰두하고 싶어도, 말로 분위기를 깨거나 블랙 조크가 전혀 웃기지 않을 수도 있다. 숨통을 틔우고 싶을 때는 거리를 두는 것이 좋다.

#### 180°
상대의 말이 신경 쓰여 취미에 집중하지 못하게 되는 관계다. 이 사람에게 자신의 취향이나 좋아하는 것을 말하면, 예상치 못한 반응이 돌아와 불안해질 수도 있다. 말과 행동의 특징을 잘 파악하려는 의식을 가져보자!

#### 90°
상대가 자신의 취향을 이해해 주지 않아 짜증이 날 수도 있다. 이는 상대에게 어느 정도 지식이 있어 보여 이해해 줄 것이라 기대했기 때문일지도 모른다. 자신의 취미나 애정을 지나치게 드러내지 않도록 주의하자.

#### 60°
상대의 지성이나 말투를 좋아하게 되어 아름답다고 느끼는 관계다. 당신의 취미나 패션에 대해서도 말로 잘 표현해 주기 때문에 이 사람과 대화하다 보면 자신에게 어울리는 옷이나 디자인에 대해 배우게 될 것이다!

#### 120°
당신의 미적 감각을 자연스럽게 언어로 표현해 주는 상대다. 말투에서도 품위가 느껴져, 오랫동안 즐겁게 이야기하고 싶어질 것이다. 이 사람에게 얻는 정보는 당신에게 평화롭고 행복한 기운을 선사할 것이다.

### 그 날의 운세

#### 0°
반짝이고 싶은 마음인데, 주변 사람들에게 잡학이나 지식을 강요받아 기운이 훅 떨어지기 쉬운 날이다. 하지만 덕질이나 취미 생활을 하다 보면 의외로 도움이 되는 정보를 얻을 수도 있다. 식상하다고 느껴질 수 있지만, 나중에 그 지식이 유용하게 쓰일 가능성도 있다!

#### 180°
주변이나 SNS에서 지식을 서로 주고받으며 즐거운 정보를 얻기도 하고, 동시에 즐겁지 않은 지식도 얻게 되는 날이다. 가벼운 마음으로 정보 수집을 할 생각이었는데, 과도한 정보에 지쳐 놀이에 집중하기 어려워질 수도 있다.

#### 90°
주변 사람들의 말투나 센스가 별로 깔끔하지 않아, 그 무심한 태도까지 신경 쓰이게 되는 날이다. 말투만 조금 달라진다면 내용 자체는 괜찮으니, 당신이 분위기를 유도해 말투에 신경 쓰도록 만들어 가는 것도 좋은 방법이다.

#### 60°
주변 사람들이 당신의 센스나 취향을 이해하고 느낀 점을 전해주기 때문에 행복한 마음이 들기 쉬운 날이다. 친구나 좋아하는 사람들 사이에서는 화기애애하게 대화를 즐길 수 있다. 자신의 취미에 관심을 가져 주는 사람을 새로 만날 가능성도 있다!

#### 120°
누군가 찬물을 끼얹는 일 없이, 느긋하게 취미를 즐기고 좋아하는 사람과 평화롭게 대화할 수 있는 날이다. 자신이 좋아하는 일이나 스타일을 마음껏 표현하면서, 관심을 보이고 다가오는 사람과 좋은 인연을 쌓을 수 있다.

## 금성 × 금성
### 좋아하는 궁합

순수한 취향이나 취미의 궁합을 판별할 수 있다. 취향이 비슷하다면 같이 노는 일이 많아져서 서로의 미의식을 공유한 친구 관계로 발전할 수 있다. 반면 최애나 좋아하는 대상이 겹쳐 대립할 때도 있다. 기본적으로는 각자가 나름의 감각과 '좋아하는 방식'을 지니고 있으며, 그 취향을 잘 어우러지게 하는 것이 중요하다.

### 인간의 궁합

**0°**
미적 감각이 비슷해 같은 콘텐츠나 사람을 좋아하게 되기 쉬운 관계다. 취미를 공유할 수 있을 것이라는 기대가 커서, 조금이라도 즐기는 방식이 다르면 실망할 수도 있다. 자신의 취향을 상대에게 강요하지 않도록 주의하자.

**180°**
서로의 취향이 정반대여서, 소지품이나 패션, 취미, 연애 센스를 신기하게 바라보는 관계다. 하지만 상대가 이상하게 생각해 주는 덕분에, 자신의 행동이나 소지품을 객관적으로 볼 수 있게 된다.

**90°**
좋아하는 사람이나 작품이 서로 라이벌일 때도 있고, 서로 간에 '무언가를 좋아하는 마음'이나 외모의 우열을 가리는 관계다. 상대보다 행복하다고 느끼고 싶어 갈등이 생기는 경우도 많다. 마음을 정화하기 위해 의식적으로 아름다운 것을 접하도록 하자!

**60°**
서로의 취향이나 노는 방식을 존중하기 때문에 서로 불편함 없이 즐거운 기분을 유지할 수 있다. 노는 친구나 미래를 깊이 생각하지 않아도 되는 가벼운 연인, 혹은 최애나 팬들 사이에서도 최적의 관계가 될 수 있다.

**120°**
서로의 취미가 맞아, 좋아하는 사람이나 콘텐츠에 대한 어느 정도의 공감과 이해가 있어서 같이 놀면 매우 편안하고 좋은 관계다. 같은 그룹이나 조직 내에 상대가 있으면 안심하고 그 자리를 즐길 수 있다.

### 그 날의 운세

**0°**
주변 사람들이 즐겁게 노는 분위기에 영향받아 가슴이 뛰는 날이다. 한편으로 소품이 겹치거나 같은 취미를 가진 사람에게 주목하게 되는 경우도 있다. 첫눈에 반할 만큼 충격적인 만남도 찾아올 수 있다!

**180°**
남들의 시선을 의식해 취미를 제대로 즐기지 못하는 날이다. 주위 눈치를 살피느라 기쁨을 억누르거나, 입고 싶은 옷과 먹고 싶은 음식을 고르기 어려울 수 있다. 행복을 느끼는 시기가 남들과 달라질 수 있으니, 데이트한다면 다른 날로 조정하도록 하자.

**90°**
유행하는 것들이 센스 없게 느껴지지만, 분위기에 맞춰야 하는 상황에 갈등하는 날이다. 취미를 모두 드러내 균형을 맞추려 하지만 오히려 충돌이 생길 수도 있다. 최대한 자기 속도를 지키자.

**60°**
주변의 유행과 당신의 궁합이 좋아, 기존에 있던 붐에 당신이 손을 대면 더 멋지게 보일 수 있는 날이다. 세련된 당신을 동경해 호감을 느끼는 사람도 생긴다. 좋은 의미로 주목받기 쉬운 날이니, 예쁘게 행동하도록 의식하자.

**120°**
연인이나 친구, 혹은 당신을 아름답게 바라보는 팬 같은 사람에게 사랑받는 날이다. 늘 입던 대로 입었는데도 옷차림 칭찬을 많이 받아 행복한 시간을 보낼 수 있다. 즐거운 일에는 적극적으로 참여하자!

## 금성 × 화성
### 애정 표현에 대한 행복도

(당신) 금성 × (상대) 화성

어떤 관계든 상대가 당신에 대한 애정이 있으며, 그 애정 표현이나 열정의 강도, 취향을 알 수 있는 관계다. 애정이 너무 강하면 당신을 속박하려는 움직임이 보이고, 화를 내거나 즐거운 마음을 잃게 되는 경우도 있다. 한편으로 이 사람이 노력해 준 덕분에 편해지는 경우도 많다. 상대의 열정을 서포트하고 행복을 유지하자!

상대의 시점(상대의 화성×당신의 금성) p.177

### 인간의 궁합

**0°**
상대가 당신을 위해 지나치게 노력하는 관계다. 그 노력이 부담스럽게 느껴지기도 하지만, 때로는 그 사람에 기대어 대충 넘기게 되는 경우도 있다. 너무 편해지면 상대를 진짜로 화나게 할 수도 있으니 주의하자!

**180°**
상대의 열정이 당신의 미의식에 맞지 않아 난폭하게 느껴지거나 사랑받지 못하고 있다는 인상을 받을 수 있는 관계다. 하지만 중립적인 의식이 발동해 상대의 기분을 풀어 주는 경향도 있다. 취미를 즐기고 싶을 때는 거리를 두는 것이 좋다.

**90°**
가볍게 즐기는 당신에 비해, 상대는 승부욕이 생기기 쉬워 스트레스를 느끼는 관계다. '당신과 경쟁하거나 충돌해 봤자 행복해질 수 없다'는 마음을 다정하게 전해주자.

**60°**
상대의 뜨거운 애정을 기쁘게 받아들일 수 있어, 서로 마음이 있다면 연애 궁합이 더 좋아지는 관계다. 당신이 생글거리며 웃기만 해도 상대는 지켜 주고 싶은 마음이 들 것이다. 이 사람 앞에서는 늘 좋은 기분을 유지하도록 신경 쓰자!

**120°**
평소처럼 취미나 패션을 즐기는 자연스러운 모습을 좋아해 주는 상대다. 무리하지 않아도 호감을 보여 주며, 필요할 때는 당신을 위해 싸워줄 사람일 수도 있다. 함께 있어서 행복하다는 마음을 솔직하게 전하자.

### 그 날의 운세

**0°**
세상의 열기를 마음껏 즐길 수 있는 날이다. 주변 사람들의 흥이 올라 당신을 대신해 싸우기 때문에, 당신은 힘을 빼고 행복을 느끼려는 편이다. 하지만 누군가 노력을 강요하면, 도망치듯 휴가를 떠나는 경우도 있다.

**180°**
당신을 위해 노력해 주는 사람이나 단체를 생각해 딴짓하지 못하는 날이다. 자신만의 방식으로 빛나는 분위기를 만들고자, 일이나 사랑에 진지한 사람을 혼란에 빠뜨리기도 한다. 오늘은 앞으로 나서기보다는 뒤에서 조용히 응원하는 쪽이 안전하다.

**90°**
잠시 편해지려 게으름을 피우다가 열심히 하는 사람에게 혼이 나 스트레스를 느끼기 쉬운 날이다. 특히 당신을 사랑하는 연인의 반감을 살 수도 있다. 노력하는 사람을 인정하고, 애정을 표현해 균형을 잡도록 하자.

**60°**
주변 사람들이 적당히 노력해 주는 덕분에 취미를 즐기거나 일할 때도 여유를 가질 수 있는 날이다. 그렇다고 게으름 피우지 말고, 요구되는 범위에서 사랑과 열정을 돌려주어 주변 사람들에게 긍정적인 동기를 불어넣자!

**120°**
행복해 보이는 당신을 위해 주변 사람들이 힘쓰는 날이다. 사람들 앞에서 미소를 짓고 있으면, 일이 잘 진행될 것이다. 불쾌한 일이 있더라도 좋아하는 음식을 먹거나 좋아하는 색을 몸에 둘러 기분을 회복하자.

## 금성 × 목성
### 당신　　　　상대
**애정 표현에 대한 행복도**

행복의 규모를 키워 주는 상대다. 당신의 취향을 이해해 주기 때문에 함께 있으면 즐겁게 느낄 수 있다. 다만 부추김을 받아 취미의 규모가 지나치게 커지는 경향도 있다. 연애 관계가 넓어지거나 많은 사람에게 사랑받게 되면서, 기대에 부응하지 못하거나 질투의 대상이 되어 곤란한 상황에 빠질 위험도 있다. 상대의 기세에 휘말리지 않는 것이 중요하다.

상대의 시점(상대의 목성×당신의 금성) p.187

### 인간의 궁합

**0°**
시야가 넓고 성격이 밝은 사람이라 같이 있으면 즐거운 관계다. 하지만 상대가 당신을 기쁘게 하려고 끝없이 놀고 싶어 하기 때문에, 처음에는 에너지가 넘치더라도 점점 피곤해질 수 있다. 적절히 쉬어가며 어울리는 것이 좋다!

**180°**
당신의 취미를 받아 주는 상대의 긍정적인 자세를 온전히 믿지 못하고, 마음껏 활개를 펴지 못하는 관계다. 무엇이든 밝게 받아들이는 상대를 보며, 정말 괜찮은 걸까 신경이 쓰이기도 한다. 간섭하지 말고 믿어 주는 편이 좋다.

**90°**
미래를 시야에 두고 더 넓게 사물을 모색하려는 상대와 달리, 대충 편하게 살고 싶은 당신은 스트레스를 느끼는 경우가 있다. 세상이 넓어진 후에도 편하게 살 수 있으니 메인 계획은 상대에게 맡기고, 본인은 자기만의 방식으로 즐길 수 있는 부분을 찾아보자!

**60°**
당신에게 기쁨을 주기 위해 분위기를 밝게 만들어주거나 큰 선물을 주는 상대에게 당신은 행복을 느낀다. 당신도 보답하기 위해 둘 다 좋아하는 장소로 데리고 가는 등 함께 웃기 위해 노력하는 일이 많아진다.

**120°**
당신이 행복하게 있기만 해도 도와주는 상대다. 귀찮은 일을 뭔지도 해 주는 탓에 무심코 기대게 되지만, 상대방 입장에서는 호감이 있어서 해 주는 일이라 오히려 기쁨을 표현해 보자.

### 그날의 운세

**0°**
당신의 취미나 미의식에 대해 사회적 서포트를 지나치게 많이 받기 쉬운 날이다. 포용력 있는 윗사람에게 귀여움받는 경우가 많은데, 불편한 마음에 진정으로 즐기지 못할 수도 있고, 미래를 의식하지 않으면 괜히 어색해질 수도 있다.

**180°**
취향이나 취미가 분명히 다른데도 자신을 지지해 주는 주변 사람들이 왠지 모르게 불편한 날이다. 세상에는 별별 취향을 가진 다양한 사람들이 있다는 사실을 이해하면, 유독 밝게 느껴지는 사람도 받아들이기 쉬워진다!

**90°**
주변의 봉사 정신에 스트레스를 느끼기 쉬운 날이다. 자신이 좋아하는 사람이나 취미를 우선시하고 싶은데, 그게 잘되지 않는 듯한 감각이 있을 수 있다. 사회 활동을 하면서 본인만의 즐거움을 찾도록 하자.

**60°**
주변에서 당신의 외모나 패션, 디자인 센스 등에 장래성을 느끼고 적당히 사회적인 지원을 해 주고, 그게 기쁘게 느껴지는 날이다. 취미의 규모가 더 넓어지기 쉬우니, 인연을 의식해서 행동하는 것이 좋다.

**120°**
누군가 다이아몬드 원석 같은 당신의 소질을 알아볼 수 있는 날이다. 타인의 평가를 받을 필요는 없지만, 안에 틀어박혀 있기보다 자연스럽게 좋아하는 일을 하며 사람들에게 미소를 보이면 행운이 찾아올 수 있다!

## 금성 × 토성
### 즐거움의 제한

상대가 당신보다 연애 경험이 더 많거나 당신의 취미에 대해서도 더 잘 알기 때문에 취향이나 옷차림을 고쳐 주려고 하는 관계이다. 이 사람이 옳다고 생각해서 억압받는 다고 느껴질 수도 있다. 하지만 기쁨은 조금 옅어지더라도 어른스러운 대응 덕분에 위로와 보호받고 있다는 느낌이 들 수도 있다. 부담감 속에서 행복을 찾을 수 있도록 노력하는 것이 중요하다.

상대의 시점(상대의 토성×당신의 금성) p.197

### 인간의 궁합

**0°**
당신의 취미나 연애에 대해 경험자로서 조언을 해 주는 상대다. 그 일을 좋아해 주길 바라는 마음에서 그러는 것인데, 당신 입장에서는 자유를 빼앗기는 것처럼 느껴진다. 기쁨은 스스로 경험하고 싶다는 마음을 분명히 전하는 것이 좋다.

**180°**
자꾸 꾸중을 듣고 지시를 당하는 것이 신경 쓰여 연애나 취미를 즐기지 못하는 관계이다. 자신과는 반대의 사고방식을 갖고 있는 사람인데 존경받으니, 그 사람이 옳다는 생각에 위축되는 경향이 있다. 가끔은 상대 몰래 한숨 돌리자!

**90°**
노력하는 상대에 비해 당신은 힘을 빼고 있는 것처럼 보이기 쉬운 관계이다. 미래에 어떻게 해야 하는지 가르치려고 하니까 즐거움을 빼앗긴다고 느껴지기도 한다. 당신만의 행복이나 정답을 보여 주면 상대도 이해해 줄 것이다.

**60°**
상대의 차분한 지도나 지원으로 당신의 귀여운 분위기가 팽팽해지며 세련된 분위기를 만들어낸다. 상대의 이야기나 경험을 의식해서 들어 두면, 어른의 아름다움을 익힐 수 있을 것이다!

**120°**
연애나 취미 활동을 할 때 당신이 너무 풀어지지 않도록 적당히 눌러 주는 상대다. 윗사람이 있는 자리나 사교 모임에서 이 사람과 함께 있으면, 당신의 젊은 분위기가 보완되어 세련된 인상을 준다.

### 그날의 운세

**0°**
놀이나 사랑에 푹 빠져 혼이 날 수 있는 날이다. 특히 상사나 선배, 선생님에게는 해야 할 일을 하지 않았다며 감시를 당하는 상태이니, 오늘은 해야 할 일을 마치고 나서 놀도록 하자!

**180°**
상사나 어른의 눈이 신경 쓰여 설렁설렁하지 못해 지치기 쉬운 날이다. 게다가 주변에서 상식을 밀어붙여 숨 돌릴 틈도 없는 상황이 될 수 있다. 학교나 회사에서 휴식 시간에는 좋아하는 일을 하는 시간을 의식적으로 만들자.

**90°**
사회 규율을 따분하게 느끼며, 위험한 놀이에 푹 빠질 것 같은 날이다. 하지만 행복을 쟁취하기 위해 싸우는 한편, 규율이 당신의 미래를 지켜 주는 경우도 있다. 짜증이 나더라도 어른들의 이야기를 들을 노력을 하면 성장할 수 있다.

**60°**
윗사람이나 사회의 상식에 부응받으며 자신의 취미를 즐길 수 있는 날이다. 경비가 삼엄한 이벤트나 규율이 확실히 있는 만남의 장소에 나가면, 비교적 안전하게 마음껏 즐길 수 있다!

**120°**
취미나 연애에서 경험자들의 지도를 받고 올바른 길에 다다르기 쉬운 날이다. 당신의 젊음을 이해한 주변 어른들이 다정하게 조언해 줄 것이다. 당신도 실패하고 싶지 않아서 군말 없이 이야기를 받아들일 수 있다.

# 당신의 **화성**과 궁합 보기

상대나 그날에 따라 달라지는
당신의 정열

피자

## 화성 × 태양
### 당신  상대
### 자아와 정열

상대가 사는 모습이나 행동을 보면 아드레날린이 뿜어져 나오기 쉬운 관계다. 분노나 경쟁심, 혹은 이 사람을 위해 노력하고 싶다는 애정을 품는 경우도 있다. 또한 상대의 주장에 따라 싸울 용기를 갖게 되는데, 조합에 따라서는 공격적인 표현을 할 수도 있으니 주의하자. 약한 소리를 내뱉으면 안 되는 상황이나 정신력을 높이고 싶을 때 주목하면 좋은 배치다.

상대의 시점(상대의 태양×당신의 화성) p.138

### 인간의 궁합

**0°**
상대의 자아가 당신의 심금을 울려 분노 제어가 어려워지는 관계다. 당신은 상대가 더 싸울 수 있을 사람이라고 기대하고 있으며, 그 애착이 있기 때문에 강하게 나가는 것일 수도 있다. 상대의 체력이나 배경적인 사정을 헤아리는 노력을 해 보자!

**180°**
당신에게 열정이 없는 분야에서 열심히 노력하는 상대의 행동에 정신을 빼앗겨 의욕이 생기기 어려워지는 관계다. 반대로 상대방은 당신의 노력을 이해하지 못하는 경우도 있다. 보람을 느끼지 못할 일은 거절하는 용기를 갖도록 하자.

**90°**
당신이 매사에 정열이 더 강하기 때문에 상대에게 의욕이 없어 보여 스트레스를 느끼는 관계다. 진지하게 살아 달라는 메시지를 담아 재촉하는 경우가 있을 수 있다. 상대의 가치관에 맞는 응원을 하는 것이 좋다.

**60°**
당당히 자기표현을 하는 상대에게 영향받아 실패를 두려워하지 않고 경쟁 사회에 맞설 용기를 기르게 되는 관계다. 당신의 정신론도 적당히 들어주기 때문에 팀으로 협력하면 보람 있는 성과를 얻을 수 있다!

**120°**
상대를 위해 피하지 않고 노력하겠다는 마음을 자연스레 가질 수 있는 관계다. 때로는 애정이라는 명목으로 상대를 지키고자 타인을 공격할 수도 있다.

### 그날의 운세

**0°**
주변 사람들의 자신감이 넘치거나 자기주장이 지나치다고 느껴져 화가 나기 쉬운 날이다. 열의가 넘쳐흘러 자신도 통제하지 못하고 타인에게 필요 이상으로 상처 주는 경우가 있으니 언동에 주의가 필요하다.

**180°**
생기 넘치는 주변 사람들을 보고 노력해야겠다는 마음에 초조함이 느껴지는 날이다. 게다가 그 열정이 주변 사람들의 수요와 다른 경우가 많아 소외감을 느낄 수도 있다. 서두르지 말고 보람 있는 일에 집중하자.

**90°**
사람들의 행동이 공격적으로 느껴져 스트레스가 한계에 달하기 쉬운 날이다. 물건이나 타인의 인생을 부수는 등 난폭한 싸움을 할 수 있으니 조심하자. 하지만 남아도는 열정 덕분에 자신의 일이나 활동에 전념할 수도 있다.

**60°**
세상의 가치관이나 주변 사람들의 행동에 힘을 얻어 애정을 가지고 남을 위해 싸울 수 있는 날이다. 당신의 행동이 누군가에게는 용기가 될 수 있으니 적극적으로 사람들과 얽히는 것이 좋다.

**120°**
주변 사람들의 활동을 자연스럽게 응원할 수 있는 날이다. 자신이 놓인 처지나 역할을 이해하고 행동하는 사람들을 보며 당신의 목적도 분명해질 수 있다. 해야 할 일을 알게 되면 더 노력에 집중할 수 있다.

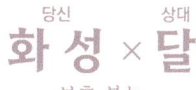

## 화성 × 달
### 당신 　 상대
### 보호 본능

상대의 순수한 감정이나 진심에 반응하여 뜨거워지기 쉬운 관계다. 상대가 아이처럼 기뻐하면 그 모습만으로도 큰 힘을 얻지만, 반대로 상대가 기분이 좋지 않거나 슬퍼하면 초조해지는 경향도 있다. 힘의 균형으로 보면 당신이 우위에 서기 쉬운 편이며, 겉보기에는 대등해 보여도 상대에게 겁을 주어 지배할 수도 있으므로 너무 뜨거워지지 않도록 의식하자!

상대의 시점(상대의 달×당신의 화성) p.148

### 인간의 궁합

**0°**
상대를 아끼고 있지만, 유치한 표현 때문에 화를 내기 쉬운 관계다. 또한 상대가 당신의 태도에 겁을 먹어 위축되거나 우는 경우도 있다. 가능한 한 공감을 표시하며 부드러운 표정으로 대하도록 신경 쓰자.

**180°**
섬세한 상대를 너무 배려한 나머지 너무 강하게 응원하기 어려운 관계다. 어떤 관계든 당신이 조심스러워하기 때문에 본연의 힘을 발휘하지 못한다. 상대 앞에서는 부드럽게 대하고, 자신을 위해 뒤에서 열심히 노력하는 정도가 좋을 것 같다.

**90°**
감정적인 싸움을 하기 쉬운 관계다. 상대가 신경질을 부리는 것처럼 보여 짜증이 나서 성질을 내거나 지배하려 들 수도 있다. 둘 다 냉정하지 않기 때문에 의식적으로 마음을 가라앉히면 상황이 좋아질 수도 있다.

**60°**
상대를 안심시키기 위해 사회의 거친 파도로부터 지키려는 노력을 진지하게 할 수 있는 관계다. 상대가 결혼할 사람이라면 당신이 열심히 벌고, 상대는 집안일이나 육아를 하는 등 역할을 명확히 분담할 수 있다.

**120°**
무언가에 너무 몰입하더라도 상대가 있는 그대로 받아들여 주기 때문에 안심하고 열정을 쏟을 수 있는 관계다. 화를 내고 싶어질 때도 이 사람이 달래 주는 덕분에 차분해진다.

### 그날의 운세

**0°**
주변 사람들의 마음이나 유치한 태도에 고함을 지르고 싶어지는 하루다. 울부짖는 아이를 보고 강한 스트레스를 느끼는 경향도 있다. 생활 습관 속에서 흥분하기 쉬우니, 평소에 잘 가지 않는 곳에 가면 마음을 진정시킬 수 있다.

**180°**
작업에 집중하는데 아이에게 방해받거나 주변의 감정적인 태도에 정신이 흐트러지기 쉬운 날이다. 모처럼 생긴 열정이 식어서 그만두기도 한다. 힘은 어른들이 모이는 곳에서 쓰자!

**90°**
주변에서 이기적으로 굴거나 신경질을 부리는 모습에 짜증이 나기 쉬운 날이다. 언성을 높이거나 흥분해서 손찌검할 수도 있다. 구조적으로 약한 자를 괴롭히는 모습이 나올 수 있으니, 이날은 어린 사람들과 얽히지 않도록 하자.

**60°**
당신의 열의를 순수하게 응원받기 쉬운 날이다. 아이들이나 후배 등 순수하게 따르는 사람들을 위해 노력할 수 있다. 영웅처럼 멋있는 모습을 의식하면 더 힘을 발휘할 수 있다.

**120°**
귀엽고 순수한 사람의 모습이나 어린 시절에 좋아했던 물건을 만나 무의식적으로 힘이 충전되는 날이다. 또한 생활권 안에 아이를 지키고 싶은 사람이 있으면 일이 순조롭게 풀린다. 힘이 나지 않을 때는 동심으로 돌아가 보자.

## 화성 × 수성
### 당신　상대
**말에서 얻는 힘**

상대에게 얻어낸 지식이 당신의 경쟁심이나 힘을 자극하는 관계이다. 이 사람과는 퀴즈나 게임으로 승부를 내고 싶을 수도 있고, 공부나 업무에서 경쟁하거나 뜨거운 토론을 즐기는 편이다. 너무 뜨거워진 나머지 말다툼으로 번질 수도 있지만, 상대는 근거를 들어 이야기하는 경우가 많아 지식을 얻을 수도 있다.

상대의 시점(상대의 수성×당신의 화성) p.158

### 인간의 궁합

**0°**
상대의 말이 당신에게 강하게 불을 붙이는 관계이다. 대화하다 보면 말투가 멋있다고 느껴지기도 하고 이 사람을 사랑하는 계기가 된다. 하지만 상대가 너무 똑똑하거나 친구가 많으면, 질투심에 안절부절 못할 수도 있다. 침착하게 대하도록 하자.

**180°**
경박하게 행동하는 상대가 대체 무슨 생각으로 그러는지 이해하지 못하고 화를 내거나 설득하려 하는 관계이다. 하지만 상대 역시 본질적으로 당신의 열의를 이해하지 못해서 마음을 알아주지 않는 경우도 많아진다. 너무 흥분하지 않도록 주의하자.

**90°**
냉정하게 내뱉은 상대의 말에 자신만 진지했던 것 같아 바보처럼 느껴지는 관계이다. 애정이 전해지지 않고 상대가 당신을 논리로 압박하려 하기 때문에 말다툼으로 번지기 쉽다. 대화가 아니라 행동이나 결과로 보여 주자.

**60°**
상대와 대화를 나누면 에너지가 충전된다. 똑똑한 모습에 끌리고, 지식을 끌어내기 위해 열심히 노력하거나 정보를 이용해 일이나 연애에 최선을 다할 수 있다. 또한 상대의 말을 의식적으로 들으면 분노가 가라앉을 수도 있다.

**120°**
상대의 말을 들으면 지배욕이나 화가 누그러지며, 냉정하게 타인을 위해 일에 힘쓸 수 있는 관계이다. 또한 연애할 때도 상대의 말을 들으면 속박하려는 마음이 약해지고, 자연스레 상대에게 애정을 쏟는다.

### 그날의 운세

**0°**
SNS나 주변의 말이 기폭제가 되어 에너지를 과도하게 방출하기 쉬운 날이다. 과로하게 되거나 연인을 위해 너무 힘을 쏟아 몸이 망가지기 쉬우니, 공부나 정보 수집을 할 때는 적당히 하자.

**180°**
타인의 말을 의식해서 진정으로 노력할 수 없는 날이다. 노력했는데 바보 취급을 당하거나, 갑갑하다며 야유를 받기도 하니 마음이 갈피를 잡지 못하고 원래 갖고 있던 열정을 쏟아내지 못할 수 있다. 밖으로 나가지 않더라도 힘은 발산하도록 하자.

**90°**
당신이 노력하는 만큼, 주변의 가벼운 말에 짜증이 나는 날이다. 노력을 부정당하는 것처럼 느껴져 흥분하기 쉬운데, 공격적인 태세에 들어간 것일 수도 있다. 이해해 주지 않아 번아웃 증후군이 올 수 있으니 조심하자!

**60°**
주변의 말이나 배운 지식을 통해 자신의 열정이 응원받는 날이다. 온 힘을 다해도 지식이 냉정하게 만들어주기 때문에 용량 초과는 되지 않는다. 열심히 하고 싶을 때는 의식해서 미리 정보를 수집하면 좋다.

**120°**
사랑하는 사람과 대화하고 책을 읽고 SNS나 주변의 말을 듣고 안심하며 최선을 다할 수 있는 날이다. 큰 변화는 적지만, 온전히 집중함으로써 일상의 활력으로 이어질 것이다. 말이 있는 곳으로 나가면 의욕이 생긴다.

## 화성 × 금성
### 당신 　 상대
매혹적인 사람

상대의 매력에 강하게 이끌려 충동적으로 소유하고 싶은 마음이 생기는 관계다. 성적인 애정을 품고 트로피처럼 성취하려 한다. 하지만 상대가 곁에 있을 때는 그 사람을 위해 노력해서 원하는 것을 줄 수 있다. 다만 너무 사랑하는 나머지 상대가 다른 일로 즐거워하는 모습을 보면 속박하는 경향이 있으니 조심하자.

상대의 시점(상대의 금성×당신의 화성) p.168

### 인간의 궁합

**0°**
매혹적인 상대를 손에 넣고 싶다는 강한 바람이 있는 관계다. 선물을 주며 헌신을 바치려고 하지만, 상대가 돌아봐 주지 않는 경우에는 투자한 시간이나 돈에 강한 분노가 생기기 쉬우니, 너무 바라지 않도록 주의하자.

**180°**
자신의 노력이 상대에게 닿지 않는 것처럼 느껴져 마음이 흐트러지기 쉽다. 하지만 당신이 근본적으로 상대의 취향을 이해하고 있지 않을 가능성이 있다. 호감이 와닿지 않았을 수 있으니, 먼저 상대의 취미를 아는 것부터 시작해 보자.

**90°**
상대의 매력에 화까지 나는 관계다. 아름다운 용모나 인간관계에 질투해서 귀여움이 증오로 바뀌었을 수도 있다. 좋아하면 괴롭히고 싶어지기 때문에 먼저 자신의 약한 모습을 솔직하게 인정하는 것이 중요하다.

**60°**
상대를 기쁘게 하려고 정열적으로 헌신하고 싶어지는 관계다. 상대의 미소나 패션을 보면 힘이 나고, 적극적으로 약속을 잡거나 선물 공세를 할 수도 있다. 상대의 취향을 이해하고 있어서 서로 행복한 시간을 보낼 수 있다.

**120°**
상대의 행복을 위해 무의식적으로 자신의 에너지를 쓰는 관계다. 상대의 매력을 충분히 끌어내면 당신도 열정이 생길 것이다. 연애를 하는 사이라면 결혼 후에도 연인처럼 지내는 편이다.

### 그 날의 운세

**0°**
세상의 귀여운 것이나 재미있는 오락에 열광하는 날이다. 취미를 위해서 일을 열심히 하는 한편, 연인이나 좋아하는 사람을 무의식적으로 속박할 가능성도 있다. 본능적인 욕구에 지지 않도록 자신과 싸워야 한다.

**180°**
매혹적인 오락이나 단정한 외모를 가진 사람이 신경 쓰여 냉정을 잃는 날이다. 일에 집중하고 싶어도 즐거운 일이 머리를 스치고 지나, 주의가 산만해지기 쉽다. 최소한의 일을 끝내면 놀러 나가도 좋다.

**90°**
노력 없이도 예쁜 사람이나 즐거워 보이는 놀이에 질투를 느끼기 쉬운 날이다. 멋대로 경쟁심을 품어 스트레스받거나, 주변을 공격하는 일이 많아질 수도 있다. 무리에 끼워 주지 않아 짜증이 나는 것을 자각하고, 매사에 즐기려는 노력을 하자.

**60°**
주변 사람들의 기쁜 감정을 잘 끌어올려 주는 날이다. 활기찬 분위기뿐 아니라, 강인함이나 뜨거움까지 더해져서 열정적인 놀이로 변화시킬 수 있다. 의식해서 즐거운 장소로 나가면 사랑할 수 있는 사람을 만날 수도 있다.

**120°**
매력적인 사람이나 오락에 자연스레 애정을 느끼는 날이다. 친구나 연인, 최애 등 좋아하는 사람들을 생각하면 일도 열심히 할 수 있다. 사랑하는 것에 둘러싸여 있으면 의욕도 지속될 수 있을 것이다.

## 화성 × 화성
### 정열의 충돌

당신 / 상대

서로 정열이나 분노, 지배욕이 충돌하는 관계다. 주먹다짐이나 말다툼, 서로 사랑하는 것, 절차탁마나 라이벌 관계를 상징한다. 힘의 관계 때문에 한쪽으로 치우치는 일은 적고 대등한 열량으로 충돌하기 때문에, 심하게 싸워도 비기는 승부가 되기 쉽다. 열량을 통제하지 못할 때 이 배치에 주목하면 참고가 된다.

### 인간의 궁합

**0°**
서로 같은 분노를 품고 있거나 같은 목적에 대해 노력하는 관계다. 순수하게 누가 더 센지, 애정이 깊은지 겨룰 수도 있다. 상대를 보면 강한 스트레스를 느껴 힘을 더 쓰는 일도 있지만, 존재감이 있는 라이벌이다.

**180°**
열정이 생기는 포인트가 다르기 때문에 일이나 연애 관계에서는 상대의 의도를 읽지 못하고 휘둘리기 쉬워진다. 적대시하더라도 상대의 분노를 이해하지 못하기 때문에 화해하기 어려울 수도 있다. 되도록 싸우지 않는 게 현명하다.

**90°**
호전적으로 되기 쉬운 관계다. 하지만 싸우면서 몸과 마음이 다치더라도 상대의 주장을 이해하려고 노력하는 편이다. 처음에 부하가 걸렸을 때 포기하지 않고 서로 아끼는 것이 무엇인지 느낄 수 있다면, 서툴러도 화해할 수 있다.

**60°**
서로 절차탁마하여 좋은 파트너나 라이벌로서 인정하면서 열정적으로 향상될 수 있는 관계다. 둘 다 의욕적이라 게으름을 피우는 일이 없으므로 협력해서 싸우면 무언가를 이룰 가능성이 높아진다!

**120°**
서로 뜨거운 분위기를 신기하게 생각하며, 같이 있으면 의욕이 생기는 관계다. 원래부터 노력의 방향성이 비슷하므로 싸우는 일이 거의 없고, 함께 자신과 동료, 동지들을 위해 의욕을 불태울 수 있다.

### 그날의 운세

**0°**
주변의 열광적인 분위기에 영향을 받아 흥분하기 쉬운 날이다. 성적이거나 폭력적인 콘텐츠를 접하고 자신의 분노나 지배욕을 긍정하려는 경향도 있다. 충동적으로 죄를 저지르지 않도록 냉정하게 있는 시간을 만들자.

**180°**
운동부 같은 분위기에 지배당할 것 같아 충동적으로 도망치고 싶어지는 날이다. 자신은 열심히 하지 못하는데 다른 사람이 열심히 하는 모습을 보고 질투하는 경향도 있다. 체력적으로도 지치기 쉬우니 되도록 휴식을 취하도록 하자.

**90°**
스트레스가 폭발하여 충동이 일어나기 쉬운 날이다. 주변 사람들을 이기기 위해 과로를 해서 주도권을 잡거나 스트레스를 발산하여 공격적으로 변하는 편이다. 타인에게 영향을 받지 않는 노력을 하는 것이 좋다.

**60°**
주변에서 받는 부담감이 적당한 에너지가 되어 열심히 노력할 수 있는 날이다. 스스로 경쟁에 참여하거나 남을 사랑하거나 무언가를 쟁취하기 위해 노력할 수 있다. 열정이 돌아오는 경우도 많으니 자극적이고 보람 있는 일을 할 수 있다.

**120°**
노력의 결정체 같은 사람을 보고 힘을 받는 날이다. 의욕이 넘치기 때문에 많은 작업을 해도 지치지 않고 행복을 느낀다. 일이나 활동에 적극적으로 임하는 것이 좋다.

# 화성 × 목성
### 기대받는 열정

당신의 열정이나 스트레스를 받아 주는 관계다. 투쟁심이 가라앉지 않을 때도 분노를 진정시켜 주는 존재일 수도 있다. 하지만 조합에 따라서는 달래 주는 행위를 바보 취급당했다거나 자존심이 상했다고 느낄 수도 있다. 상대나 주변 사람들은 선의를 가지고 당신을 응원하기 때문에 서로 관계를 맺으며 자신의 약점을 알고 마음을 단련하도록 하자.

상대의 시점(상대의 목성×당신의 화성) p.188

## 인간의 궁합

**0°**
당신의 사회적 노력과 열정을 진심으로 인정해 주는 사람이다. 이 사람에게 은혜를 갚기 위해서라면 일이나 애정에 상관없이 몸을 망가뜨려서라도 최선을 다할 수 있을지도 모른다. 적절한 시기에 열을 방출하도록 의식하자.

**180°**
상대에게 칭찬받거나 수용해 줄지 의식해서 안색을 살피며 일이나 연애를 하는 관계다. 자신이 하고 싶은 일보다 상대의 기대에 부응하기 위해 움직이는 일이 많고, 부담은 느끼지만 팀을 이루어 활동할 때는 의외로 나쁘지 않은 움직임을 보일 것이다.

**90°**
상대의 과한 기대 때문에 억지로 노력을 강요받아 스트레스가 쌓이기 쉬운 관계다. 또한, 자신이 과대평가를 받고 있다고 느낄 수도 있다. 좋게 생각해 주는 것은 고맙지만, 자신의 한계도 원만하게 전달하는 노력을 해 보자.

**60°**
당신이 노력할수록 사회적으로 응원해 주는 상대다. 업무 파트너나 결혼 상대를 소개해 주거나, 좋은 마음에서 작업을 도와주는 편이다. 당신이 열정을 잃지 않는 것이 중요하므로, 상대의 앞에서는 진지한 자세를 보여 주자.

**120°**
당신의 페이스에 맞게 사람을 사랑하고 공부나 일에 몰두하면, 도움을 주는 상대다. 어디까지나 자연스러운 모습으로 즐겁게 노력하는 당신에게 재능을 느끼거나 좋은 인연을 소개해 주는 일도 있다.

## 그날의 운세

**0°**
주변의 지원에 힘입어 의욕이 높아지는 날이다. 하지만 전체를 위해 혼자 모든 일을 해치우려고 하면, 용량 초과가 되기 쉽다. 너그러운 상사나 윗사람에게 의논하여 의지하면서 함께 작업하자.

**180°**
주변의 기대나 응원을 의식해서 조금 더 힘을 내는 날이다. 지금은 의욕이 나지 않는 일이나 열정이 없는 사람을 억지로 끌고 가려고 하다가 진정한 애정을 잃어버릴지도 모른다. 의욕이 생길 때까지 쉬는 것도 의식해 보자.

**90°**
멋대로 기대하거나 긍정적인 이미지를 심는 사람들에게 짜증이 나기 쉬운 날이다. 자신의 본질을 봐 주지 않는 것처럼 느껴지고, 그 분노나 애정을 외부로 쏟는 편이다. 충동적인 행동을 하기 쉬우니 신중히 생각하자.

**60°**
기대에 부응하기 위해 적당히 뜨거워지는 날이다. 특히 일의 규모를 크게 늘리거나, 좋아하는 사람과의 관계를 발전시키는 데 힘을 쏟는 편이다. '사회나 차세대 아이들을 위한 것'이라고 의식하면 동기 부여가 될 것이다!

**120°**
세상이 관용적인 장르에 열의를 가지기 쉬운 날이다. 당신의 노력이 받아들여지기 때문에 괜한 일을 생각하지 않고 자연스럽게 임할 수 있다. 그리고 사람을 사랑하는 행위도 긍정적으로 받아들여질 수 있다.

## 화성 × 토성

당신 상대

### 억눌린 열의

상대의 위치가 더 뛰어나거나 위엄이 있는 탓에 당신의 열정이 제한되어 진심을 다해 노력하기가 망설여지는 관계입니다. 업무나 연애에 최선을 다해 임하고 싶지만, 상대의 룰을 따라야 해서 부담감을 느낄 수도 있다. 하지만 조합에 따라서는 그 제한 덕분에 주변 사람들과의 충돌을 피할 수 있다. 너무 뜨거워지지 않기 위해서는 필요한 존재다.

상대의 시점(상대의 토성×당신의 화성) p.198

### 인간의 궁합

**0°**
상대에 대한 자신의 성욕이나 정열에 강한 죄책감을 느끼는 관계다. 성실하고 수준이 높은 분위기에 압도되어, 상대를 사랑하거나 노력하기가 어려워진다. 일할 의욕도 떨어지기 쉬우니, 업무 중에는 거리를 두는 것이 좋다.

**180°**
어른스러운 상대의 태도를 배려해서 순수한 투쟁심이나 경쟁심을 누르려고 한다. 화를 내고 싶어도 상대의 냉정한 대응으로 참게 되어 스트레스를 해소하기 어려운 편이다. 몸을 움직여 발산해 보자!

**90°**
상대방이 더 양식 있는 사람이라 자신의 난폭한 일면이나 사랑하는 것을 부정당하는 것처럼 여겨져 스트레스를 느끼는 관계다. 재미없는 인간이 되고 싶지 않아 공격적으로 되기 쉬우니 주의하자.

**60°**
자제심이 있는 상대가 멋있다고 생각되어 자신의 충동성이나 지배욕을 의식적으로 누르는 관계다. 조바심이 날 때는 이 사람에게 상담하면 사회적인 조언을 얻을 수 있다. 좋은 이론으로서 참고하시도록 하사.

**120°**
어른스러운 상대의 대응 덕분에 당신의 투쟁심이나 폭력성이 가라앉는 관계다. 대중을 휘어잡는 힘이나 매사에 책임을 지는 상대의 모습에 영웅적인 동경을 품을 가능성이 있다. 이 사람과 함께 있으면 자연스레 사회를 위해 힘을 쓸 수 있을 것이다.

### 그날의 운세

**0°**
사회 전체의 분위기가 무겁게 느껴져 의욕이 떨어졌는데도 억지로 노력하는 날이다. 경험자들에게 노력을 강요당하는 것처럼 느껴져 번아웃 증후군에 걸리기 쉬울 수 있다. 최소한의 건강 관리에 신경 쓰자.

**180°**
자신의 활력이나 충동 때문이 아니라 조직적으로 높은 목표를 위해 움직이고 있다는 사실에 의문을 느끼고, 순수하게 노력하지 못하는 날이다. 일상과 분리된 행사에 참여해 열정을 발산하면 마음이 가라앉을 수도 있다.

**90°**
당신이 사랑하는 사람이나 사물, 노력하는 것에 대해 주변의 어른들이나 경험자들에게 부정당하기 쉬워 강한 스트레스를 느끼는 날이다. 마음만 먹으면 이직이나 독립을 하는 힘은 있으니, 상황을 개선하고 싶다면 시야에 넣어 보자.

**60°**
어른들에게 노력을 인정받는 것처럼 느껴지는 날이다. 당신이 충동적이 아니라 상식적인 범위 안에서 목숨을 다해 노력하고 있기 때문일 수도 있다. 남에게 상처 주지 않는 활동을 계속하면 사회에서 중요한 사람이 될 것이다.

**120°**
당신의 열정을 사회나 그 길을 갔던 경험자들이 이해해 주기 때문에 평소대로 노력할 수 있는 날이다. 괜한 부담감이 없으니, 해야 할 일에 집중해서 일도 수월하게 풀릴 것이다!

# 당신의 **목성**과 궁합 보기

상대나 그날에 따라 달라지는
당신의 관용

수프

## 목성 × 태양
### 당신 × 상대
#### 삶의 원동력

상대의 주장이나 인생을 긍정적으로 인식하고 지지해 주고 싶은 관계다. 당신이라는 존재가 상대나 그날 만나는 사람들의 자기 긍정도를 높여 주고 스스로도 선행을 하여 행복을 느낄 수 있다. 한편, 조합에 따라서는 상대에게 지나친 자신감을 심어 주는 바람에 주변이 피해를 볼 가능성도 있다. 칭찬의 장단점을 이해하도록 하자.

상대의 시점(상대의 태양×당신의 목성) p.139

### 인간의 궁합

**0°**
상대의 다양한 주장에 영향받아 시야가 넓어지는 관계다. 이 사람에게 기대가 큰 나머지 칭찬을 퍼부어 기운을 북돋아 주려다 오히려 부담을 주게 될 수도 있다. 상대가 잘하는 일과 서투른 일을 관찰하여 원래 가지고 있던 표현력이 사라지지 않도록 의지하자.

**180°**
상대의 재능을 발견하여 장래에는 서포트를 하려고 하지만, 현재는 그 마음을 받아 주지 않아 피곤한 관계다. 당신의 바람을 이루는 것이 아니라, 상대가 하고 싶은 표현을 지켜봐 주도록 하자.

**90°**
당신이 이상적으로 생각하는 사회에 대한 의견이 대립하여 논쟁이 일어나기 쉬운 관계다. 상대는 세부적인 시점에서 개인의 문제나 체험을 주장하는 편이다. 일단 사회 전체를 위해 개인적인 의견도 이해하는 노력을 해 보자!

**60°**
상대의 표현력이나 창작물에 장래성을 느끼고, 세상에 추천하고 싶은 관계다. 상대도 자신의 행동에 자신 있는 경우가 많아서 칭찬을 기분 좋게 받아들인다. 의식적으로 칭찬해서 재능을 키우게 하자!

**120°**
무의식적으로 상대의 행동을 너그럽게 받아들이고, 칭찬해서 꽃을 피우고 싶다는 바람을 가졌다. 상대도 그런 당신과 같이 있으면 목표 의식이 높아져서 큰 행복을 느끼기 쉽다.

### 그날의 운세

**0°**
사람들의 자기표현을 너무 너그럽게 다 받아 주려 하는 날이다. 상식에서 벗어난 행동이나 범죄처럼 느껴지는 표현이 있어도, 다양성을 이유로 용납할 가능성이 있다. 당신은 좋게 느껴져도, 나쁘게 생각하는 사람도 있으니 공공장소에서 발언과 행동을 조심하자.

**180°**
곤경에 처한 사람들을 도와주려 하지만, 잘 풀리지 않는 날이다. 특히 복지 서비스를 제공하고 싶은데, 받는 사람이 애초에 자신을 약자라고 생각하지 않는 편이다. 손을 내밀 때까지 곁에 다가가 가만히 있어 주기만 해도 좋을 것이다.

**90°**
자신의 시야를 넓히기 위해 활발한 논쟁이 일어나는 장소로 직접 가 보는 날이다. 일부러 스트레스를 느끼면 사고가 깊어지고 지견이 넓어진다. 부정적 생각을 긍정적으로 바꾸려 노력해 보자.

**60°**
사회봉사 활동으로 인정받기 쉬운 날이다. 도움의 손을 내미는 사람을 기다리기보다는, 먼저 곤경에 빠진 사람들을 찾으면 많은 사람을 구할 수 있다. 세상 사람들의 주장에서 힌트를 얻어 봉사 활동이나 자선 활동을 하기에 적합하다!

**120°**
자연스럽게 서로 돕는 정신으로 보낼 수 있는 날이다. 곤경에 빠진 사람에게 먼저 손을 내밀고, 선행을 쌓는다. 온갖 인생관이나 창작물을 통해 사람들에게 너그러운 사람이 되고 싶다는 마음이 강해진다.

# 목성 × 달
### 당신　　상대
### 어린 존재 돌보기

어리거나 앳된 상대의 태도를 귀엽게 여겨, 타인보다 너그럽게 유지할 수 있는 경우가 많다. 하지만 당신이 무엇이든 다 용납해 주다 보니 말도 안 되게 이기적인 행동을 하는 경우도 있다. 고삐가 헐거우면 당신 주변에 있는 사람들에게 폐를 끼칠 가능성도 있으니, 사회적 관점을 의식하면서 보조해 주자.

상대의 시점(상대의 달×당신의 목성) p.149

## 인간의 궁합

**0°**
전면적으로 당신을 의지하는 상대를 도와주며 우월감에 잠기기 쉬운 관계다. 의존적 관계가 되어 상대가 홀로서지 못하는 경우도 많아서, 당신이 아낌없이 사랑을 주어 지원할 필요가 있다. 상대가 성장할 기회를 빼앗고 있지는 않은지 정기적으로 확인하자.

**180°**
상대의 감정을 이해하기 위해 이기적인 사상에 휘둘리는 관계다. 이해하기 어려운 투정을 부리거나, 업무 시간을 방해하는 경향도 있다. 결과적으로 아이 취급을 하는 일이 많아진다.

**90°**
상대의 유치함이나 강한 감정, 좁은 시야에 스트레스를 느끼기 쉬운 관계다. 그래도 당신이 너그럽게 받아 주려고 노력하기 때문에 분위기는 나빠지지 않는다. 상대의 태도를 다양한 사고방식 중 하나로 받아들이면, 마음이 편안해질 것이다.

**60°**
상대의 미숙한 부분을 이해하고, 밝고 긍정적으로 지원해 주고픈 관계다. 당신이 일방적인 선의를 강요치 않기에 상대도 솔직하게 의지해 올 수 있다. 줘야 할 것만 주고 적절한 거리감을 유지한다면, 상대에게 신뢰받는다.

**120°**
당신이 평소에 다각적인 사고를 하기 때문에 상대의 순수하고 솔직한 언동이 힐링이 된다. 상대도 당신의 넓은 시점에 관심을 가지고, 자연스럽게 같이 있게 될 것이다. 서로 생활 속의 오아시스 같은 존재가 될 수도 있다.

## 그 날의 운세

**0°**
이기적인 사람들을 용서하는 날이다. 일을 할 때도 경험이 없는 사람을 너무 봐 주는 나머지, 그 사람이 스스로 생각하고 노력해야 할 기회를 놓치게 되는 경우가 있다. 미숙함 때문에 주변에 피해를 주고 있지는 않은지 확인하면서 도와주자.

**180°**
주변 사람들의 이기적인 감정을 너그럽게 받아들이려고 하다가 피곤해지기 쉬운 날이다. 어른부터 아이, 사회까지도 배려해서 사고가 분열할 것 같을 때도 있다. 되도록 휴식을 취하면서 일부는 놓는 용기도 가지면 좋다.

**90°**
주위의 유치한 감정에 짜증이 나기 쉬운 날이다. 특히 사회 복지 면에서 돕고 싶은데 도울 수 없는 사람이 있을 때 답답함을 느끼는 일이 많다. 감정적인 이야기나 방해가 있더라도 자신이 생각하는 자선 활동을 끝까지 해 보자.

**60°**
주변 사람들의 어린 모습을 너그럽게 이해하면서, 결국에는 그들이 자립하거나 갱생할 수 있을 때까지 지원해 주고자 협력하는 날이다. 다각적인 지식을 활용해서 패턴화하지 않고 개개인에게 맞는 서포트를 제안할 수 있다.

**120°**
무의식중에 사회적인 약자를 지원하고 싶은 날이다. 특히 도움이 필요한 아이나 여성에게는 무심결에 손을 내미는 편이다. 아동 복지나 소년들의 갱생 등에 관심을 가지는 일이 많아진다.

## 목성 × 수성
### 당신 × 상대
#### 정보에서 느끼는 장래성

상대의 지식이나 소통 능력을 긍정적으로 인식하는 관계다. 글솜씨나 말솜씨에 장래성을 느끼는 한편, 조합에 따라서는 잘못된 정보를 꿰뚫어 보지 못하고 상대를 믿어 의심치 않아 결국 사기를 당할 가능성도 있다. 이야기의 근거를 스스로 찾아보도록 신경 쓰자. 기본적으로는 상대와의 대화를 통해 시야가 넓어지는 경우가 많다.

상대의 시점(상대의 수성×당신의 목성) p.159

### 인간의 궁합

**0°**
상대의 순수한 의문이나 말을 듣고 철학적 사고 회로가 자극받아 대화가 끊이질 않는 관계다. 하지만 재미를 중시하다 보니 신빙성이 떨어지는 이야기도 많고, 오컬트까지 믿는 편이다. 반은 재미라 생각하며 즐기는 것이 좋다.

**180°**
상대의 말을 깊이 파헤치고 싶은 마음은 있는데, 화제가 시시각각 바뀌니까 혼란스러워진다. 상대가 논리나 과학적 정보를 소중히 생각하기에 사람의 심리나 사상적인 면에서는 맞지 않다고 느끼는 경우도 많을 수 있다.

**90°**
가까운 사람이나 인터넷에서 얻은 상대의 좁은 정보원에 짜증이 나, 책이나 해외에서 얻은 정보를 가져와 화제를 넓혀 주고 싶어지는 관계다. 하지만 상대를 존중하고 싶은 마음도 있으므로 상황을 살피면서 깊은 이야기를 하는 것이 좋다.

**60°**
상대가 가지는 순수한 지식에 당신의 인생 경험이나 다각적 시고, 해외에서 겪은 체험담 등을 더해서 핵심에 다가가는 창작물을 만들어 낼 수 있는 관계다. 사회에 영향을 주는 일을 하고 싶다면 가장 좋은 파트너가 될 것이다!

**120°**
당신의 철학적 사고에 대해 상대가 호기심을 보이기 때문에 대화가 즐거워진다. 공부를 열심히 하는 상대를 위해 평소에 정보 수집을 해서 대화 소재를 모으게 되고, 자연스레 배움도 많아진다.

### 그날의 운세

**0°**
SNS 정보나 친구들과의 대화 속에서 사고가 매우 깊어지는 날이다. 원래 알아야 할 범위 말고 다른 내용들이 궁금해서 업무나 공부 효율이 떨어질 수도 있다. 정보에 구분하는 것이 중요하다.

**180°**
얕은 정보보다 시답잖은 밈이 계속해서 눈에 들어와, 사고를 넓게 하고 싶은 당신에게는 왠지 부족한 날이다. 대화가 이어지지 않거나, SNS에 따라가지 못하는 경우도 있을 수 있다. 독서나 스포츠 시간을 가지면 좋을 것이다.

**90°**
공부 지식이 얕은 사람을 걱정해서 갈등하기도 하는 날이다. 해외의 사례를 인용해서 자유로운 사상을 가르쳐 주고 싶을지도 모른다. 하지만 상호 이해를 위해 그들의 순수한 호기심을 존중하는 노력도 필요하다.

**60°**
SNS나 사람들의 말에서 가능성을 발견할 수 있는 날이다. 새로운 세계가 펼쳐지고, 울타리 없는 사회에 희망을 느낀다. 당신의 철학적 사상도 주변 사람들이 이해해 주기 때문에, 주눅 들지 말고 책에서 얻은 지식을 가볍게 이야기해 보자!

**120°**
무의식중에 들어오는 정보를 파고들어 더 넓고 깊은 지식을 얻는 것에 행복을 느끼는 날이다. 인터넷 서핑을 즐기거나 토론 자리에서 찬반양론의 의견을 이해하며 시야를 넓히면 사회가 가야 할 더 좋은 방향이 보인다.

# 목성 × 금성
### 당신 　 상대
**반짝반짝 빛나는 세상**

상대의 취미나 패션, 동작의 아름다움을 너그럽게 받아들일 수 있는 관계이다. 다소 상황에 맞지 않더라도, 본인이 행복하듯 활기찬 모습을 보이는 것이 가장 중요하다고 생각할 것이다. 주변 사람들의 반대를 뿌리치고 긍정적으로 결혼에 골인하거나 업무 계약에 이르는 등 상대의 취미를 서포트해 규모를 넓히도록 도움을 준다.

상대의 시점(상대의 금성×당신의 목성) p.169

## 인간의 궁합

**0°**
상대의 매력을 끌어내기 위해 용돈을 너무 많이 주거나, 자신의 입장을 활용해서 매력을 퍼뜨리려고 하는 관계이다. 취향은 좋지만, 제3자도 꼭 똑같다고는 할 수 없으니 너무 기대하지 말고 지원하도록 하자.

**180°**
세련된 상대가 궁금해서 이런저런 도움을 주고 싶어진다. 하지만 상대 입장에서 당신의 서포트가 와닿지 않아 호의가 헛수고로 돌아가는 경우도 있다. 보답을 바라지 않아야 행복하게 유지될 수 있는 관계이다.

**90°**
자신의 도움이 없어도 행복해 보이는 상대에게 스트레스를 느끼는 관계이다. 이 사람이 편해질 수 있도록 무엇이든지 해 주고 싶은데, 상대가 밝게 빛나는 시간을 빼앗은 것 같아 갈등할 수도 있다. 지켜보면서 적당히 손을 내미는 노력도 해 보자.

**60°**
상대의 취미나 취향이 당신의 시야를 넓혀 주는 관계이다. 같이 덕질을 하거나 연애를 하는 과정에서 약해진 사회에 필요한 엔터테인먼트가 보일 것이다. 이벤트나 사업 확장 시 가장 좋은 파트너이다.

**120°**
항상 상대의 센스나 배려에 경의를 표하게 되는 관계이다. 이 사람의 예술적인 재능이나 패션, 디자인 능력 등이 세상에 널리 알려지도록 도움을 주면서, 그것들을 참고로 자신의 생활을 풍요롭게 만들 수도 있을 것이다!

## 그날의 운세

**0°**
나이가 어린 사람들이 노는 것을 관대하게 보게 되는 날이다. 연애나 아름다운 오락을 함께 즐길 수 있는 반면, 짓궂은 장난도 허락해서 주변 사람들을 곤란하게 만들 수도 있다. 젊은이들에게 호감을 얻더라도 사회인으로서는 얕보일 가능성도 있으니 조심하도록 하자.

**180°**
젊은이의 유행에 영향받아 흉내를 내려고 하지만, 왠지 푹 빠지지는 못하는 날이다. 다만 이해는 되지 않아도 그들의 눈부신 모습을 보면 왠지 모를 행복이 느껴질 수도 있다. 멀리서 가만히 바라보는 것이 좋을 것 같다.

**90°**
얕고도 좁은 유행 아이템을 보고 스트레스를 느끼는 날이다. 자신은 좀 더 넓은 세상을 알고 있는데, 표면적인 멋이 더 우선시되는 모습에 답답함을 느낀다. 지식을 조금씩 꺼내서 천천히 색을 칠해 보자.

**60°**
주변의 유행을 자신의 사업으로 도입해서 활동의 폭을 넓힐 수 있는 날이다. 특히 도움이 필요한 젊은이들에게는 적극적으로 오락을 제공해서 마음에 여유를 갖게 하도록 하자!

**120°**
외국 색이 짙은 오락이나 아름다운 그림 등을 보고 마음에 위안을 얻는 날이다. 무심결에 세련된 놀이나 파티에 참여하는 경우도 있다. 그중에서도 젊은이들로부터 너그럽고 멋진 어른으로서 사랑받는 경우가 많고, 멋에 대해서도 배울 게 있다.

## 목성 × 화성

당신 상대

열정 지원

상대의 투쟁심이나 의욕을 긍정적으로 받아들이고, 나아가 그것을 써먹게 해 주고 싶다고 느끼는 관계다. 순수하게 노력하거나 타인을 정열적으로 사랑할 수 있는 상대에게 재능이나 장래성을 발견하고, 활약할 자리를 제공해서 자신의 행동에도 행복을 느낄 수 있을 것이다. 만약 지배당할 것 같더라도 흘려 넘길 수 있고, 혼이 나더라도 맹수 주키퍼 같은 마음가짐으로 지켜볼 수 있는 상대일 수도 있다.

상대의 시점(상대의 화성×당신의 목성) p.179

### 인간의 궁합

**0°**
상대의 분노나 충동성을 낙관적으로 허용하는 관계다. 배경을 고려할 수 있어서 너무 친밀해지는 감도 있다. 상대의 남아도는 힘을 창작이나 일하는 데 불태울 수 있도록 밝게 응원해 주자!

**180°**
안정감이 없어 보이는 상대의 의욕이 신경 쓰여서 도와주고 싶어지는 관계다. 그런데 정말로 불안정해서 예상대로 풀리지 않는 일도 많지만, 잘하는 분야를 파악해서 너그러운 마음으로 지지해 주도록 하자.

**90°**
상대의 공격성을 받아들이며 밝게 행동하고자 애쓰다가 나중에 스트레스가 생기기 쉬운 관계다. 또한 상대의 힘 있는 모습을 기대하고 많은 일을 맡기게 될 수도 있다. 마음의 여유를 잃지 않도록 균형을 잡자.

**60°**
상대의 분노를 긍정적인 에너지로 전환할 수 있는 관계다. 당신이 긍정적인 마음을 유지하는 것이 중요하기 때문에 과 채찍을 상황에 맞게 적절히 활용하도록 하자. 상대의 노력하는 재능을 살려 팀을 함께 이루면, 큰 성과를 올릴 수도 있다!

**120°**
상대의 노력을 받으며 긍정적인 마음을 자연스럽게 유지할 수 있는 관계다. 매일 힘을 과하게 들이지 않도록 주의하면서, 일할 때 어려운 점이 있으면 말을 걸 수 있는 신뢰받는 존재가 된다. 사업을 확대하고 싶을 때는 강력한 조력자가 되어줄 것이다.

### 그 날의 운세

**0°**
주변 사람들이 많은 노력을 해도 그대로 지나치기 쉬운 날이다, 다만 체력이 남아돌아 몸이 근질거리는 사람도 많으니 노력은 칭찬하되 팀 전체의 모습을 지켜보는 것이 좋다.

**180°**
주변 사람들의 의욕이 제각각인 것처럼 느껴지지만, 어떻게든 될 것이라는 생각으로 낙관하기 쉬운 날이다. 동료끼리 다투더라도 '사람마다 다른 법이지' 하고 긍정적으로 넘기다가 상황을 오히려 혼란스럽게 만들 수 있으니 조심하자.

**90°**
다투고 있는 사람들이나 자신에게 공격적인 사람을 봐도 마냥 즐기다가 상황을 부추길 수 있는 날이다. 분노를 대수롭지 않게 생각하기 쉬운데, 소중한 사람이라면 인연이 끊어질 가능성도 있으니 진지한 자세로 마주하도록 하자.

**60°**
주변의 분노나 열정으로부터 긍정적인 영향을 받아, 사회에 필요한 활동에 초점을 맞출 수 있는 날이다. 예를 들어 거액의 기부를 하거나 외국에 나가 직접 체험하거나, 철학을 세상에 널리 알려 사람들에게 다양한 시각을 제공할 수 있는 것이다.

**120°**
곤경에 빠져 불만이나 분통을 터뜨리는 주변 사람을 보고 무의식중에 그들에게 도움이 되고 싶다고 생각하는 날이다. 그래서 어느새 여행을 떠나 시야를 넓히거나 대규모 기획을 구상하게 될 수도 있다.

# 목성 × 목성
### 관용 있는 사회

사회에 대한 희망과 넓은 시야가 어우러지는 궁합이다. 서로 외국의 사상이나 교육, 우주, 철학에 대해 활발하게 토론을 나눌 수 있다. 겉으로는 반발하는 것처럼 보일 수 있지만, 다양한 사회의 발전을 위해 타협하는 경우가 더 많아진다. 하지만 비전이 여러 갈래로 확장된 상태이기 때문에, 그중에 어느 정도를 현실에 적용할 수 있을지가 중요해진다.

## 인간의 궁합

### 0°
서로 거의 비슷한 사상을 가졌다. 철학적 분야를 논하기 시작하면 대화를 멈추지 못하고 전처럼 돌아갈 수 없게 되며, 자신의 사상을 강화하는 편이다. 함께 해외여행을 가면, 가치관이 비슷해 놀랄 수도 있다.

### 180°
사회나 아이들에게 더 나은 미래를 만들고 싶은 꿈은 같지만, 감정이 동떨어져 있어 제자리걸음이 되기 쉬운 관계다. 개인적인 감정에 사로잡히지 말고 사고방식을 다양화하는 것이 중요하다.

### 90°
서로의 희망적인 관측이 충돌해 스트레스를 느끼기 쉬운 관계다. 인재 육성이나 지향하는 미래의 방향성이 달라 토론이 활발해질 수 있다. 상대가 그리는 이상적인 모습에 담긴 존재 의미나 깊은 의미를 읽으려 노력하면 관계가 깊어질 것이다.

### 60°
바람직한 사회의 모습에 대해 공감할 수 있는 부분이 많은 관계다. 함께 협력하여 도움이 필요한 사람들을 지원하면서 행복감을 얻는 편이다. 이 사람과 있으면 적극적으로 봉사활동에 참여할 수 있다.

### 120°
서로의 철학이나 사상에 공감하기 때문에 자연스레 함께 있는 시간이 많아진다. 이상적인 사회의 발전이나 우주, 외국의 문화에 대해 날이 새도록 이야기하면 마음이 평온해진다. 가장 온화하면서 커다란 행복을 느끼기 쉬운 조합이다.

## 그 날의 운세

### 0°
사회가 너무나도 바람직한 방향으로 가고 있는 것처럼 느껴지는 하루다. 주변에 불행한 사람이 없어서 마음이 밝아진다. 하지만 뭐든지 성공할 것만 같은 예감에 도박이나 투자 활동에 빠질 수 있으니 주의하자!

### 180°
가치관이 다른 밝은 분위기가 신경 쓰여 사고의 소용돌이에서 빠져나오지 못하는 하루다. 자신이 하는 일이 사람들에게 도움이 되고 있는지 불안해질 수도 있다. 감사의 마음을 전해 주는 사람을 생각하면 좋을 것이다.

### 90°
다른 문화의 가치관이나 낙관주의자끼리 충돌이 일어나기 쉬운 날이다. 개개인에 따라 용납할 수 있는 범위가 크게 나뉘어, 타협점이 보이지 않아 스트레스를 느낄 수 있다. '사람마다 의견이 달라도 괜찮아'라며 되뇌는 노력이 필요하다.

### 60°
다른 문화와의 교류에 적극적으로 나서기 좋은 날이다. 철학적인 사람들이나 사회 분위기를 통해 긍정적인 미래를 상상할 수 있다. 사회에 기여하기 위해 봉사활동이나 투자 활동을 하기에도 좋다.

### 120°
울타리를 넘어 교류하는 사람들의 모습을 보고, 자연스레 긍정적인 마음이 드는 날이다. 일상에서 차세대 기술이나 인재 육성, 외국인이나 후배들을 더 넓은 마음으로 받아들이고 싶다는 생각이 들 수 있다.

## 목성 × 토성
### 노력 수용

완벽주의에 자기 관리가 철저한 상대, 또는 뼈 빠지게 일하는 윗사람을 위로하는 일이 많아지는 관계다. 상대는 일에 대해 높은 목표를 가지고 있기 때문에 정신적인 면에서 지원해 주면 좋은 결과를 낼 수 있는 사람이기도 하다. 당신이 바라는 것보다 더 나은 사회를 만들기 위해서도 이 사람의 노력이 필요해지는 상황이 찾아올 수 있다. 넓은 마음으로 대하는 것이 중요하다.

상대의 시점(상대의 토성×당신의 목성) p.199

### 인간의 궁합

**0°**
열심히 노력하는 상대에게 너무 큰 결과를 기대한 나머지, 자신은 비교적 편하게 있게 되는 관계다. 자유롭게 일을 맡기기 때문에 상대도 당신에게 힘든 내색을 하지 못하고 계속 노력하게 된다. 정신적으로 쉬기 편한 분위기를 만들어 주는 것이 좋다.

**180°**
상대의 목표를 이해하지 못해 요점이 벗어난 응원을 하게 될 수도 있다. 미지의 성과를 기대했는데, 예상과 달리 대중적인 결과를 내는 경우도 있다. 서로 다른 팀에 속해 있을 때 안정될 것이다.

**90°**
철저하게 노력하는데도 전혀 밝아지지 않는 상대에게 다소 스트레스를 느끼는 관계다. 그러나 당신의 운이 좋았던 경우나, 상대가 대기만성형이라는 사실을 이해하고 결과가 날 때까지 넓은 마음으로 기다리는 것이 중요하다.

**60°**
자신을 절제하면서까지 열심히 일하는 상대에게서 어른으로서의 올바른 자세를 느끼고, 자연스럽게 협조하게 되는 관계다. 당신이 이성적으로 생각하는 사회를 만들기 위해 필요한 조직이나 단체의 책임자도 될 수 있는 믿음직한 상대다!

**120°**
자신에게 엄격한 상대에게 조금은 마음의 여유를 가져다줄 수 있는 관계다. 평소에는 철저한 태도를 유지하지만, 당신의 포용력에 따라 행복을 느끼며 꾸준히 노력해 주는 사람이다. 무의식중에 서포트하는 일이 많아질 것 같다.

### 그날의 운세

**0°**
어른들이 일하는 모습을 보고 마음이 너그러워지는 날이다. 편히 쉴 수는 있겠지만, 미래에는 납득하지 못할 만큼 폐쇄적인 사회가 될 수도 있다. 어떤 상황이 찾아와도 다각적인 시점을 잊지 말도록 의식하자.

**180°**
중년들의 상식적인 의견을 의식해서 젊은이나 약자들에게 밝은 미래에 대한 비전이 희미해지는 날이다. 몇 살이 되어도 어른이 지배하는 사회에 허무함을 느낄 수도 있다. 지금 있는 장소에서 멀리 벗어나 활동해 보면 좋을 것이다.

**90°**
자신의 철학이나 자유를 잃은 사회의 톱니바퀴처럼 끝없이 일하는 어른에게 스트레스를 느끼는 날이다. 그래도 그들의 다양성은 이해하려고 노력한다. 윗사람에게 배움의 자세를 유지하는 것이 다음 사회를 만들어 나갈 때 중요해질 것이다.

**60°**
중년들에게서 올바른 상식을 배울 수 있는 날이다. 다수의 의견을 듣고 적절히 토론하면서 사회가 다음 단계로 나아가려는 생각이 깊어진다. 이상만 부풀어 올라 방향을 잃을 때는 어른들에게 조언을 구하는 것이 도움이 된다.

**120°**
윗사람들과 토론하면서 시야가 넓어지기 쉬운 날이다. 균일하게 보였던 사회 안에서도 실제로 경험해 온 사람들에게는 복잡한 생각과 저마다의 철학이 있었다는 사실을 읽어낼 수 있게 된다.

# ♄

## 당신의 **토성**과 궁합 보기

상대나 그날에 따라 달라지는
당신의 상식

음료

## 토성 × 태양
### 짓눌린 주목도

(당신) 토성 × (상대) 태양

상대의 인생 경험이 미숙하거나 행동력이 위태롭게 느껴져, 올바른 방향으로 이끌어 주고 싶어지는 관계이다. 다만 조합에 따라서는 기존의 방법을 가르치면서 상대의 적극성이나 즐거움을 묶어 버릴 위험이 있으니 주의하자. 생생하게 살아 숨 쉬는 재능을 사회의 상식이나 틀에 끼워 맞추지 말살하지 않도록, 상대의 가치관을 확인하고 다가가는 것이 중요하다.

상대의 시점(상대의 태양×당신의 토성) p.140

### 인간의 궁합

**0°**
결과를 내지 못하는 상대의 자기주장을 강하게 받아들이고, 행동을 필요 이상으로 수정하고 싶어지는 관계이다. 이는 자신 역시 성과를 내지 못하는 데서 오는 열등감의 표출이기도 하다. 상대의 삶에 너무 압박을 가하지 않도록 주의하자.

**180°**
상대의 안하무인 같은 태도에 휘둘리는 관계이다. 어디로 튈지 모르는 행동이 신경 쓰여 넌지시 조언을 건네게 될 수도 있다. 자신의 일이 손에 잡히지 않을 수 있으니, 상대에게 너무 많은 관심을 두지 않는 것이 중요하다.

**90°**
화려한 상대의 인생에 열등감을 품고, 강하게 부정하고 싶어지는 관계이다. 노력하는 당신에 대한 존경의 마음을 느끼지 못해 자신감을 잃을 수도 있지만, 그 분한 마음을 발판 삼아 최선을 다해 업무에서 성과를 내도록 노력하자.

**60°**
상대의 행동에 상식적인 조언을 건넬 수 있으며, 상대 역시 당신의 경험이나 지도를 받아들여 표현할 때 활용해 보겠다는 자세로 협력할 수 있는 관계이다. 이 사람의 방황을 줄이고 인생의 지침이 되어줄 수 있을 것이다.

**120°**
상대의 표현 방법을 자연스럽게 인정하고, 사회적으로 높게 평가받도록 자신의 지위를 활용할 수 있는 관계이다. 다소의 제한이나 규율을 따르지만, 상대의 인생이 순조롭게 나아가도록 지도할 수 있다.

### 그날의 운세

**0°**
자신의 콤플렉스나 인생의 과제가 테마로서 존재하는 날이다. 그로 인해 자신의 결점에서 눈을 돌리지 못하고 갑갑함을 느끼는 일도 있다. 권위를 내세워 안심하려 하거나 자책하는 감정에 휩싸일 수 있으니, 무리하지 말고 쉬는 것이 좋다.

**180°**
자기표현으로 주목받은 사람들에게 휘둘리기 쉬운 날이다. 자신감이 부족해 타인의 평가를 깎아내리려 하거나, 상식을 앞세워 상대의 가치관을 바꾸려는 편이다. 비록 눈에 띄지 않더라도, 지금까지 노력해 온 날들은 평가해 주도록 하자!

**90°**
당당한 인플루언서나 좋은 평가를 받는 동료 등에게 스트레스를 느끼고 자신감을 잃기 쉬운 날이다. 지금까지 쌓아 온 자신의 발자취나 노력의 결정을 다시 확인하고, 천천히 시간을 들여 걸음을 멈추지 않는 것이 중요하다.

**60°**
경험자로서 나이 어린 사람들이 사는 모습을 자꾸 평가하고 싶은 날이다. 적당히 자제심을 발휘하면서 미숙한 표현에는 적절한 조언을 하자. 지도자로서 신뢰 단계가 올라가는 날일 수도 있다!

**120°**
그 길을 먼저 걸었던 선배로서 후배들의 자기표현이나 재능에 감명받는 날이다. 더 좋은 평가를 받아야 한다는 생각을 무의식중에 하게 되고, 그들이 대성할 수 있도록 온 힘을 쏟는다. 지금까지 쌓아 온 경험을 발휘할 수 있는 날이다.

## 토성 × 달
### 당신 상대
초보자 교육

상대를 사회의 거친 파도에서 지켜내기 위해, 때로는 이기적인 모습을 바로잡으려 하는 관계다. 솔직한 감정을 억누르도록 요구하면서 죄책감도 느끼지만, 상대가 앞으로 사회에 나갔을 때 필요한 예의를 가르치려는 의식이 강하다. 다만 꾸짖고 가르치는 데서 그치지 않고, 당신 자신이 본보기가 되도록 행동해야 한다.

상대의 시점(상대의 달×당신의 토성) p.150

### 인간의 궁합

**0°**
자신이 어렸을 때 느꼈던 부담감이 상대의 감정과 겹쳐 보이며 콤플렉스를 자극하는 관계다. 공감은 되지만, 이미 극복해 낸 사람의 입장에서 보면 상당히 유치해 보일 수 있다. 집요하게 교육해서 무의식중에 세뇌하려고 할 테니 조심하자.

**180°**
상대의 속마음에 농락당하는 관계다. 자신을 절제하며 예의를 배워 온 사람으로서는 상대가 이기적인 행동을 해도 용서받는다는 사실에 열등감을 느낄지도 모른다. 상대의 감정을 깊이 생각하지 않아야 정신이 안정될 것 같다.

**90°**
상대의 치졸한 모습에 스트레스를 느껴서 강하게 꾸짖고, 상대 역시 당신의 압박 때문에 울적해지는 편이다. 아직 경험이 부족한 사람이니, 상식을 강요하지 말고 당신이 본보기가 되도록 하자.

**60°**
상대의 상식 범위 내에서 부리는 어리광이 귀엽게 느껴져, 다정하게 타이를 수 있는 관계다. 길을 벗어나지 않는 선에서 자유를 주는 유연함도 있기 때문에 신뢰받아 고민 상담도 쉽게 할 수 있을지도 모른다.

**120°**
상대의 진심을 받고, 사회의 거친 파도에서 지켜 주고 싶다고 생각하는 관계다. 그 사람의 개성은 그대로 남긴 채 서두르지 않고, 한 걸음씩 예의 작법이나 업계의 상식을 가르치는 일이 많아질 것이다.

### 그 날의 운세

**0°**
어린 사람이나 무지한 사람들에게 자신의 상식을 강요하고 싶어지는 날이다. 당신의 지위가 더 높다는 이유도 있어서 상대를 마인드 컨트롤 하는 것도 가능하다. 너무 독재자처럼 되지는 말도록 조심하자.

**180°**
자신의 말을 따르지 않는 감정적인 사람이나 아이들에게 휘둘리는 날이다. 왜 아무도 자제하지 못하는지 생각이 너무 많아지면서 스스로를 탓하게 될 수도 있다. 모든 것을 혼자 해결하려 하지 말고, 주변 어른들의 힘을 빌리자!

**90°**
노력하지 않고 보호만 받으려는 사람들, 그리고 그런 태도를 용인하는 세상의 분위기가 초조하게 느껴지는 날이다. 모두가 자신처럼 참고 견디는 것은 아니라는 현실은 이해하되, 동시에 자신도 너무 무리하지 않겠다는 기준을 세워 스트레스를 덜어내자.

**60°**
자신이 어느 정도 노력해서 성과를 낸 덕분에 나이 어린 사람들의 미숙함을 포용할 수 있는 날이다. 그들의 솔직한 감정을 존중하면서 타이를 수 있게 되어 순수하게 지도자로서 신뢰가 두터워질 것이다.

**120°**
어린 사람이나 앳된 분위기를 지닌 사람, 당신이 걸어온 길을 이제 막 시작한 초심자와 어울려 치유를 느낄 수 있는 날이다. 거리감 없는 친근한 분위기 덕분에 자연스럽게 업계의 규율이나 상식, 도덕 등을 가르칠 수 있을 것이다.

<sub>당신</sub>    <sub>상대</sub>
# 토성 × 수성
정보로 바뀌는 업무 효율

상대가 사회에서 성공할 수 있도록, 지식을 활용하는 법이나 인간관계를 지도해 가는 관계이다. 공부를 열심히 하고 호기심도 왕성한 상대이기 때문에 더 가르치려고 하는 것일 수도 있다. 하지만 조합에 따라서는 학력이나 경력 등을 너무 중시한 나머지 상대의 순수한 학습 의욕을 잃게 만드는 경우도 있다. 상대의 관심 대상을 확인하면서 적절한 조언을 하도록 신경 쓰자.

상대의 시점(상대의 수성×당신의 토성) p.160

## 인간의 궁합

### 0°
상대의 잘못을 지적하다가 무의식중에 훈계조로 말하기 쉬운 관계이다. 자신의 경험이 옳다고 믿어 의심치 않기 때문에 상대의 말을 억압해서 학습 의욕을 잃게 만드는 일도 있다. 일의 생산성을 떨어뜨릴 가능성이 있으니, 거만한 태도를 보이지 않도록 주의하자.

### 180°
상대가 무슨 말을 했는지 궁금해서 주의가 산만해지고 업무 효율이 떨어지는 관계이다. 어떻게든 자제심을 발휘하려고 하지만, 상대에 대한 호기심에 말려들기 쉽다. 일하는 중에는 업무 연락 말고 다른 잡담은 하지 말자.

### 90°
상대의 비상식적인 말에 스트레스를 느끼는 관계이다. 쌓아 올린 노력의 성이 허물어지는 위기의식을 느끼고 강하게 발언을 규제하려고 하지만, 이것이 반발이나 정보 누설의 원인이 될 수도 있다. 냉정하게 대화하고 해결책을 찾아내는 것이 중요하다.

### 60°
상대의 지식을 가치 있는 것으로 받아들이고, 회사나 조직의 브레인으로서 활용할 수 있는 관계이다. 새로운 정보를 부정적으로 받아들이지 말고 상대에게 대가를 분명히 치른다면, 어른이나 아이 모두에게 와 닿는 사업을 펼칠 수 있을 것이다!

### 120°
대화하는 과정에서 배움이 많아, 자신의 목표를 다시 확인할 수 있는 관계이다. 잡담할 때도 업무에 활용할 수 있는 발상이 없는지 생각하는 경우가 많다. 벽과 마주할 때 항상 새로운 아이디어를 주는 사람이다.

## 그날의 운세

### 0°
윗사람으로서 후배나 부하들의 발언에 책임감을 가지며 언론 통제를 하기 쉬운 날이다. 그들의 실언 때문에 자신에게 책임을 묻는 것을 걱정하고 있으니, 되도록 주변에는 자신의 말에 책임을 지도록 다정하게 권해 보자.

### 180°
목표 달성을 위해 정보 수집을 시도하지만, SNS에서 흘러나온 정보에 휩쓸리기 쉬워 일이 되지 않는다. 주변의 대화에 정신을 빼앗길 수도 있으니, 가사가 없는 음악을 듣거나 정보를 차단해서 노력을 이어갈 수 있을 것이다!

### 90°
아랫사람의 발언권을 빼앗아 성가신 어른으로 소문이 자자하게 되는 날이다. 태도가 거만해지지 않도록 노력하자. 옳다고 확신하는 정보에 대해서는 부드러운 말을 골라서 전하면 좋을 것이다.

### 60°
가볍게 흘러나온 정보를 활용하여, 일을 잘할 수 있도록 규율을 만들어 갈 수 있는 날이다. 주변에서 당신을 믿고 많은 정보를 줄 테니, 놓치지 말고 귀를 기울여 업무의 효율을 높이도록 하자.

### 120°
일을 하다 틈틈이 보는 SNS나 일상 대화에서 새로운 상식을 배울 수 있는 날이다. 라디오를 듣거나 대화하면서 작업하면 효율이 오르기 쉬워진다. 나아가 사회의 도움이 되는 지식도 늘어나므로 배움을 위해서라도 얻은 지식은 필기해 두면 좋다.

## 토성 × 금성
### 당신  상대
#### 목표와 여유

상대의 취미나 연애관에 대해, 그 길을 먼저 밟은 선배로서 조언하고 싶어지는 관계다. 당신이 제대로 즐기는 방법을 알고 있으므로 하나하나 친절하게 가르쳐 주고 싶어지는 것이다. 하지만 조합에 따라서는 자신이 모르는 방법으로 즐기는 상대에게 열등감을 느껴서 오락을 제한하는 일도 있다. 알려 준다고 괜한 오지랖을 부리고 있지는 않은지, 신중히 확인해 보자.

상대의 시점(상대의 금성×당신의 토성) p.170

### 인간의 궁합

**0°**
상대의 취미나 연인, 외모에 열등감을 느껴 억압적으로 굴기 쉬운 관계다. 비슷한 취향을 가졌지만, 상대처럼 젊은 감각을 갖지 못해 기분이 어두워질 수 있다. 즐거움을 너무 제한하지 않도록 주의하자.

**180°**
상대의 행복한 분위기나 넘치는 애정에 휘둘려, 일의 생산성이 떨어져 있을 수 있다. 상대의 취향을 파악하기 어려워, 좋아할 것 같은 일을 부탁해도 내키지 않아 하는 경우도 있다. 업무 외적으로도 관계성을 쌓는 것이 좋다.

**90°**
상대가 즐거워하는 모습이나 화려한 외모를 보며 스트레스를 느끼는 관계다. 자신의 성실한 노력이 제대로 평가받지 못한다고 느껴지지도 모른다. 그런 감정에 휘둘리지 않도록, 나만의 아름다움을 가꾸어 노력하며 결과로 보여 주도록 하자!

**60°**
상대의 센스나 취미가 자신의 일에 영향을 주는 경우가 많은 관계다. 패션 디자인이나 유행하는 오락을 함께 나누면서 조직적인 성과에 공헌할 수 있다. 연애 선배로서도 적절한 조언을 할 수 있을 것이다.

**120°**
책임감 강한 당신을 믿고, 상대가 자연스럽게 연애 상담을 해 오는 경우가 많아지는 관계다. 이런 관계는 직장 내 인간관계에도 긍정적인 영향을 주며, 신뢰 관계를 쌓는 열쇠가 되기도 한다. 또한, 자신을 의지해 주는 상대가 매력적으로 느껴질 수도 있다.

### 그날의 운세

**0°**
조직이나 자신의 일에 집중하려는 마음에, 유행이나 연애에 빠진 사람들의 행동을 제지하고 싶어질 수 있는 날이다. 하지만 후배나 부하들의 즐거움을 지나치게 빼앗으려고 하면, 오히려 팀워크에 악영향을 줄 수 있으니, 감시와 억압은 적당히 조절하도록 하자.

**180°**
놀고 싶은 마음이 문득 떠올라 일에 집중하기 어려운 날이다. 아직 처리해야 할 일이 남아 있는데, 들뜬 주변 분위기 때문에 마음이 산만해질 수도 있다. SNS 등은 잠시 멀리하고, 할 일부터 깔끔히 해치워버리자!

**90°**
묵묵히 자리를 지키고 싶은 기분이라 유행이나 연애에 들떠 있는 젊은이들에게 스트레스를 느끼기 쉬운 날이다. 조금이라도 더 좋은 결과를 내고 싶은 마음에 주변 사람들의 휴식이나 즐거움을 빼앗고 싶지만, 그런 감정을 에너지 삼아 차분히 일에 집중해 보자.

**60°**
눈부시게 반짝이는 세상의 분위기나 유행을 잘 활용하여 즐기며 일의 성과를 올리는 날이다. 친구를 끌어들이거나, '즐겁게 목표에 다가가자'라는 마음으로 한 걸음씩 전진해 보자.

**120°**
업무 속에 자연스럽게 여유를 녹여낼 수 있는 날이다. 격식을 갖춘 자리에서도 센스 있는 디자인을 시도해 보면, 젊은 세대의 긍정적인 반응을 얻는다. 또한 직장 동료에게 호감을 느끼고, 그들을 즐겁게 해 주고 싶은 마음이 오히려 더 성실한 자세로 이어질 수 있다.

## 토성 × 화성
### 당신 　 상대
억제된 열정

상대의 열정을 억누르고 싶어지는 관계다. '그렇게까지 애쓰지 않아도 돼'라는 말이 겉보기엔 다정하게 들릴 수 있지만, 상대가 의욕에 가득 차 있을 때는 오히려 동기를 꺾거나 기분을 상하게 할 수 있다. 또한, 당신의 콤플렉스를 자극하는 상대의 애정 표현이나 결과가 불확실한 노력을 무조건 부정하게 될 수도 있다. 시간을 들여 상대의 노력도 인정해 주는 태도가 중요하다.

상대의 시점(상대의 화성×당신의 토성) p.180

### 인간의 궁합

**0°**
상대의 애정이나 노력을 거절하는 관계다. 흥분한 이유를 제대로 들으려 하지 않고, 사회적 상식에 어긋난다는 이유로 열을 억누르려 할 수도 있다. 그러다 폭발하는 수가 있으니, 감정을 내보내는 노력이 필요하다.

**180°**
상대의 뜨거운 애정을 받으며, 과거의 씁쓸한 기억이 떠오르기 쉬운 관계다. 이제는 결과를 내고 싶은 시점에 와 있는데, 상대가 그 흐름을 따라 주지 못한다고 느낀다. 이럴 때는 신뢰할 수 있는 사람의 도움을 빌려 적절히 거리를 두도록 하자.

**90°**
상대의 노력이 성과가 없어 보여 초조해지기 쉬운 관계다. 당신이 한마디 하면 상대가 강하게 반발할 수도 있지만, 경험자로서 그 방향은 어렵다는 점을 분명히 짚어 줘야 뒤탈이 없다.

**60°**
상대의 지나친 행동이나 공격적인 태도를 가라앉히고자 올바른 방향으로 이끌 수 있는 관계다. 당신은 실적을 갖춘 사람이고, 상대도 그 점을 인정하기 때문에 상대가 위험한 길로 빠지지 않도록 적극적으로 지켜주도록 하자!

**120°**
지금까지 쌓아 온 관계 덕분에, 말하지 않아도 상대의 폭주를 자연스럽게 막을 수 있을 것이다. 또한 이 사람의 뜨거운 노력과 불굴의 정신을 보며, 당신 역시 목표를 향해 끈기 있게 나아갈 힘을 얻게 된다.

### 그날의 운세

**0°**
열정적인 사람을 무심코 거절해 오해를 사기 쉬운 날이다. 당신 안의 열등감이 자극되어, 노력하는 사람을 부정하거나 무심한 시선으로 낮잡아보는 편이다. 너무 거만해지지 않도록 주의하자.

**180°**
타인의 애정을 애매하게 거절하는 바람에 예상치 못한 갈등이 생기기 쉬운 날이다. 누군가를 화나게 만들었다는 책임 때문에 강하게 나서지 못할 수도 있다. 하지만 일종의 사고와 같아서, 모든 책임이 당신에게만 있는 것은 아니라는 점을 이해하는 것이 중요하다.

**90°**
공격적인 사람에게 명확한 근거를 제시해 반박하는 일이 많아지는 날이다. 겉으로는 냉정함을 가장했을지 몰라도, 속으로는 상처받고 많이 지쳐 있을 수 있다. 자신을 너무 몰아세우지 말고, 조용히 감정을 회복할 수 있는 시간을 만들도록 하자.

**60°**
주변의 격앙된 분위기를 진정시키거나, 갈등을 중재해야 할 일이 많아지는 날이다. 당신의 경험 덕분에 싸우는 사람들을 한 걸음 떨어져 냉정하게 바라볼 수 있을 것이다. 직장에서도 침착하게 방향을 제시해 좋은 흐름으로 이끌 수 있다.

**120°**
주변 사람들의 열정이 당신의 의욕도 끌어올려, 목표를 향해 꾸준히 나아가기 좋은 날이다. 사회적 규범은 지키되, 들뜬 마음을 잘 조절하면서 에너지 넘치는 사람들과 함께 좋은 성과를 거둘 수 있다. 체력이 필요한 일을 하기에도 적절한 시기이다.

## 토성 × 목성
### 당신    상대
상식과 양식

사회의 흐름에 희망을 품고 낙관적으로 살아가는 상대를 보고, 현실을 알려 주고 싶어지는 관계다. 당신은 이 길을 먼저 걸어온 사람으로서 '목표를 이루기 위해서는 고생이 따르는 법'이라는 사실을 알기에, 혹독한 업계 현실이나 삶의 고통을 알려 주고 싶을 수도 있다. 하지만 조합에 따라서는 시야가 넓고 긍정적인 상대의 자세가 오히려 당신을 고통에서 벗어나게 해 주는 힘이 되기도 한다.

상대의 시점(상대의 목성×당신의 토성) p.190

### 인간의 궁합

**0°**
상대가 게으름을 피우는 듯 보여 일에 집중하도록 독려하고 싶어지는 관계다. 적당히 일하는 척하는 모습에 따끔하게 조언하게 될 수도 있다. 당신이 책임자로서 상대의 몫까지 도맡는 경우가 많으니, 업무를 과도하게 부여하지 않도록 신경 쓰자.

**180°**
당신의 조언을 가볍게 넘겨버리는 상대의 태도에 마음이 복잡해질 수 있는 관계다. 이 사람을 위해 아무리 애써도, 당신의 성실함이 제대로 전해지지 않는 것처럼 느껴질 수도 있다. 오히려 너무 간섭하지 않는 편이 일은 더 안정될 것 같다.

**90°**
상대가 당신보다 일을 낙관적으로 바라보고, 바로바로 성과를 내지 않기 때문에 스트레스를 느끼는 관계다. 하지만 그런 여유로운 모습을 보며, 일이라는 게 꼭 결과가 전부는 아니라는 사실을 깨닫게 되기도 한다. 자신의 일하는 태도를 돌아보는 계기가 될 수도 있다.

**60°**
양식 있게 여유로운 마음가짐으로 일하는 상대를 보며, 자신이 좁은 가치관 속에서 무리하고 있었음을 깨닫게 되는 관계다. 고생에서 조금씩 벗어나면서도, 처음 세웠던 목표를 잊지 않고 착실하게 한 걸음씩 나아갈 수 있을 것이다.

**120°**
상대의 여유로운 태도를 보며, 당신도 과도한 책임감에서 벗어나게 되는 관계다. 이 사람 덕분에 '무리하지 않아도 괜찮다'는 여유를 배울 수 있게 된다. 직장에서 함께 있으면 마음 편히 일할 수 있을 것이다.

### 그날의 운세

**0°**
다른 문화나 자신의 상식을 받아들이지 않는 사람에게 편견을 갖게 되어 거부하고 싶은 날이다. 게다가 시야를 넓혀 그러한 차이를 받아들이려는 사람조차 부정적으로 보인다. 신뢰가 깨질 수 있으니 자신의 가치관에만 너무 갇혀 있지 않도록 하자.

**180°**
주변 사람들의 낙관적인 태도를 보며 조급해지고, 자신도 빨리 결과를 내야 마음이 편할 거라는 생각에 초조해지는 날이다. 하지만 무리하게 서두르다 보면 마무리가 허술해져 다시 손을 봐야 할 수도 있으니, 침착하게 자신의 속도를 유지하는 것이 중요하다.

**90°**
다양한 사람들로 인해 사회의 상식이 무너지는 듯한 불안을 느끼는 날이다. 당신의 보수적인 감각도 주변에서 공감해 주지 않아 답답할 수도 있다. 하지만 결국 괴로운 건 본인이니, 주변 사람들과 솔직한 대화를 나누는 노력을 해 보자.

**60°**
다른 문화를 가진 사람들과 협력적인 관계를 쌓을 수 있는 날이다. 자신을 알리면서 상대의 상식 역시 열린 마음으로 배워 시야를 넓히면 업무의 범위까지 확장될 것이다. 지금까지는 거부감이 들었던 일에도 도전해 볼 수 있을 것이다.

**120°**
주변 사람들의 넓은 시야에 영향받아, 자신만의 상식에서 한발 물러설 수 있는 날이다. 사람마다 서로 다른 기준과 감각이 있다는 것을 긍정적으로 다시 확인하게 되며, 그 집합체인 사회에 대해서도 더 깊이 이해할 수 있을 것이다.

## 토성 × 토성
### 서로의 상식

사장과 사장, 학부모 관계, 동종 업계에서 권력을 가진 사람들 사이의 관계를 본다. 팀이나 조직을 대표하는 입장에서 서로의 상식이나 방식을 조율할 필요가 있을 것이다. 조합에 따라서는 세력 다툼이나 정치적 갈등도 생기기 쉬우며, 때로는 자신들의 열등감이나 정의감이 부딪칠 수도 있다. 항상 자제력을 갖고, 한발 앞서 상황을 읽으며 책임 있게 행동하자.

### 인간의 궁합

**0°**
비슷한 상식을 공유하며, 그 공감대 속에서 서로의 열등감이나 책임감이 더 강해지는 관계다. 자신들의 정의가 절대적이라고 믿은 결과, 자녀나 후배 같은 아래 위치에 있는 사람들의 가치관을 억압하는 결과로 이어질 수 있으니 주의하자.

**180°**
자라 온 환경이 많이 다르다는 것을 실감하게 되는 관계다. 두 사람 모두 성실하지만, 상식의 기준이 다르기 때문에 함께 일하면 한쪽이 참아야 하는 상황이 생기기 쉽다. 일은 따로 진행하는 것이 서로에게 안정적인 방법일 수 있다.

**90°**
서로 리더십을 발휘하기 때문에 팀을 대표해 대립하는 상황이 생길 수 있는 관계다. 상식이나 룰을 서로 내세우면서 옳고 그름을 판단하려는 경향도 있다. 하지만 공정하게 의견을 나눈다면, 결과적으로 양쪽 모두에게 이득이 될 수도 있다!

**60°**
서로의 상식과 목표를 잘 이해할 수 있는 관계로, 사업 파트너로서 성공 가능성이 가장 높은 조합이다. 사회 속에서 겪는 어려움을 함께 극복하면서, 깊이 신뢰할 수 있는 유대 관계를 느낄 수 있을 것이다.

**120°**
서로의 헌신을 인정하고, 그것을 극복하려는 의지 속에 안정감을 느낀다. 같은 목표 아래 성실히 노력하는 상대에게 마음을 놓는다. 누가 리더가 되더라도 신뢰가 두터운 파트너가 될 수 있다.

### 그 날의 운세

**0°**
세상의 상식에 깊이 공감하며, 대중의 지지를 얻고 있다는 실감을 하기 쉬운 날이다. 하지만 그만큼 마음이 하나가 된 듯한 감정에 몰입해, 그 흐름을 따르지 않는 사람들을 차가운 시선으로 바라보게 될 수도 있다. 정의감을 내세워 소수를 몰아세우지 말자.

**180°**
기준이 분명하지 않은 집단에 불안감을 느끼기 쉬운 날이다. 자신의 상식이 통하지 않고, 유연한 방식으로 일하기 어려운 상황에 놓일 수도 있다. 또한 그런 상황을 이해할 만한 여유도 없기에, 냉정하게 자신의 뜻을 되짚으며 목표에 집중하는 것이 중요하다.

**90°**
주변에서 권력 다툼이나 정의감의 충돌, 논란 등이 일어나기 쉬운 날일 수 있다. 그러나 그런 혼란을 오히려 사업 기회로 삼을 수 있는 활동력도 지니고 있다. 갈등 속에서도 냉정하게 이익을 계산하여 효과적으로 활용하는 것이 중요하다.

**60°**
사회의 흐름이나 대중의 수요를 읽을 수 있는 날이다. 이러한 감각은 당신의 목표 달성에도 영향을 주기 쉽다. 오랫동안 이어온 노력이 보상받을 기회이기도 하니, 적극적으로 주변의 수요를 탐색하고 흐름을 살펴 행동하자!

**120°**
평소처럼 목표 달성을 향해 차근차근 노력하는 날이다. 결과를 내지 못하는 자신에게 책임감을 느낀다. 열등감에 휩싸이지 않고, 지금의 목표에 집중할 수 있을 것이다.

## 특별 부록
# 타로 카드

타로 카드는 서양 점성술의 행성이나 별자리에
비유되는 경우가 있습니다.

(※여러 설이 있으니 취향에 맞게 보세요.)

-광대- 화성, 바람

위험한 장소에서도 돌진하는 젊은이의 자유분방함, 무모함, 모험심을 나타내는 카드. 앞이 안 보여도 호기심이 이끄는 대로 길을 개척하며 생명력이 넘친다.

THE FOOL

-마법사- 수성

옆에서 보면 마치 기적 같은 창의력을 발휘하는 카드. 남을 이해하는 지성과 발상력을 가지며 나아가 응용력까지 높일 수 있다.

I THE MAGICIAN

-여사제- 토성, 달

중요한 판단을 내리는 상황에서 일단 멈춰, 갖고 있는 지식을 활용해 고민하는 카드. 남에게 상의할 때도 스스로 생각할 때도 신중하게 나아가자.

## II THE HIGH PRIESTESS

-여제- 금성

충분한 애정으로 스스로 움직이지 않아도 원하는 것을 얻으며 타인을 사랑하는 여유까지 가져 만족스러운 카드. 악의 없이 누구에게나 친절하다.

## III THE EMPRESS

-황제- 목성, 양자리

온갖 입장의 선두에 서서 끝까지 싸워나가는 카드. 동료나 아끼는 것들을 냉정하게 통솔하는 힘이 시험에 놓인다. 도전적이면서도 동시에 안정성을 필요로 한다.

## IV THE EMPEROR

-교황- 황소자리

타인에게 봉사하여 존경받는 카드. 권력을 지녀 주변이 넙죽 엎드린 것으로 인식할 수 있다. 모두 안심하고 지내는 데 필요한 도덕이나 질서의 상징이다.

## V THE HIEROPHANT

## -연인- 쌍둥이자리

선택이 다가온 상황에서 불안정하면서도 서로가 유혹에 지지 않으며 서로를 선택하는 카드. 여기저기 존재하는 달콤한 유혹의 위험성을 알리고 있다.

### VI THE LOVERS

## -전차- 사수자리, 게자리

고민할 틈도 없는, 혹은 이미 고민이 없어고 나아가야 할 길을 아는 카드. 더 높은 곳을 향하고 싶다면 불안을 떨쳐버리고 앞으로 나아가야 할 수도 있다.

### VII CHARIOT

## -힘- 사자자리

사람들이 내면에 안고 있는 사자를 길들이는 카드. 자신의 욕망이나 본능을 부정하는 것 없이 적절히 수용하고 통제할 수 있다.

### VIII STRENGTH

## -은둔자- 물병자리, 처녀자리

지금까지 해 온 실패나 성공을 반성하고, 한 사람으로서 '완성된 답'을 얻는 카드. 사랑하고 고독을 사랑하고 사회에 휩쓸리지 않으며, 시간을 들여 자신을 성장시킨다.

### IX THE HERMIT

## -운명의 수레바퀴- 처녀자리, 목성

세계가 끝없이 움직이는 것을 나타내는 카드. 모든 것에는 좋든 나쁘든 따르나, 한쪽에만 치우치지 않고 수레바퀴가 가는 곳을 냉정히 판단하자.

X WHEEL OF FORTUNE

## -정의- 천칭자리, 수성

지금까지 좋은 평가를 받으고, 흠이 적은 결과를 보고 객관적으로 공정하게 판단하는 사람의 카드. 리스크가 클 때는 선인들의 지식에 의지하자.

XI JUSTICE

## -매달린 사람- 물고기자리, 물

자신이 저지른 죄나 죄책감으로 인해 정신적으로 속박된 상태. 누군가를 위해 무엇이든 하고 싶다는 심리를 나타내는 카드.

XII THE HANGED MAN

## -죽음- 전갈자리

누구에게나 평등하게 찾아오는 '죽음'의 카드. 무언가의 끝을 두려워하지 않고 미련 없이 각오를 다지며, 새로운 시작으로 이어지는 카드.

XIII DEATH

-절제- 게자리, 사수자리

XIV TEMPERANCE

자신의 가치관에 얽매이지 않고 주위와 조화를 이루는 카드. 여유롭게 새로운 가치관을 받아들이면서 상황을 유지하며, 절도를 가진 사람과 접할 수 있다.

-악마- 천칭자리, 염소자리

XV THE DEVIL

악마의 속삭임에 저도 상관없다는 약한 의지의 카드. 이 습관을 반복하면 부정적인 감정에 휩쓸리기 쉬운 사람이 된다.

-탑- 화성, 양자리

XVI THE TOWER

지위를 쌓아 올려도 교만하면 나락으로 떨어질 수 있다는 것을 경고하는 카드. 하지만 탑의 번개는 번쩍이는 순간으로 해석된다.

-별- 물병자리

XVII THE STAR

암흑 속에서 한 줄기 빛이 비치듯이, 희망의 빛이 보이는 카드. 실의에 빠져 있어도, 잃어버렸을 때만 보이는 새로운 발견이 있을지도 모른다.

-달- 달, 물고기자리

월상 주기가 빠르고, 사람의 마음도 매일 흔들리며 야성의 감성을 믿어 보는 것도 좋다.라는 사실을 나타내는 카드. 자신의 감성을 깨닫고 불안정하다.

XVIII THE MOON

-태양- 태양, 태양

긴 여정을 걸어 진정한 자신을 발견하고 인생의 목적도 이해하여 무척 만족스러운 사람의 카드. 살아 있는 것 자체를 자부심으로 생각한다.

XIX THE SUN

-심판- 불

과거 자신의 행실을 돌아보며 자신은 죄가 깊었는지 선행을 많이 했는지, 지금까지의 인생에 대해 깨달음을 얻는 카드.

XX JUDGEMENT

-세계- 황도 12궁, 토성

한 사상의 결말을 맞이하는 카드. 지금까지 해온 노력을 보상받고, 정점에 달해 만족감을 얻는 상태다. 또한 다음 출발을 판단할 수 있는 시기이기도 하다.

XXI THE WORLD

나 가 며

지금까지 읽어 주셔서 감사합니다.

서양 점성술의 세계를 조금이라도 즐기셨다면 만족합니다.

앞으로 한동안 일러스트레이터로서

캐릭터들의 이야기를 그리고, 발표할 기회가 있을 것 같아요.

여러분 안에 존재하는 별자리 캐릭터들에게 애정이 생겼다면,

언제 어디선가 이 캐릭터들을 마주하게 될 때

따뜻한 응원을 보내 주시면 감사하겠습니다.

2024년 4월

**규도 나기**

# 나의 별자리 사용 설명서

**일러스트로 즐기는 점성술 호텔**

**초판 1쇄 발행** 2025년 11월 14일

**지은이** 규도 나기
**옮긴이** 김소영

**책임편집** 이현은 | **편집** 김라라 | **디자인** 정용선
**제작·마케팅** 이태훈 | **경영지원** 김도하 | **인쇄·제본** 재영P&B

**펴낸곳** 주식회사 잇담
**펴낸이** 임정원
**주소** 서울특별시 강남구 언주로93길 28-2, 4층(역삼동, 상아빌딩)
**대표전화** 070-4411-9995
**이메일** itdambooks@itdam.co.kr
**인스타그램** @itdambooks

**ISBN** 979-11-94773-07-8 13180

HOTEL ASTROLOGY
Copyright©2024 QTONAGI
Originally published in Japan in 2024 by Jitsugyo no Nihon Sha, Ltd.
Korean translation rights arranged with Jitsugyo no Nihon Sha, Ltd. through AMO AGENCY, Korea.

* 잇담북스는 주식회사 잇담의 자체 콘텐츠 브랜드입니다.
* 이 책은 저작권법에 따라 보호받는 저작물이므로 무단 전재와 복제를 금지합니다.
* 이 책 내용의 전부 또는 일부를 이용하려면 반드시 저작권자와 주식회사 잇담의 서면 동의를 받아야 합니다.
* 책값은 뒤표지에 있습니다.
* 잘못된 책은 구입하신 곳에서 바꿔 드립니다.